内 容 简 介

本书是高职高专院校经济类各专业少学时的大学数学基础课教材,内容包括:导数、导数的应用、积分及其应用、偏导数及其应用、矩阵与线性方程组、概率初步和统计学初步.本书本着重基本知识、重素质、重能力、重应用和求创新的总体思路,根据高职高专教育数学教学的特点而编写.本书每节有"本节学习目标",每节配有与教材内容密切相关的 A 组习题和 B 组习题,每章配有总习题,书末附有全书习题的答案与解法提示.

本次修订在保持第一版教材特色的基础上广泛汲取了同行的意见,吸收了国内外相关教材的优点,更加切合高职高专教育经济类各专业数学教学需求以及生源变化的实际.在修订教材内容时,降低起点,注意中高职数学知识的衔接,弱化计算难度,更加注重数学的基本概念、基本理论、思维方法的引导和基本运算的训练,突出问题的实际背景.

本书也可作为参加经济类专升本考试学生的教材或教学参考用书.

高职高专高等数学系列教材(少学时)

新编经济数学基础

(第二版)

冯翠莲　主编

图书在版编目(CIP)数据

新编经济数学基础 / 冯翠莲主编. —2 版. —北京：北京大学出版社，2015.8
（高职高专高等数学系列教材·少学时）
ISBN 978-7-301-26106-4

Ⅰ.①新… Ⅱ.①冯… Ⅲ.①经济数学 – 高等职业教育 – 教材 Ⅳ.F224.0

中国版本图书馆 CIP 数据核字（2015）第 157354 号

书　　　名	新编经济数学基础（第二版）
著作责任者	冯翠莲　主编
责 任 编 辑	曾琬婷
标 准 书 号	ISBN 978-7-301-26106-4
出 版 发 行	北京大学出版社
地　　　址	北京市海淀区成府路 205 号　100871
网　　　址	http://www.pup.cn　新浪微博:@北京大学出版社
电 子 信 箱	zpup@pup.cn
电　　　话	邮购部 62752015　发行部 62750672　编辑部 62767347
印 刷 者	北京大学印刷厂
经 销 者	新华书店
	787mm×960mm　16 开本　14.5 印张　318 千字
	2005 年 8 月第 1 版
	2015 年 8 月第 2 版　2016 年 4 月第 2 次印刷（总第 11 次印刷）
印　　　数	44401—47601 册
定　　　价	34.00 元

未经许可，不得以任何方式复制或抄袭本书之部分或全部内容。
版权所有，侵权必究
举报电话: 010-62752024　电子信箱: fd@pup.pku.edu.cn
图书如有印装质量问题，请与出版部联系，电话: 010-62756370

第二版前言

为了使本教材内容更加适合高职高专教育经济类各专业对数学的要求,更加切合高职高专教育的实际以及生源变化的实际,我们对全国部分高职高专院校进行了调研,本着打好基础、培养能力、兼顾后续课程需要,以培养学生的创新精神和实践能力为重点,以促进学生转变学习方式——变被动接受式学习为主动研究式学习,为高职高专学生的终身学习、生活和发展奠定良好的科学基础为落脚点,吸收国内外相关教材的优点,根据第一版教材的使用情况,对第一版教材做了如下修改:

1. 为了适应、促进中高职衔接,在教材内容的选取和修订过程中,降低起点,对基本概念、基本理论、基本方法的论述更加深入浅出,直观通俗;对内容的编排进行了调整,更加体现由易到难、由浅入深、循序渐进;更加注重教材的连贯性、衔接性,根据数学的认知规律和教学规律,把数学的思想和方法,融会到教材中去.

2. 认真分析每一章节所应达到的目标,在每节伊始,提出本节应达到的学习目标,使教师和学生做到目标明确.

3. 为了培养学生的发散思维能力和创新能力,设计了部分可以一题多解的例题和习题.

4. 删减不必要内容. 如删掉了对数求导法、反三角函数及三角换元等相关内容,尽力做到够用为度.

5. 弱化计算难度,更加注重数学思维方法的引导和基本运算的训练.

参加本教材修订工作的还有赵连盛、魏鹏、杨丽丽、乔兵兵、李建军.

非常感谢读者对第一版教材的厚爱,希望第二版教材能继续得到广大读者的帮助和支持.

为便于教师进行多媒体教学,作者为采用本书作为教材的任课教师提供精心设计、讲练结合的配套电子教案,具体事宜可通过电子邮件与作者联系,邮箱:fengcuilian@sina.com.

编 者
2015 年 5 月

第一版前言

高职高专教育是我国高等教育体系的重要组成部分,近几年呈现出前所未有的发展势头.为适应高职高专教育改革的要求,坚持以就业为导向,以能力为本位,面向市场、面向社会,为经济结构调整和科技进步服务的办学宗旨,我们本着重基本知识、重素质、重能力、重应用、开拓思维求创新的总体思路,根据高职高专教育数学教学的特点,编写了高职高专高等数学系列教材(少学时)——《新编经济数学基础》和《新编工科数学基础》.前者供高职高专院校经济类、管理类、文科类各专业学生使用,后者供工科类各专业学生使用.

本教材优化整合了经济数学基础课程的基本内容,注意与后续课程相衔接,与生产、服务、管理第一线的实际需求相适应;力求实现基础性、实用性和发展性三方面的和谐与统一.

本教材的主要特点:

1. 突出高职高专少学时的特色.根据高职高专经济类、管理类各专业对数学的基本要求,根据数学的认知规律,将微积分、线性代数及概率统计的基本内容有机地结合在一起,组织和编排全书内容.在不失数学内容学科特点的情况下,采取模块化的思路,便于教师根据教学时数和专业需求选择教学内容.

2. 贯彻"理解概念、强化应用"的教学原则.以现实、生动的例题引入基本概念,以简明的语言、并尽量配合几何图形、数表阐述基本知识、基本理论,注重基本方法和基本技能的训练,并给出求解问题的解题程序.同时注重数学概念、数学方法的实用价值,注意培养学生用定量与定性相结合的方法,综合运用所学知识分析问题、解决问题的能力和创新能力.

3. 内容精简实用,条理清楚,叙述通俗易懂,深入浅出,便于自学.

4. 每节有"本节学习目标",每节配有 A 组和 B 组习题,每章配有总习题.书后附有全书习题答案与解法提示.

参加本书编写的有北京经济管理职业学院冯翠莲、北京工业大学李文辉和北京农业职业学院陆小华,最后由冯翠莲统一修改定稿.参加本书编写工作的还有唐声安.

本系列教材的编写和出版,得到了北京大学出版社相关领导的大力支持和帮助.在本书的编写过程中,同行专家参加了讨论并提出宝贵意见,在此一并表示感谢.

为便于教师进行多媒体教学,作者为采用本书作为教材的任课教师提供配套的电子教案,具体事宜可通过电子邮件与作者联系,邮箱:fengcuilian@sina.com.

限于编者水平,不足之处恳请读者批评指正.

编 者
2005 年 6 月

目 录

第一章 导数 ··· (1)

§1.1 数列的极限 ··· (1)

一、数列极限的概念 ·· (1)

二、数列 $\left\{\left(1+\dfrac{1}{n}\right)^n\right\}$ 的极限 ·· (3)

习题 1.1 ··· (5)

§1.2 函数的极限与连续 ·· (5)

一、函数的极限 ·· (6)

二、函数的连续性 ··· (9)

习题 1.2 ··· (11)

§1.3 函数的导数与微分 ·· (12)

一、函数的导数 ·· (12)

二、函数的微分 ·· (15)

习题 1.3 ··· (16)

§1.4 导数的基本公式与运算法则 ·· (17)

一、导数的基本公式 ·· (17)

二、导数的四则运算法则 ·· (17)

三、复合函数的导数法则 ·· (19)

习题 1.4 ··· (21)

§1.5 高阶导数·隐函数的导数 ·· (22)

一、高阶导数 ··· (22)

二、隐函数的导数 ··· (23)

习题 1.5 ··· (24)

总习题一 ··· (24)

第二章 导数的应用 ·· (26)

§2.1 函数的单调性 ··· (26)

一、函数单调性的定义 ··· (26)

二、判定函数单调性的方法 ··· (26)

习题 2.1 ··· (29)

§2.2 函数的极值 ··· (29)

目录

  一、函数极值的定义 ……………………………………………………………… (29)
  二、求函数极值的方法 …………………………………………………………… (30)
  习题 2.2 ……………………………………………………………………………… (31)
 §2.3 最值的几何应用问题 ……………………………………………………………… (32)
  习题 2.3 ……………………………………………………………………………… (35)
 §2.4 曲线的凹向与拐点 ………………………………………………………………… (35)
  一、曲线凹向与拐点的定义 ……………………………………………………… (36)
  二、判定曲线凹向与求拐点的方法 ……………………………………………… (36)
  习题 2.4 ……………………………………………………………………………… (38)
 §2.5 导数概念和函数弹性的经济解释 ………………………………………………… (39)
  一、经济学中常用的函数 ………………………………………………………… (39)
  二、边际的概念 …………………………………………………………………… (42)
  三、弹性的概念 …………………………………………………………………… (43)
  习题 2.5 ……………………………………………………………………………… (46)
 §2.6 最值的经济应用问题 ……………………………………………………………… (47)
  习题 2.6 ……………………………………………………………………………… (51)
 总习题二 ………………………………………………………………………………… (52)

第三章 积分及其应用 ………………………………………………………………… (54)

 §3.1 定积分的概念与性质 ……………………………………………………………… (54)
  一、定积分的概念 ………………………………………………………………… (54)
  二、定积分的性质 ………………………………………………………………… (58)
  习题 3.1 ……………………………………………………………………………… (59)
 §3.2 不定积分的概念与性质 …………………………………………………………… (60)
  一、不定积分的概念 ……………………………………………………………… (60)
  二、不定积分的性质 ……………………………………………………………… (61)
  习题 3.2 ……………………………………………………………………………… (62)
 §3.3 积分的基本公式 …………………………………………………………………… (62)
  一、不定积分的基本公式 ………………………………………………………… (62)
  二、定积分的基本公式 …………………………………………………………… (63)
  习题 3.3 ……………………………………………………………………………… (64)
 §3.4 换元积分法 ………………………………………………………………………… (65)
  习题 3.4 ……………………………………………………………………………… (68)
 §3.5 分部积分法 ………………………………………………………………………… (69)
  习题 3.5 ……………………………………………………………………………… (71)

§3.6 无限区间上的广义积分 ………………………………………………… (72)
  习题 3.6 ……………………………………………………………………… (73)
§3.7 积分的应用 ……………………………………………………………… (74)
  一、平面图形的面积 ……………………………………………………… (74)
  二、经济应用问题举例 …………………………………………………… (76)
  习题 3.7 ……………………………………………………………………… (77)
总习题三 ………………………………………………………………………… (78)

第四章 偏导数及其应用 …………………………………………………… (80)

§4.1 偏导数 …………………………………………………………………… (80)
  一、多元函数的概念 ……………………………………………………… (80)
  二、偏导数 ………………………………………………………………… (81)
  三、二阶偏导数 …………………………………………………………… (82)
  习题 4.1 ……………………………………………………………………… (83)
§4.2 二元函数的极值 ………………………………………………………… (84)
  一、二元函数的极值 ……………………………………………………… (84)
  二、最值应用问题 ………………………………………………………… (86)
  三、最小二乘法 …………………………………………………………… (87)
  习题 4.2 ……………………………………………………………………… (90)
§4.3 条件极值 ………………………………………………………………… (91)
  一、条件极值的意义 ……………………………………………………… (91)
  二、条件极值的求法 ……………………………………………………… (92)
  习题 4.3 ……………………………………………………………………… (94)
总习题四 ………………………………………………………………………… (95)

第五章 矩阵与线性方程组 ………………………………………………… (96)

§5.1 矩阵的概念 ……………………………………………………………… (96)
  习题 5.1 ……………………………………………………………………… (98)
§5.2 矩阵的运算 ……………………………………………………………… (99)
  一、矩阵的加法 …………………………………………………………… (99)
  二、数乘矩阵 ……………………………………………………………… (100)
  三、矩阵的减法 …………………………………………………………… (101)
  四、矩阵的乘法 …………………………………………………………… (101)
  五、转置矩阵 ……………………………………………………………… (105)
  习题 5.2 ……………………………………………………………………… (106)

目录

§5.3 矩阵的初等行变换 ………………………………………………… (108)
    一、阶梯形矩阵和简化阶梯形矩阵 ……………………………… (108)
    二、矩阵的初等行变换 …………………………………………… (109)
    习题 5.3 …………………………………………………………… (111)

§5.4 矩阵的秩与逆矩阵 ………………………………………………… (112)
    一、矩阵的秩 ……………………………………………………… (112)
    二、逆矩阵 ………………………………………………………… (113)
    习题 5.4 …………………………………………………………… (115)

§5.5 线性方程组的解法 ………………………………………………… (117)
    一、用消元法解线性方程组 ……………………………………… (117)
    二、线性方程组解的判定定理 …………………………………… (121)
    习题 5.5 …………………………………………………………… (123)

总习题五 …………………………………………………………………… (123)

第六章 概率初步 ……………………………………………………… (126)

§6.1 随机事件 …………………………………………………………… (126)
    一、随机事件 ……………………………………………………… (126)
    二、事件之间的关系与运算 ……………………………………… (128)
    习题 6.1 …………………………………………………………… (131)

§6.2 随机事件的概率 …………………………………………………… (132)
    一、概率的古典定义 ……………………………………………… (132)
    二、概率的统计定义 ……………………………………………… (134)
    习题 6.2 …………………………………………………………… (134)

§6.3 概率的加法公式与事件的独立性 ………………………………… (135)
    一、概率的加法公式 ……………………………………………… (135)
    二、事件的独立性 ………………………………………………… (136)
    习题 6.3 …………………………………………………………… (138)

§6.4 随机变量的概念 …………………………………………………… (139)
    一、随机变量的概念 ……………………………………………… (139)
    二、随机变量的分类 ……………………………………………… (140)
    习题 6.4 …………………………………………………………… (140)

§6.5 离散型随机变量的概率分布 ……………………………………… (141)
    一、离散型随机变量的概率分布 ………………………………… (141)
    二、二项分布与泊松分布 ………………………………………… (143)
    习题 6.5 …………………………………………………………… (147)

§6.6 连续型随机变量的概率密度 ……………………………………………… (147)
　　一、连续型随机变量的概率密度 ………………………………………… (148)
　　二、均匀分布与指数分布 ………………………………………………… (149)
　　习题 6.6 ………………………………………………………………… (151)
§6.7 正态分布 …………………………………………………………………… (152)
　　一、标准正态分布 ………………………………………………………… (152)
　　二、正态分布 ……………………………………………………………… (154)
　　习题 6.7 ………………………………………………………………… (155)
§6.8 随机变量的数字特征 …………………………………………………… (156)
　　一、数学期望 ……………………………………………………………… (156)
　　二、方差 …………………………………………………………………… (158)
　　习题 6.8 ………………………………………………………………… (161)
总习题六 …………………………………………………………………………… (162)

第七章　统计学初步 …………………………………………………………… (165)

§7.1 总体与样本·频率直方图 ……………………………………………… (165)
　　一、总体与样本 …………………………………………………………… (165)
　　二、频率分布与直方图 …………………………………………………… (166)
　　习题 7.1 ………………………………………………………………… (168)
§7.2 样本的数字特征 ………………………………………………………… (168)
　　一、描述样本代表性的数值 ……………………………………………… (168)
　　二、描述样本分散程度的数值 …………………………………………… (171)
　　习题 7.2 ………………………………………………………………… (172)
§7.3 点估计与区间估计 ……………………………………………………… (173)
　　一、总体均值与总体方差的点估计 ……………………………………… (173)
　　二、正态总体均值的区间估计 …………………………………………… (175)
　　习题 7.3 ………………………………………………………………… (177)
§7.4 正态总体均值的假设检验 ……………………………………………… (178)
　　一、假设检验问题 ………………………………………………………… (178)
　　二、假设检验的基本思想 ………………………………………………… (178)
　　三、假设检验的程序 ……………………………………………………… (178)
　　习题 7.4 ………………………………………………………………… (181)
§7.5 一元线性回归分析 ……………………………………………………… (182)
　　一、相关关系与相关系数 ………………………………………………… (182)
　　二、一元线性回归方程 …………………………………………………… (185)

目录

    习题 7.5 ·· (186)

    总习题七 ·· (187)

附表 ··· (188)

    附表 1 泊松概率分布表 ··· (188)

    附表 2 标准正态分布表 ··· (190)

附录 初等数学中的常用公式 ··· (192)

习题参考答案与解法提示 ··· (196)

名词术语索引 ·· (215)

参考文献 ·· (218)

第 一 章
导　数

> 本章先介绍极限和连续的概念,然后讲述导数和微分的概念以及求导数的方法.

§1.1　数列的极限

【**本节学习目标**】　知道数列极限的概念,会用连续复利与贴现公式.

一、数列极限的概念

先看一个有关数列极限的实际例子.

我国战国时代哲学家庄周所著的《庄子·天下篇》引用过一句话:"一尺之棰,日取其半,万世不竭."这就是说,一根长为一尺的棒头,每天截去一半,这样的过程可以无限地进行下去.

把每天截后剩下的棒的长度写出来(单位:尺):

第 1 天剩下 $\frac{1}{2}$,第 2 天剩下 $\frac{1}{2^2}$,第 3 天剩下 $\frac{1}{2^3}$,……,第 n 天剩下 $\frac{1}{2^n}$,…….这样就得到一列数

$$\frac{1}{2},\frac{1}{2^2},\frac{1}{2^3},\cdots,\frac{1}{2^n},\cdots.$$

这一列数就称为数列.

随着天数的推移,剩下的棒的长度越来越短,显然,当天数 n 无限增大时,剩下的棒的长度将无限缩短,即剩下的棒的长度 $\frac{1}{2^n}$ 将无限接近于数 0.这时我们就称由剩下的棒的长度构成的上述数列以常数 0 为极限,并记做

$$\lim_{n\to\infty}\frac{1}{2^n}=0.$$

一般地,按一定顺序排列的无穷多个数,称为**数列**.数列通常记做

$$y_1,y_2,y_3,\cdots,y_n,\cdots,$$

第一章 导数

或简记做$\{y_n\}$. 数列的每个数,称为数列的**项**,依次称为第1项,第2项,……第n项y_n称为数列的**通项**或**一般项**.

例如,我们已经知道的等差数列是
$$a_1, a_1+d, a_1+2d, \cdots, a_1+(n-1)d, \cdots,$$
其首项(第1项)是a_1,公差是d,通项$a_n=a_1+(n-1)d$.

等比数列是
$$a_1, a_1q, a_1q^2, \cdots, a_1q^{n-1}, \cdots,$$
其首项是a_1,公比是q,通项$a_n=a_1q^{n-1}$.

数列$\{y_n\}$的极限,就是讨论当n无限增大时,数列的通项y_n的变化趋势,特别是,是否有趋向于某个常数的变化趋势. 为此,我们有如下数列极限的概念:

设数列$\{y_n\}$:
$$y_1, y_2, y_3, \cdots, y_n, \cdots.$$

若当n无限增大时,y_n趋向于常数A,则称**数列**$\{y_n\}$**以**A**为极限**,记做
$$\lim_{n\to\infty} y_n = A \quad \text{或} \quad y_n \to A \quad (n \to \infty),$$
其中前一式子读做"当n趋于无穷大时,y_n的极限等于A",后一式子读做"当n趋于无穷大时,y_n趋于A".

有极限的数列称为**收敛数列**;没有极限的数列称为**发散数列**.

例1 考虑数列$\left\{1+\dfrac{(-1)^n}{n}\right\}$:
$$0, 1+\frac{1}{2}, 1-\frac{1}{3}, 1+\frac{1}{4}, 1-\frac{1}{5}, \cdots, 1+\frac{(-1)^n}{n}, \cdots.$$

当n无限增大时,由于$\dfrac{(-1)^n}{n}$无限接近常数0,所以其通项$y_n=1+\dfrac{(-1)^n}{n}$就无限接近常数1,即该数列以1为极限,可记做
$$\lim_{n\to\infty}\left[1+\frac{(-1)^n}{n}\right]=1.$$

例2 考虑数列$\{(-1)^{n+1}\}$:
$$1, -1, 1, -1, \cdots, (-1)^{n+1}, \cdots.$$

当n无限增大时,数列在数值1和-1上跳来跳去,不趋于一个常数,故该数列没有极限.

例3 考虑数列$\{n^2\}$:
$$1, 4, 9, 16, \cdots, n^2, \cdots.$$

当n无限增大时,其通项$y_n=n^2$也无限增大,它不趋于任何常数,故该数列没有极限.

注意到$y_n=n^2$随着n无限增大时,它有确定的变化趋势,即取正值且无限增大. 对这种情况,我们借用极限的记法表示它的变化趋势,记做
$$\lim_{n\to\infty} n^2 = +\infty \quad \text{或} \quad n^2 \to +\infty \quad (n\to\infty),$$

并称该数列的极限是**正无穷大**.

同样,对数列$\{-\sqrt{n}\}$,$\{(-1)^n n\}$,则可分别记做

$$\lim_{n\to\infty}(-\sqrt{n}) = -\infty, \quad \lim_{n\to\infty}(-1)^n n = \infty,$$

其中前者称数列的极限是**负无穷大**,后者称数列的极限是**无穷大**.

若数列$\{x_n\}$收敛于A,数列$\{y_n\}$收敛于B,则分别由这两个数列的和、差、积、商(对作为分母的数列$\{y_n\}$,$y_n \neq 0$,$B \neq 0$)所构成的数列也收敛,且分别收敛于$A+B$,$A-B$,$A \cdot B$,$\dfrac{A}{B}$.

以上是数列极限的四则运算法则.对于函数的极限,有类似的四则运算法则,不再详述.

二、数列$\left\{\left(1+\dfrac{1}{n}\right)^n\right\}$的极限

1. $\lim\limits_{n\to\infty}\left(1+\dfrac{1}{n}\right)^n = e$

将数列$\left\{\left(1+\dfrac{1}{n}\right)^n\right\}$取值计算,取小数点后的有效位数为5位,考查数列取值的趋势,见表1-1.

表 1-1

n	1	1000	5000	10000	100000	1000000	2000000
$\left(1+\dfrac{1}{n}\right)^n$	2	2.71692	2.71801	2.71815	2.71827	2.71828	2.71828

由表1-1看出,该数列是单调增加的;若再仔细分析表中的数值会发现,随着n增大,数列后项与前项的差值在减少,而且减少得相当快;最后两项,项数相隔100万项,而数列的5位有效数字相同.这表明,数列的通项$y_n = \left(1+\dfrac{1}{n}\right)^n$当$n$无限增大时,它将趋于一个常数.可以证明数列$\left\{\left(1+\dfrac{1}{n}\right)^n\right\}$有极限,且其极限为e,即

$$\lim_{n\to\infty}\left(1+\dfrac{1}{n}\right)^n = e,$$

其中$e = 2.718281828459\cdots$,是一个无理数.

由上述极限还可推出如下极限:

$$\lim_{n\to\infty}\left(1+\dfrac{a}{n}\right)^{\frac{n}{a}} = e.$$

例4 求极限$\lim\limits_{n\to\infty}\left(1+\dfrac{1}{n}\right)^{4n}$.

解 由幂的运算性质有

$$\left(1+\dfrac{1}{n}\right)^{4n} = \left[\left(1+\dfrac{1}{n}\right)^n\right]^4,$$

于是
$$\lim_{n\to\infty}\left(1+\frac{1}{n}\right)^{4n}=\lim_{n\to\infty}\left[\left(1+\frac{1}{n}\right)^{n}\right]^{4}=e^{4}.$$

2. 复利与贴现

作为公式 $\lim_{n\to\infty}\left(1+\frac{1}{n}\right)^{n}=e$ 在经济方面的应用,在此介绍复利与贴现问题.

从经济学角度看,货币有时间价值.比如,现在的 1 万元比若干年后的 1 万元要值钱,或者说若干年后 1 万元的现在价值没有现在 1 万元的价值高.前后两个时间点货币价值之所以不同,就是因为其中有一个利息问题.利息就是在一段时间间隔内因使用货币而付出的代价.

设 A_0 是本金,又称**现在值**,r 是年利率,t 是时间(单位:年),A_t 是 t 年末的本利和,又称**未来值**.

复利就是利息加入本金再获取利息,即将投资于每期末所得利息加入该期的本金,并以此作为下一期的本金,继续投资.

若以一年为 1 期计算利息,则按复利计算 t 年末本利和的公式是
$$A_t = A_0(1+r)^t.$$

若一年计息 n 期,并以 $\frac{r}{n}$ 为每期的利率,按复利计算,则 t 年末的本利和是
$$A_t = A_0\left(1+\frac{r}{n}\right)^{nt}. \tag{1.1}$$

上述计息的"期"是确定的时间间隔,因而一年计息次数有限.

若计息的"期"的时间间隔无限缩短,从而计息次数 $n\to\infty$,这种情况称为**连续复利**.这时,由于
$$\lim_{n\to\infty}A_0\left(1+\frac{r}{n}\right)^{nt}=A_0\lim_{n\to\infty}\left[\left(1+\frac{r}{n}\right)^{\frac{n}{r}}\right]^{rt}=A_0e^{rt},$$

故若以连续复利计算,t **年末本利和的公式**是
$$A_t = A_0 e^{rt}. \tag{1.2}$$

例 5 设贷款 100 万元买房,贷款期限为 10 年,年利率为 5%,请按下述两种情况计算 10 年末的还款额:

(1) 按复利计算,每年计息 2 期;

(2) 按连续复利计算.

解 依题设 $A_0=100$ 万元,$r=5\%$,$t=10$ 年,求未来值 A_{10}.

(1) 由于每年计息 2 期,即 $n=2$,所以由公式(1.1)知,10 年末的本利和为
$$A_{10}=100\times\left(1+\frac{0.05}{2}\right)^{2\times 10}\text{万元}\approx 100\times 1.6386\text{万元}=163.86\text{万元}.$$

(2) 按连续复利计算,由公式(1.2)知,10 年末的本利和为
$$A_{10}=100e^{0.05\times 10}\text{万元}\approx 100\times 1.6487\text{万元}=164.87\text{万元}.$$

已知现在值 A_0 按公式(1.1),(1.2)确定未来值 A_t,这是复利问题. 若已知未来值 A_t,求现在值 A_0,则是贴现问题. 这时,年利率 r 称为年贴现率.

由公式(1.1)得一年计息 n 期的贴现公式

$$A_0 = A_t\left(1+\frac{r}{n}\right)^{-nt}. \tag{1.3}$$

由连续复利公式(1.2)得连续贴现公式

$$A_0 = A_t e^{-rt}. \tag{1.4}$$

例 6 设年贴现率为 6%,现投资多少万元,20 年末可得 1000 万元?

(1) 按一年计息 12 期贴现;

(2) 按连续贴现.

解 依题设,$A_{20}=1000$ 万元,$r=6\%$,$t=20$,求现在值 A_0.

(1) 按一年计息 12 期贴现,即 $n=12$,由公式(1.3)得

$$A_0 = 1000 \times \left(1+\frac{0.06}{12}\right)^{-12\times 20} 万元 \approx 1000 \times 0.3021 \text{万元} = 302.1 \text{万元}.$$

(2) 按连续贴现,由公式(1.4)得

$$A_0 = A_{20} e^{-0.06\times 20} 万元 \approx 1000 \times 0.3012 \text{万元} = 301.2 \text{万元}.$$

习 题 1.1

A 组

1. 已知数列的通项,试写出数列,并观察判定数列是否有极限. 若有极限,请写出其极限.

(1) $y_n = \dfrac{n}{3n+1}$; (2) $y_n = (-1)^{n+1}\dfrac{1}{n+1}$.

2. 某公司发行股票,年利率为 5%,每股 10 元,12 年后每股价值多少元? 按下面两种情况计算:
(1) 按复利计算,每年计息 4 期; (2) 按连续复利计算.

3. 某保险公司发行养老保险基金,年利率为 3%,按连续复利计算,20 年后可得 50 万元,问:现在应存入多少万元?

B 组

1. 试写出下列数列的通项,并观察判定数列是否有极限. 若有极限,试写出其极限.

(1) $\dfrac{1}{3},\dfrac{1}{9},\dfrac{1}{27},\dfrac{1}{81},\cdots$; (2) $0,1,0,\dfrac{1}{2},0,\dfrac{1}{3},\cdots$.

2. 某机械设备折旧率为每年 5%,问:连续折旧多少年,其价值是原价值的一半?

§1.2 函数的极限与连续

【本节学习目标】 知道当 $x \to \infty$ 时及当 $x \to x_0$ 时,函数 $f(x)$ 极限的概念;知道函数 $f(x)$ 连续的概念.

第一章 导数

一、函数的极限

对以 x 为自变量，y 为因变量的函数 $y=f(x)$，设其定义域为 D（D 一般是数轴上的区间）．当自变量 x 在 D 内变化时，相应的因变量 y，或者说相应的函数 $f(x)$ 也将随着变化．所谓函数 $f(x)$ 的极限，就是讨论当自变量 x 在某一变化过程中，相应的函数值 $f(x)$ 的变化趋势．x 的变化过程主要是指 $x \to \infty$（无穷大）和 $x \to x_0$（定数）．我们先讨论前一种情形．

1. 当 $x \to \infty$ 时，函数 $f(x)$ 的极限

先看一个人们熟知的事实．

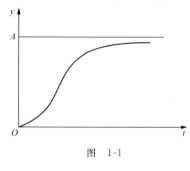

图 1-1

在某一地区，一种新的、适用的耐用产品上市后，使用的用户数 y（假设这种产品每户若用，只用一台）随着时间 t 的推移将越来越多．时间 t 可以无限延续，但由于该地区的用户数 N 是有限的，所以使用的用户数不可能无限增加，它只能越来越接近某一常数 $A(\leqslant N)$，即使用的用户数将逐渐趋于饱和状态．若将 y 看做 t 的函数 $y=f(t)$，A 即是当 t 趋于无穷大时，函数 $f(t)$ 的极限．图 1-1 描述了 y 随 t 变化的情况．

对于函数 $f(x)$，若自变量 x 取正值，且无限增大，则记做 $x \to +\infty$；若 x 取负值，且其绝对值 $|x|$ 无限增大，则记做 $x \to -\infty$；若 x 既取正值又取负值，且 $|x|$ 无限增大，则记做 $x \to \infty$．"当 $x \to \infty$ 时，函数 $f(x)$ 的极限"，就是讨论当自变量 x 的绝对值 $|x|$ 无限增大时，相应的函数值 $f(x)$ 的变化趋势．

若当 $x \to \infty$ 时，函数 $f(x)$ 趋于常数 A，则称函数 $f(x)$ 当 x 趋于无穷大时以 A 为极限，记做

$$\lim_{x \to \infty} f(x) = A \quad \text{或} \quad f(x) \to A \ (x \to \infty).$$

例如，当 $x \to \infty$ 时，因 $\dfrac{1}{x}$ 将无限接近常数 0，故函数 $y = \dfrac{1}{x}$ 当 x 趋于无穷大时以 0 为极限，即

$$\lim_{x \to \infty} \frac{1}{x} = 0.$$

观察图 1-2，曲线（等轴双曲线）$y = \dfrac{1}{x}$ 有两个分支．它的右侧分支沿着 x 轴的正方向无限延伸和左侧分支沿着 x 轴的负方向无限延伸时，都与直线 $y=0$ 越来越接近，此时我们称曲线 $y = \dfrac{1}{x}$ 以直线 $y=0$ 为**水平渐近线**．

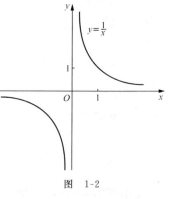

图 1-2

有时,我们仅讨论 $x \to -\infty$ 时或 $x \to +\infty$ 时函数 $f(x)$ 的变化趋势.

若当 $x \to -\infty$ 时,函数 $f(x)$ 趋于常数 A,则称**函数 $f(x)$ 当 x 趋于负无穷大时以 A 为极限**,记做

$$\lim_{x \to -\infty} f(x) = A \quad 或 \quad f(x) \to A \ (x \to -\infty).$$

若当 $x \to +\infty$ 时,函数 $f(x)$ 趋于常数 A,则称**函数 $f(x)$ 当 x 趋于正无穷大时以 A 为极限**,记做

$$\lim_{x \to +\infty} f(x) = A \quad 或 \quad f(x) \to A \ (x \to +\infty).$$

由 $x \to -\infty, x \to +\infty$ 及 $x \to \infty$ 的含义,有如下**结论**:

极限 $\lim_{x \to \infty} f(x)$ **存在且等于 A 的充分必要条件**是极限 $\lim_{x \to -\infty} f(x)$ 与 $\lim_{x \to +\infty} f(x)$ 都存在且等于 A,即

$$\lim_{x \to \infty} f(x) = A \Longleftrightarrow \lim_{x \to -\infty} f(x) = A = \lim_{x \to +\infty} f(x).$$

例 1 根据函数 $y = \dfrac{1}{1+x^2}$ 的图形(图 1-3),考查极限 $\lim_{x \to \infty} \dfrac{1}{1+x^2}$ 是否存在.

解 当 $x \to \infty$ 时,显然有 $1 + x^2 \to \infty$,从而 $\dfrac{1}{1+x^2} \to 0$,即所考查的极限存在,且

$$\lim_{x \to \infty} \frac{1}{1+x^2} = 0.$$

从图 1-3 看,曲线 $y = \dfrac{1}{1+x^2}$ 沿着 x 轴的负方向无限延伸和沿着 x 轴的正方向无限延伸时,均以直线 $y = 0$(x 轴)为水平渐近线.

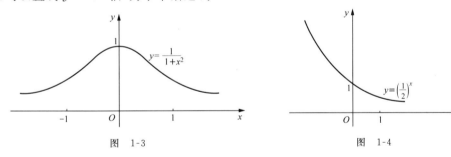

图 1-3　　　　　　　　　　图 1-4

例 2 画出函数 $y = \left(\dfrac{1}{2}\right)^x$ 的图形,判断极限 $\lim_{x \to -\infty} \left(\dfrac{1}{2}\right)^x$,$\lim_{x \to +\infty} \left(\dfrac{1}{2}\right)^x$,$\lim_{x \to \infty} \left(\dfrac{1}{2}\right)^x$ 是否存在.

解 函数 $y = \left(\dfrac{1}{2}\right)^x$ 的图形如图 1-4 所示.由该图可看出

$$\lim_{x \to -\infty} \left(\frac{1}{2}\right)^x = +\infty, \quad \lim_{x \to +\infty} \left(\frac{1}{2}\right)^x = 0.$$

由极限 $\lim\limits_{x\to\infty}f(x)$ 存在的充分必要条件知极限 $\lim\limits_{x\to\infty}\left(\dfrac{1}{2}\right)^x$ 不存在.

2. 当 $x\to x_0$ 时,函数 $f(x)$ 的极限

这里,x_0 是一个定数. 若 $x<x_0$,且 x 趋于 x_0,则记做 $x\to x_0^-$;若 $x>x_0$,且 x 趋于 x_0,则记做 $x\to x_0^+$. 若 $x\to x_0^-$ 和 $x\to x_0^+$ 同时发生,则记做 $x\to x_0$.

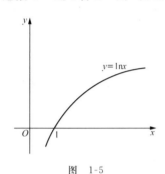

图 1-5

"当 $x\to x_0$ 时,函数 $f(x)$ 的极限",就是在点 x_0 的左右邻近讨论当自变量 x 无限接近定数 x_0(但 x 不取 x_0)时,函数 $f(x)$ 的变化趋势. 根据我们已有的极限概念,容易理解下述极限概念:

若当 $x\to x_0$(但 x 始终不等于 x_0)时,函数 $f(x)$ 趋于常数 A,则称函数 $f(x)$ 当 x 趋于 x_0 时以 A 为**极限**,记做
$$\lim_{x\to x_0}f(x)=A \quad \text{或} \quad f(x)\to A\ (x\to x_0).$$

例如,由数学表达式并结合图 1-3,图 1-4 和图 1-5 可知
$$\lim_{x\to 0}\dfrac{1}{1+x^2}=1,\quad \lim_{x\to\infty}\left(\dfrac{1}{2}\right)^x=1,\quad \lim_{x\to 1}\ln x=0.$$

有时,我们仅讨论当 $x\to x_0^-$ 时或当 $x\to x_0^+$ 时,函数 $f(x)$ 的极限.

若当 $x\to x_0^-$ 时,函数 $f(x)$ 趋于常数 A,则称函数 $f(x)$ 当 x 趋于 x_0 时以 A 为**左极限**,记做
$$\lim_{x\to x_0^-}f(x)=A \quad \text{或} \quad f(x)\to A\ (x\to x_0^-).$$

若当 $x\to x_0^+$ 时,函数 $f(x)$ 趋于常数 A,则称函数 $f(x)$ 当 x 趋于 x_0 时以 A 为**右极限**,记做
$$\lim_{x\to x_0^+}f(x)=A \quad \text{或} \quad f(x)\to A\ (x\to x_0^+).$$

依据 $x\to x_0^-$,$x\to x_0^+$ 及 $x\to x_0$ 的含义,有如下**结论**:

极限 $\lim\limits_{x\to x_0}f(x)$ 存在且等于 A 的充分必要条件是极限 $\lim\limits_{x\to x_0^-}f(x)$ 与 $\lim\limits_{x\to x_0^+}f(x)$ 都存在且等于 A,即
$$\lim_{x\to x_0}f(x)=A \iff \lim_{x\to x_0^-}f(x)=A=\lim_{x\to x_0^+}f(x).$$

例 3 设函数 $f(x)=\begin{cases} x^2, & x<0, \\ \mathrm{e}^x, & x\geq 0. \end{cases}$

(1) 画出函数 $f(x)$ 的图形;

(2) 考查极限 $\lim\limits_{x\to 0^-}f(x)$,$\lim\limits_{x\to 0^+}f(x)$,$\lim\limits_{x\to 0}f(x)$ 是否存在.

解 (1) 函数 $f(x)$ 的图形如图 1-6 所示.

(2) 若一个函数用两个或多于两个数学式子来表示，即一个函数在其定义域的不同部分用不同数学式子来表示，则称这样的函数为**分段函数**. 本例中函数 $f(x)$ 是一个分段函数，$x=0$ 是分段点.

观察图 1-6 可知
$$\lim_{x \to 0^-} f(x) = \lim_{x \to 0^-} x^2 = 0, \quad \lim_{x \to 0^+} f(x) = \lim_{x \to 0^+} e^x = 1,$$
由极限 $\lim_{x \to x_0} f(x)$ 存在的充分必要条件知极限 $\lim_{x \to 0} f(x)$ 不存在.

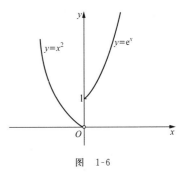

图 1-6

二、函数的连续性

1. 函数在一点的连续性

客观世界的许多现象都是连续变化的，所谓的连续就是不间断. 例如，时间是连续变化的，气温是连续变化的. 我们也可以认为气温是随着时间的延续在连续地上升或下降. 若从函数的观点来看，气温 θ 是时间 t 的函数，当自变量 t 变化很微小时，函数值 θ 变化也很微小. 在数学上，这就是连续函数，它反映了变量逐渐变化的过程.

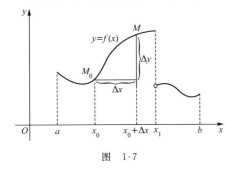

图 1-7

观察图 1-7，区间 $[a,b]$ 上的曲线 $y=f(x)$，在 x_1 处断开了，就称 x_1 是函数 $f(x)$ 的间断点；在 x_0 处没有出现间断，即在 x_0 处曲线是连续的，就称 x_0 是函数 $f(x)$ 的连续点. 我们用图 1-7 来说明函数在一点连续与间断的数量特征.

在 x_1 处，曲线断开，作为曲线 $y=f(x)$ 上的点的横坐标 x 从 x_1 左侧近旁变到右侧近旁时，曲线上的点的纵坐标 y 呈现跳跃，即在 x_1 处，当自变量有微小改变时，相应的函数值有显著改变. 在点 x_0 处，曲线是连续的，情况则不同：曲线 $y=f(x)$ 上的点的横坐标 x 自 x_0 向左或向右做微小移动时，其相应的纵坐标 y 呈渐变. 换言之，自变量 x 在 x_0 处有微小改变时，相应的函数值 y 也有微小改变.

我们用数学式子来表达上述说法. 对函数 $y=f(x)$，假设自变量由 x_0 改变到 $x_0+\Delta x$，自变量实际改变了 Δx，这时函数值相应地由 $f(x_0)$ 改变到 $f(x_0+\Delta x)$. 若记 Δy 为函数相应的改变量，则
$$\Delta y = f(x_0 + \Delta x) - f(x_0).$$
按这种记法，在 x_0 处，当 $|\Delta x|$ 很微小时，Δy 也很微小. 特别当 $\Delta x \to 0$ 时，也有 $\Delta y \to 0$. 这就是函数 $y=f(x)$ 在点 x_0 处连续的实质. 由以上分析，得到函数在一点连续的定义.

设函数 $y=f(x)$ **在点** x_0 **及其左右邻近有定义**，若
$$\lim_{\Delta x \to 0} \Delta y = \lim_{\Delta x \to 0} [f(x_0 + \Delta x) - f(x_0)] = 0,$$

则称函数 $y=f(x)$ **在点 x_0 处连续**，并称 x_0 为该函数的**连续点**.

若记 $x=x_0+\Delta x$，则 $\Delta x=x-x_0$. 相应地，函数的改变量为
$$\Delta y = f(x) - f(x_0).$$

这时，$\Delta x \to 0$，即 $x \to x_0$；$\Delta y \to 0$，即 $f(x)-f(x_0) \to 0$，也即 $f(x) \to f(x_0)$. 于是函数 $y=f(x)$ 在点 x_0 处连续的定义又可记做
$$\lim_{x \to x_0} f(x) = f(x_0).$$

依上式，函数 $f(x)$ 在点 x_0 处连续，就是**函数 $f(x)$ 在点 x_0 处的极限值等于该点的函数值**，即下述三个条件皆满足：

(1) $f(x)$ 在点 x_0 及其左右邻近有定义；

(2) 极限 $\lim\limits_{x \to x_0} f(x)$ 存在；

(3) 极限 $\lim\limits_{x \to x_0} f(x)$ 的值等于该点的函数值 $f(x_0)$.

若上述三个条件之一不满足，则函数 $f(x)$ 在点 x_0 处就不连续. 这时称 x_0 是函数 $f(x)$ 的**不连续点**，即**间断点**.

由函数 $f(x)$ 在点 x_0 的左极限与右极限的定义，可以得到函数 $f(x)$ 在点 x_0 处左连续与右连续的定义.

若 $\lim\limits_{x \to x_0^-} f(x) = f(x_0)$，则称函数 $f(x)$ 在点 x_0 处**左连续**；

若 $\lim\limits_{x \to x_0^+} f(x) = f(x_0)$，则称函数 $f(x)$ 在点 x_0 处**右连续**.

函数 $f(x)$ 在点 x_0 处连续的**充分必要条件**是函数 $f(x)$ 在点 x_0 处既左连续又右连续，即
$$\lim_{x \to x_0} f(x) = f(x_0) \iff \lim_{x \to x_0^-} f(x) = f(x_0) = \lim_{x \to x_0^+} f(x).$$

2. 闭区间上连续函数的重要性质

函数在一点连续的定义，可以很自然地推广到一个区间上.

若函数 $f(x)$ 在区间 I[①] 内每一点都连续，则称**函数 $f(x)$ 在区间 I 内连续**，或称 $f(x)$ 为区间 I 上的**连续函数**.

例如，对数函数 $y=\ln x$ 在区间 $(0,+\infty)$ 内是连续的，指数函数 $y=e^x$，正弦函数 $y=\sin x$，余弦函数 $y=\cos x$ 在区间 $(-\infty,+\infty)$ 内都是连续的（读者自行画出图形观察）.

函数 $f(x)$ 在闭区间 $[a,b]$ 上连续，是指函数 $f(x)$ 在开区间 (a,b) 内连续，且在端点 a 处右连续，在端点 b 处左连续，即有
$$\lim_{x \to a^+} f(x) = f(a), \quad \lim_{x \to b^-} f(x) = f(b).$$

---

① 区间分为有限区间和无限区间. 本教材在以后的叙述中，若我们所讨论的问题在任何一个区间上都成立时，将用**字母 I 表示这样一个泛指的区间**.

下面介绍闭区间上连续函数的一个重要性质. 先给出最大值与最小值概念.

设函数 $f(x)$ 在区间 I 上有定义,若 $x_0 \in I$,且对该区间上的一切 x,有
$$f(x) \leqslant f(x_0) \quad \text{或} \quad f(x) \geqslant f(x_0),$$
则称 $f(x_0)$ 是函数 $f(x)$ 在区间 I 上的**最大值**或**最小值**. 最大值与最小值统称为**最值**.

若函数 $f(x)$ 在闭区间 $[a,b]$ 上连续,则 $f(x)$ 在 $[a,b]$ 上有最大值与最小值.

这是闭区间上连续函数的重要性质. 从图形上看(图 1-8),上述结论成立是显然的:包括端点的一段连续曲线,必定有最高点 $(x_1,f(x_1))$,也有最低点 $(x_2,f(x_2))$. 这最高点或最低点可能在区间内部,也可能在区间端点.

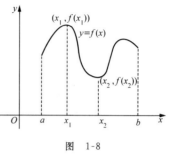

图 1-8

这里需要指出的是,若函数 $f(x)$ 在开区间内连续,它就不一定有最大值与最小值. 例如,函数 $y = e^x$ 在开区间 $(0,1)$ 内连续,它在该区间内既无最大值也无最小值.

习 题 1.2

A 组

1. 画出下列函数的图形,并直观判定下列极限:

(1) $f(x) = e^x$,求 $\lim\limits_{x \to -\infty} f(x)$, $\lim\limits_{x \to +\infty} f(x)$, $\lim\limits_{x \to \infty} f(x)$, $\lim\limits_{x \to 0^-} f(x)$, $\lim\limits_{x \to 0^+} f(x)$, $\lim\limits_{x \to 0} f(x)$;

(2) $f(x) = e^{-x^2}$,求 $\lim\limits_{x \to -\infty} f(x)$, $\lim\limits_{x \to +\infty} f(x)$, $\lim\limits_{x \to \infty} f(x)$, $\lim\limits_{x \to 0^-} f(x)$, $\lim\limits_{x \to 0^+} f(x)$, $\lim\limits_{x \to 0} f(x)$;

(3) $f(x) = \dfrac{1}{x^2}$,求 $\lim\limits_{x \to -\infty} f(x)$, $\lim\limits_{x \to +\infty} f(x)$, $\lim\limits_{x \to \infty} f(x)$, $\lim\limits_{x \to 0^-} f(x)$, $\lim\limits_{x \to 0^+} f(x)$, $\lim\limits_{x \to 0} f(x)$.

2. 直观判定下列函数在点 $x=0$ 处是否连续:

(1) $f(x) = x^3$;   (2) $f(x) = \sin x$;   (3) $f(x) = |x|$.

B 组

1. 直观判定下列函数在点 $x=0$ 处是否连续:

(1) $f(x) = \begin{cases} 1-x, & x \leqslant 0, \\ 1+x, & x > 0; \end{cases}$ (2) $f(x) = \begin{cases} x-1, & x \leqslant 0, \\ x+1, & x > 0. \end{cases}$

2. 设函数 $f(x) = \begin{cases} x^2-1, & x < 0, \\ x, & 0 \leqslant x < 1, \\ 2-x, & x \geqslant 1. \end{cases}$

(1) 求 $\lim\limits_{x \to -\infty} f(x)$, $\lim\limits_{x \to +\infty} f(x)$, $\lim\limits_{x \to 0^-} f(x)$, $\lim\limits_{x \to 0^+} f(x)$, $\lim\limits_{x \to 1^-} f(x)$, $\lim\limits_{x \to 1^+} f(x)$;

(2) $f(x)$ 在点 $x=0, x=1$ 处是否连续?

§1.3 函数的导数与微分

【本节学习目标】 理解函数导数的定义;知道函数微分的定义.

一、函数的导数

我们在解决实际问题时,除了需要了解变量之间的函数关系以外,经常要考查一个函数的因变量随自变量变化的快慢程度.例如,若将物体运动的路程 s 看做时间 t 的函数,已知运动方程 $s=s(t)$,讨论路程 s 随时间 t 变化的快慢程度,这就是讨论物体的运动速度问题.又如,若将曲线上点 (x,y) 的纵坐标 y 看做横坐标 x 的函数,已知曲线方程 $y=f(x)$,讨论纵坐标 y 随横坐标 x 变化的快慢程度,这就是讨论曲线的陡峭(或倾斜)程度问题.导数的概念正是由这类问题抽象出来的.这里,只讲后一问题.由于曲线的陡峭程度是通过曲线的切线斜率来描述的,所以我们从切线问题讲起.

1. 曲线的切线斜率

我们已经知道,一条直线与圆若只有一个交点,则该直线是圆的切线.这种用直线与曲线交点个数来定义曲线的切线的方法,对一般曲线是不适用的.例如,直线 $x=0$(y 轴)与曲线 $y=x^2$ 只有一个交点,显然直线 $x=0$ 不是该曲线的切线.

一般而言,曲线的切线定义为曲线的割线的极限位置.

设 M_0 是曲线 $y=f(x)$ 上的一点,M 是曲线上与点 M_0 邻近的一点,作割线 M_0M.当点 M 沿着曲线 $y=f(x)$ 趋于点 M_0 时,割线 M_0M 便绕着点 M_0 转动.若当点 M 无限趋于点 M_0 时,割线的极限位置是 M_0T,则称直线 M_0T 为曲线 $y=f(x)$ 在点 M_0 处的切线(图 1-9).简言之,割线的极限位置就是切线.

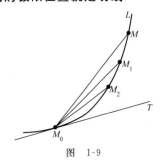

图 1-9

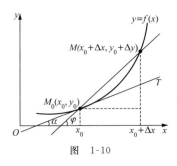

图 1-10

现在的问题是:已知曲线方程 $y=f(x)$,如何确定曲线上点 $M_0(x_0,y_0)$ 处的切线的斜率?

按切线的定义,在曲线 $y=f(x)$ 上取邻近于点 $M_0(x_0,y_0)$ 的任一点 $M(x_0+\Delta x,y_0+\Delta y)$,

作割线 M_0M，记割线的倾角为 φ（图 1-10），则其斜率是点 M_0 的纵坐标的改变量 Δy 与横坐标的改变量 Δx 之比：

$$\tan\varphi = \frac{\Delta y}{\Delta x} = \frac{f(x_0+\Delta x)-f(x_0)}{\Delta x}.$$

用割线 M_0M 的斜率表示切线的斜率，这是近似值。显然，$|\Delta x|$ 越小，即点 M 沿曲线越接近点 M_0，其近似程度越高。

现在让点 $M(x_0+\Delta x, y_0+\Delta y)$ 沿着曲线移动并无限趋于点 $M_0(x_0,y_0)$，即让 $\Delta x \to 0$，割线 M_0M 将绕着点 M_0 转动而达到极限位置成为切线 M_0T（图 1-10）。所以割线 M_0M 的斜率的极限就是曲线 $y=f(x)$ 在点 $M_0(x_0,y_0)$ 处切线 M_0T 的斜率，即

$$\tan\alpha = \lim_{\Delta x \to 0}\tan\varphi = \lim_{\Delta x \to 0}\frac{f(x_0+\Delta x)-f(x_0)}{\Delta x},$$

其中 α 是切线 M_0T 的倾角。

以上计算过程是：先作割线，求出割线的斜率；然后通过取极限，从割线过渡到切线，从而求得切线的斜率。由上述推导可知，曲线 $y=f(x)$ 在点 $M_0(x_0,y_0)$ 与 $M(x_0+\Delta x, y_0+\Delta y)$ 之间割线 M_0M 的斜率 $\frac{\Delta y}{\Delta x}$，是曲线上点的纵坐标 y 对横坐标 x 在区间 $[x_0,x_0+\Delta x]$ 上的平均变化率；而在点 M_0 处的切线斜率是曲线上点的纵坐标 y 对横坐标 x 在 x_0 处的瞬时变化率。显然，后者反映了在 x_0 处曲线 $y=f(x)$ 上点的纵坐标 y 随横坐标 x 变化的快慢程度。

以上求曲线的切线斜率问题是一个几何问题，但从数学上看，是计算函数的改变量与自变量的改变量之比，当自变量的改变量趋于零时的极限，即对函数 $y=f(x)$，要计算极限

$$\lim_{\Delta x \to 0}\frac{\Delta y}{\Delta x} = \lim_{\Delta x \to 0}\frac{f(x_0+\Delta x)-f(x_0)}{\Delta x}.$$

上式中，分母 Δx 是自变量 x 在点 x_0 处取得的改变量，要求 $\Delta x \neq 0$；分子 $\Delta y = f(x_0+\Delta x) - f(x_0)$ 是与 Δx **相对应的**函数 $f(x)$ 的改变量。因此，若上述极限存在，这个极限是函数在点 x_0 处的变化率，它描述了函数 $f(x)$ 在点 x_0 处变化的快慢程度。

在实际中，凡是考查一个变量随着另一个变量变化的变化率问题，都可归结为计算上述类型的极限。正因为如此，上述极限表述了自然科学、工程技术、经济科学中很多不同质的现象在量方面的共性。正是这种共性的抽象而引出函数的导数概念。

2. 导数的定义

定义 1.1 设函数 $y=f(x)$ 在点 x_0 及其左右邻近有定义，若极限

$$\lim_{\Delta x \to 0}\frac{\Delta y}{\Delta x} = \lim_{\Delta x \to 0}\frac{f(x_0+\Delta x)-f(x_0)}{\Delta x}$$

存在，则称**函数 $f(x)$ 在点 x_0 处可导**，并称此极限值为**函数 $f(x)$ 在点 x_0 处的导数**，记做

$$f'(x_0), \quad y'\Big|_{x=x_0}, \quad \frac{\mathrm{d}y}{\mathrm{d}x}\Big|_{x=x_0}, \quad \frac{\mathrm{d}f}{\mathrm{d}x}\Big|_{x=x_0},$$

即
$$f'(x_0) = \lim_{\Delta x \to 0} \frac{f(x_0 + \Delta x) - f(x_0)}{\Delta x}.$$

若上述极限不存在,则称**函数** $f(x)$**在点** x_0 **处不可导**.

若记 $x = x_0 + \Delta x$,则 $\Delta x = x - x_0$,且当 $\Delta x \to 0$ 时,有 $x \to x_0$. 这样,函数 $f(x)$ 在点 x_0 的导数也可记做

$$f'(x_0) = \lim_{x \to x_0} \frac{f(x) - f(x_0)}{x - x_0}.$$

若函数 $y = f(x)$ 在区间 I 内每一点都可导,则对每一个 $x \in I$,都有 $f(x)$ 的一个导数值 $f'(x)$ 与之对应,这样就得到一个定义在区间 I 上的函数,称为函数 $y = f(x)$ 的**导函数**,记做

$$f'(x), \quad y', \quad \frac{\mathrm{d}y}{\mathrm{d}x}, \quad \frac{\mathrm{d}f}{\mathrm{d}x},$$

即

$$f'(x) = \lim_{\Delta x \to 0} \frac{\Delta y}{\Delta x} = \lim_{\Delta x \to 0} \frac{f(x + \Delta x) - f(x)}{\Delta x}.$$

这时称**函数** $f(x)$**在区间** I **内可导**,或称 $f(x)$ 是区间 I 上的**可导函数**.

显然,函数 $f(x)$ 在点 x_0 处的导数 $f'(x_0)$,正是该函数的导函数 $f'(x)$ 在点 x_0 处的值,即

$$f'(x_0) = f'(x)\big|_{x=x_0}.$$

导函数简称为**导数**. 在求导数时,若没有指明是求在某一定点的导数,都是指求导函数.

例 1 设函数 $y = f(x) = x^3$.

(1) 用导数的定义求 $f'(2)$;

(2) 求导函数 $f'(x)$,并求 $f'(3)$.

解 (1) 在 $x = 2$ 处,当自变量有改变量 Δx 时,函数相应的改变量为

$$\Delta y = f(2 + \Delta x) - f(2) = (2 + \Delta x)^3 - 2^3 = 12 \cdot \Delta x + 6 \cdot (\Delta x)^2 + (\Delta x)^3,$$

于是由导数的定义有

$$f'(2) = \lim_{\Delta x \to 0} \frac{f(2 + \Delta x) - f(2)}{\Delta x} = \lim_{\Delta x \to 0} [12 + 6 \cdot \Delta x + (\Delta x)^2] = 12.$$

(2) 对任意点 x,当自变量的改变量为 Δx 时,函数相应的改变量为

$$\Delta y = (x + \Delta x)^3 - x^3 = 3x^2 \cdot \Delta x + 3x \cdot (\Delta x)^2 + (\Delta x)^3,$$

于是导函数为

$$f'(x) = \lim_{\Delta x \to 0} \frac{(x + \Delta x)^3 - x^3}{\Delta x} = \lim_{\Delta x \to 0} [3x^2 + 3x \cdot \Delta x + (\Delta x)^2] = 3x^2.$$

由上式有

$$f'(3) = 3x^2\big|_{x=3} = 27.$$

注意到本例中,函数 $y = x^3$ 的导数 $y' = (x^3)' = 3x^{3-1} = 3x^2$. 若 n 是正整数,对函数 $y = x^n$,类似地推导,有

§1.3 函数的导数与微分

$$y' = (x^n)' = nx^{n-1}.$$

特别地,当 $n=1$ 时,有

$$y' = (x)' = 1 \cdot x^{1-1} = x^0 = 1.$$

对任意实数 α,我们还可以得到**幂函数** $y=x^\alpha$ **的导数公式**

$$y' = (x^\alpha)' = \alpha x^{\alpha-1}.$$

例如,当 $\alpha = -1$ 时,$y = x^{-1} = \dfrac{1}{x}$ 的导数为

$$y' = \left(\frac{1}{x}\right)' = (x^{-1})' = -1 \cdot x^{-1-1} = -\frac{1}{x^2};$$

当 $\alpha = \dfrac{1}{2}$ 时,$y = x^{\frac{1}{2}} = \sqrt{x}$ 的导数为

$$y' = (x^{\frac{1}{2}})' = \frac{1}{2} \cdot x^{\frac{1}{2}-1} = \frac{1}{2} x^{-\frac{1}{2}} = \frac{1}{2\sqrt{x}}.$$

例 2 求常量函数 $y=C$ 的导数.

解 对任意一点 x,若自变量的改变量为 Δx,则总有 $\Delta y = C - C = 0$. 于是

$$y' = \lim_{\Delta x \to 0} \frac{\Delta y}{\Delta x} = \lim_{\Delta x \to 0} \frac{0}{\Delta x} = 0,$$

即**常数的导数等于零**.

例 3 求曲线 $y = x^2$ 在点 $(2, 4)$ 处的切线方程.

分析 我们已由切线的斜率问题引出了导数的定义. 现在,由导数的定义可知,函数 $f(x)$ 在点 x_0 处的**导数** $f'(x_0)$ **在几何上表示曲线** $y = f(x)$ **在点** $(x_0, f(x_0))$ **处的切线斜率**. 由解析几何中直线的点斜式方程,若函数 $f(x)$ 在点 x_0 处可导,则曲线 $y = f(x)$ 在点 $(x_0, f(x_0))$ 处的**切线方程**为

$$y - f(x_0) = f'(x_0)(x - x_0).$$

特别地,当 $f'(x_0) = 0$ 时,切线方程为 $y = f(x_0)$.

解 由于 $y' = 2x$,$y'\big|_{x=2} = 4$,所以曲线 $y = x^2$ 在点 $(2, 4)$ 处的切线方程为

$$y - 4 = 4(x - 2) \quad \text{或} \quad 4x - y - 4 = 0.$$

二、函数的微分

定义 1.2 设函数 $y = f(x)$ 在点 x_0 处可导,自变量在点 x_0 处的改变量为 Δx,称乘积 $f'(x_0)\Delta x$ 为函数 $y = f(x)$ **在点** x_0 **处的微分**,这时也称函数 $f(x)$ 在点 x_0 处**可微**. 函数 $y = f(x)$ 在点 x_0 处的微分记做 $\mathrm{d}y\big|_{x=x_0}$,即

$$\mathrm{d}y\big|_{x=x_0} = f'(x_0)\Delta x.$$

若函数 $y = f(x)$ 在区间 I 内的每一点都可微,则称 $f(x)$ 在区间 I 内可微,或称 $f(x)$ 为

第一章 导数

区间 I 上的**可微函数**. 这时称 $dy = f'(x)\Delta x$ 为函数 $f(x)$ 的微分.

由于当 $y = x$ 时,有 $dy = dx = x'\Delta x = \Delta x$,通常把自变量 x 的改变量 Δx 称为自变量的微分,记做 dx,即 $dx = \Delta x$. 于是函数 $y = f(x)$ 在点 x_0 处的微分一般记做

$$dy\big|_{x=x_0} = f'(x_0)dx,$$

而函数 $f(x)$ 的微分则记做

$$dy = f'(x)dx,$$

即函数的微分等于函数的导数与自变量的微分的乘积.

在微分表达式 $dy = f'(x)dx$ 中的 dx 和 dy 都有确定的意义:dx 是自变量 x 的微分,dy 是因变量 y 的微分. 这样该式可改写做

$$f'(x) = \frac{dy}{dx},$$

即函数的导数等于函数的微分与自变量的微分之商. 在此之前,必须把 $\dfrac{dy}{dx}$ 看做导数的整体记号,现在就可以看做分式了.

按照微分的定义,若函数 $y = f(x)$ 的导数 $f'(x)$ 已经计算出,则只要乘上因子 dx,即 $f'(x)dx$ 便是函数的微分. 因此,会计算函数的导数,就会计算函数的微分.

例 4 求函数 $y = x^4$ 的微分 dy.

解 先求导数. 由幂函数 $y = x^a$ 的导数公式有

$$y' = (x^4)' = 4x^3,$$

于是函数 $y = x^4$ 的微分为

$$dy = 4x^3 dx.$$

习 题 1.3

A 组

1. 用幂函数的导数公式求下列函数的导数:

(1) $y = x^5$;　　(2) $y = x^{\frac{1}{4}}$;　　(3) $y = \dfrac{1}{\sqrt[3]{x}}$;　　(4) $y = \dfrac{1}{x^2}$.

2. 求下列曲线在指定点处的切线方程:

(1) $y = x^3$ 在点 $(2,8)$ 处;　　(2) $y = \sqrt[3]{x}$ 在点 $(-1,-1)$ 处.

3. 求下列函数的微分:

(1) $y = x^6$;　　(2) $y = \dfrac{1}{x^3}$.

B 组

1. 用函数 $f(x)$ 在点 x_0 处的导数定义的两种表示式求函数 $y = x^2$ 在点 $x = 3$ 处的导数.

2. 求曲线 $y=\dfrac{1}{x}$ 在点 $x=-1$ 处的切线方程.

§1.4 导数的基本公式与运算法则

【本节学习目标】 熟练掌握导数的基本公式、导数的四则运算法则和复合函数的导数法则.

一、导数的基本公式

导数的基本公式是进行导数运算的基础,望读者熟记导数的基本公式.

(1) 常数函数的导数:$(C)'=0$(C 为任意常数);

(2) 幂函数的导数:$(x^\alpha)'=\alpha x^{\alpha-1}$($\alpha$ 为任意实数);

(3) 指数函数的导数:$(a^x)'=a^x\ln a$($a>0,a\neq 1$);

(4) 以 e 为底的指数函数的导数:$(e^x)'=e^x$;

(5) 对数函数的导数:$(\log_a x)'=\dfrac{1}{x\ln a}$($a>0,a\neq 1$);

(6) 以 e 为底的对数函数的导数:$(\ln x)'=\dfrac{1}{x}$;

(7) 正弦函数的导数:$(\sin x)'=\cos x$;

(8) 余弦函数的导数:$(\cos x)'=-\sin x$;

(9) 正切函数的导数:$(\tan x)'=\sec^2 x=\dfrac{1}{\cos^2 x}$;

(10) 余切函数的导数:$(\cot x)'=-\csc^2 x=-\dfrac{1}{\sin^2 x}$;

(11) 正割函数的导数:$(\sec x)'=\sec x\cdot\tan x$;

(12) 余割函数的导数:$(\csc x)'=-\csc x\cdot\cot x$.

二、导数的四则运算法则

设函数 $u=u(x),v=v(x)$ 都是可导函数,则

(1) 代数和 $(u\pm v)$ 可导,且
$$(u\pm v)'=u'\pm v'.$$

(2) 乘积 uv 可导,且
$$(uv)'=u'v+uv'.$$

特别地,当 C 是常数时,有
$$(Cv)'=Cv';$$

第一章 导数

(3) 若 $v \neq 0$,商 $\dfrac{u}{v}$ 可导,且

$$\left(\frac{u}{v}\right)' = \frac{u'v - uv'}{v^2}.$$

特别地,当 C 是常数时,有

$$\left(\frac{C}{v}\right)' = -\frac{Cv'}{v^2}.$$

乘积的导数法则可推广到有限个函数的情形. 例如,对三个函数的乘积,有

$$(uvw)' = u'vw + uv'w + uvw'.$$

例 1 设 $y = x^2 + \sqrt{x} - 2^x + \log_2 x + \cos\dfrac{\pi}{4}$, 求 y'.

解 由代数和的导数法则有

$$\begin{aligned}
y' &= \left(x^2 + \sqrt{x} - 2^x + \log_2 x + \cos\frac{\pi}{4}\right)' \\
&= (x^2)' + (x^{\frac{1}{2}})' - (2^x)' + (\log_2 x)' + \left(\cos\frac{\pi}{4}\right)' \\
&= 2x + \frac{1}{2}x^{-\frac{1}{2}} - 2^x \ln 2 + \frac{1}{x\ln 2} + 0 \\
&= 2x + \frac{1}{2\sqrt{x}} - 2^x \ln 2 + \frac{1}{x\ln 2}.
\end{aligned}$$

注意 $\cos\dfrac{\pi}{4}$ 是常数,其导数是 0,避免错误:$\left(\cos\dfrac{\pi}{4}\right)' = -\sin\dfrac{\pi}{4}$.

例 2 设 $y = x^3 \sin x + xe^x \ln x + 3\tan x$, 求 y'.

解 由代数和及乘积的导数法则有

$$\begin{aligned}
y' &= (x^3 \sin x)' + (xe^x \ln x)' + (3\tan x)' \\
&= (x^3)' \sin x + x^3 (\sin x)' + (x)' e^x \ln x + x(e^x)' \ln x + xe^x (\ln x)' + 3(\tan x)' \\
&= 3x^2 \sin x + x^3 \cos x + 1 \cdot e^x \ln x + xe^x \ln x + xe^x \frac{1}{x} + 3\sec^2 x \\
&= 3x^2 \sin x + x^3 \cos x + e^x \ln x + xe^x \ln x + e^x + 3\sec^2 x.
\end{aligned}$$

例 3 设 $y = \cot x$, 求 y' 及 dy.

解 由商的导数法则有

$$\begin{aligned}
y' &= \left(\frac{\cos x}{\sin x}\right)' = \frac{(\cos x)' \sin x - \cos x (\sin x)'}{\sin^2 x} = \frac{-\sin x \sin x - \cos x \cos x}{\sin^2 x} \\
&= -\frac{\sin^2 x + \cos^2 x}{\sin^2 x} = -\frac{1}{\sin^2 x} = -\csc^2 x.
\end{aligned}$$

由函数的微分的定义知

$$dy = -\csc^2 x \, dx.$$

例 4 设 $y = \dfrac{\ln x}{2 + x^3}$, 求 y'.

解 由商的导数法则有

$$y' = \frac{(\ln x)'(2+x^3) - \ln x \cdot (2+x^3)'}{(2+x^3)^2} = \frac{\frac{1}{x}(2+x^3) - \ln x \cdot (0+3x^2)}{(2+x^3)^2}$$

$$= \frac{2+x^3 - 3x^3 \ln x}{x(2+x^3)^2}.$$

三、复合函数的导数法则

1. 复合函数的概念

在讲述复合函数的导数法则之前,先说明复合函数的概念.先看例题.

已知函数 $y = e^{x^2}$,这里 x 是自变量,y 是 x 的函数.在计算 y 值时,可按下述程序进行:对给定的 x 值,先计算 x^2,若令 $u = x^2$,然后由已求得的 u 值计算 e^u,便得到 y 值,即 $y = e^u$.

从函数的观点,我们可如下理解:把 $y = e^u$ 视为 y 是 u 的函数,而把 $u = x^2$ 视为 u 是 x 的函数,这样把 $u = x^2$ 代入函数 $y = e^u$ 中就得到函数 $y = e^{x^2}$.由此,函数 $y = e^{x^2}$ 就可看成由 $y = e^u$ 和 $u = x^2$ 这两个函数复合在一起构成的,称为复合函数.一般可如下叙述:

已知两个函数 $y = f(u)$ 和 $u = \varphi(x)$.若函数 $y = f(u)$ 中的 u 可用函数 $u = \varphi(x)$ 代入,便可得到函数 $y = f(\varphi(x))$,则称 $y = f(\varphi(x))$ **是由函数** $y = f(u)$ **和** $u = \varphi(x)$ **复合而成的复合函数**,其中称 x 是**自变量**,u 是**中间变量**,$\varphi(x)$ 是**内层函数**,$f(u)$ 是**外层函数**.

例5 将下列复合函数按其构成层次分解:

(1) $y = \ln^2 x$;   (2) $y = \sin\sqrt{x^2 + 2x + 3}$.

解 (1) $y = \ln^2 x$ 可看成由 $y = u^2$,$u = \ln x$ 复合而成.

(2) $y = \sin\sqrt{x^2 + 2x + 3}$ 可看成由三层函数复合而成:

$$y = \sin u, \quad u = \sqrt{v}, \quad v = x^2 + 2x + 3.$$

2. 复合函数的导数法则

设函数 $u = \varphi(x)$ 可导,函数 $y = f(u)$ 也可导,则复合函数 $y = f(\varphi(x))$ 可导,且

$$\frac{dy}{dx} = \frac{dy}{du} \frac{du}{dx},$$

或记做

$$[f(\varphi(x))]' = f'(u)\varphi'(x) = f'(\varphi(x))\varphi'(x).$$

上式就是复合函数的导数公式,即**复合函数的导数等于复合函数对中间变量的导数乘以中间变量对自变量的导数**.

说明 符号 $[f(\varphi(x))]'$ 表示复合函数 $f(\varphi(x))$ 对自变量 x 求导数,而符号 $f'(\varphi(x))$ 表示复合函数 $f(\varphi(x))$ 对中间变量 $u = \varphi(x)$ 求导数.

例6 设 $y = \sin 3x$,求 y'.

解 将已知函数看成由下列函数构成的复合函数：
$$y = f(u) = \sin u, \quad u = \varphi(x) = 3x,$$
于是
$$y' = f'(u)\varphi'(x) = (\sin u)'(3x)' = \cos u \cdot 3 = 3\cos 3x.$$

注意 在求复合函数的导数时，若设出中间变量，已知函数要对中间变量求导数，所以计算式中出现中间变量，最后必须将中间变量以自变量的函数还原。

例 7 设 $y = \ln(2^x + e^x)$，求 y'。

解 将已知函数看成由下列函数构成的复合函数：$y = \ln u, u = 2^x + e^x$，于是
$$y' = (\ln u)'(2^x + e^x)' = \frac{1}{u}(2^x \ln 2 + e^x) = \frac{2^x \ln 2 + e^x}{2^x + e^x}.$$

求复合函数的导数，其关键是分析清楚复合函数的构造。最初做题时，可设出中间变量，把复合函数分解，如前两例。做题较熟练时，可不写出中间变量，按复合函数的构成层次，由外层向内层逐层求导数。经过一定数量的练习之后，要达到一步就能写出复合函数的导数。

例 8 设 $y = \sqrt{a^2 - x^2}$，求 y' 及 $\mathrm{d}y$。

解 不设出中间变量，由外层向内层逐层求导数得
$$y' = (\sqrt{a^2 - x^2})' \quad (\text{视为 } \sqrt{u}, u = a^2 - x^2)$$
$$= \frac{1}{2\sqrt{a^2 - x^2}}(a^2 - x^2)' = \frac{1}{2\sqrt{a^2 - x^2}}(-2x) = -\frac{x}{\sqrt{a^2 - x^2}},$$
于是
$$\mathrm{d}y = -\frac{x}{\sqrt{a^2 - x^2}}\mathrm{d}x.$$

例 9 设 $y = \cos\frac{1}{x}$，求 y'。

解 一步就写出复合函数的导数：
$$y' = \left(\cos\frac{1}{x}\right)' = -\sin\frac{1}{x}\left(-\frac{1}{x^2}\right) = \frac{1}{x^2}\sin\frac{1}{x}.$$

前述复合函数的导数公式可推广到有限个函数复合的情形。
例如，若由 $y = f(u), u = \varphi(v), v = \psi(x)$ 复合成函数 $y = f(\varphi(\psi(x)))$，则
$$\frac{\mathrm{d}y}{\mathrm{d}x} = \frac{\mathrm{d}y}{\mathrm{d}u}\frac{\mathrm{d}u}{\mathrm{d}v}\frac{\mathrm{d}v}{\mathrm{d}x}$$
或
$$y' = f'(u)\varphi'(v)\psi'(x) = f'(\varphi(\psi(x)))\varphi'(\psi(x))\psi'(x).$$

例 10 设 $y = 2^{\sin^2 x}$，求 y'。

解 该函数可看成如下三个函数复合而成：
$$y = f(u) = 2^u, \quad u = \varphi(v) = v^2, \quad v = \psi(x) = \sin x,$$

于是
$$y' = (2^u)'(v^2)'(\sin x)' = 2^u \ln 2 \cdot 2v \cdot \cos x$$
$$= 2^{\sin^2 x} \ln 2 \cdot 2\sin x \cdot \cos x = \ln 2 \cdot 2^{\sin^2 x} \cdot \sin 2x.$$

若看清函数的复合层次,可如下书写:
$$y' = (2^{\sin^2 x})' = 2^{\sin^2 x} \cdot \ln 2 \cdot (\sin^2 x)' = 2^{\sin^2 x} \cdot \ln 2 \cdot 2\sin x \cdot (\sin x)'$$
$$= 2^{\sin^2 x} \cdot \ln 2 \cdot 2\sin x \cos x = \ln 2 \cdot 2^{\sin^2 x} \cdot \sin 2x.$$

应达到如下熟练书写程度:
$$y' = 2^{\sin^2 x} \cdot \ln 2 \cdot 2\sin x \cdot \cos x = \ln 2 \cdot 2^{\sin^2 x} \cdot \sin 2x.$$

习　题　1.4

A　组

1. 试由导数的基本公式写出微分的基本公式.

2. 求下列函数的导数:

(1) $y = x^3 - \dfrac{1}{x^3} + \sqrt[3]{x} + \dfrac{1}{\sqrt[3]{x}}$;　　(2) $y = 3^x + \log_3 x + 3\sin x + \cos 3$;

(3) $y = x^3 \cos x$;　　(4) $y = (x^2 + 2x + 1)\ln x$;　　(5) $y = e^x(2\sin x - \cos x)$;

(6) $y = x^2 e^x \ln x$;　　(7) $y = \dfrac{x-1}{x+1}$;　　(8) $y = \dfrac{x\tan x}{1+x^2}$.

3. 求下列函数在指定点的导数:

(1) $f(x) = x^2 - 2\ln x$,求 $f'(1)$;　　(2) $f(x) = \dfrac{x}{\sin x}$,求 $f'\left(\dfrac{\pi}{2}\right)$.

4. 求下列函数的导数:

(1) $y = (2x+3)^3$;　　(2) $y = \sqrt{a^2 + x^2}$;　　(3) $y = \ln(-x)$;

(4) $y = \ln\sin x$;　　(5) $y = \ln^3 x$;　　(6) $y = \ln(x^2 + a^2)$;

(7) $y = e^{x^3 + x^2 + 1}$;　　(8) $y = e^{2x} - e^{x^2} + 3x$;　　(9) $y = \sin(6 - 4x)$;

(10) $y = \cos(4 - 6x^2)$;　　(11) $y = \sin^3 x$;　　(12) $y = \cos^4 x$;

(13) $y = \cot x^3$;　　(14) $y = \sec^2 x$;　　(15) $y = e^{2x} \cos 3x$.

5. 求下列函数的微分:

(1) $y = -x^2 + 3$;　　(2) $y = \sqrt{x} + 1$;　　(3) $y = a\ln x + b$;

(4) $y = e^{ax}$;　　(5) $y = \sin ax$;　　(6) $y = \cos ax$.

B　组

1. 求下列函数的导数:

(1) $y = \sqrt{1 + \ln^2 x}$;　　(2) $y = e^{-\cos^2 x}$;　　(3) $y = \sqrt[3]{x + \sqrt{x}}$;

(4) $y=\ln\sin\dfrac{1}{x}$; (5) $y=\sec^2\dfrac{x}{2}$; (6) $y=\ln(x+\sqrt{1+x^2})$.

2. 设 $f(x)$ 是可导函数,求下列函数的导数:

(1) $y=[f(x+a)]^n$; (2) $y=f(\sin^2 x)$.

§1.5 高阶导数·隐函数的导数

【本节学习目标】 会求函数的二阶导数;会求隐函数的导数.

一、高阶导数

一般说来,函数 $y=f(x)$ 的导数 $y'=f'(x)$ 仍是 x 的函数. 若导函数 $f'(x)$ 还可以对 x 求导数,则称 $f'(x)$ 的导数为函数 $y=f(x)$ 的**二阶导数**,记做

$$y'', \quad f''(x), \quad \frac{\mathrm{d}^2 y}{\mathrm{d}x^2} \quad 或 \quad \frac{\mathrm{d}^2 f}{\mathrm{d}x^2}.$$

函数 $y=f(x)$ 在点 x_0 处的二阶导数记做

$$y''\big|_{x=x_0}, \quad f''(x_0), \quad \frac{\mathrm{d}^2 y}{\mathrm{d}x^2}\bigg|_{x=x_0} \quad 或 \quad \frac{\mathrm{d}^2 f}{\mathrm{d}x^2}\bigg|_{x=x_0}.$$

同样,函数 $y=f(x)$ 的二阶导数 $f''(x)$ 的导数称为函数 $f(x)$ 的**三阶导数**,记做

$$y''', \quad f'''(x), \quad \frac{\mathrm{d}^3 y}{\mathrm{d}x^3} \quad 或 \quad \frac{\mathrm{d}^3 f}{\mathrm{d}x^3}.$$

一般地,$n-1$ 阶导数 $f^{(n-1)}(x)$ 的导数称为函数 $y=f(x)$ 的 n **阶导数**,记做

$$y^{(n)}, \quad f^{(n)}(x), \quad \frac{\mathrm{d}^n y}{\mathrm{d}x^n} \quad 或 \quad \frac{\mathrm{d}^n f}{\mathrm{d}x^n}.$$

二阶和二阶以上的导数统称为**高阶导数**. 相对于高阶导数而言,自然,函数 $f(x)$ 的导数 $f'(x)$ 就相应地称为**一阶导数**.

根据高阶导数的定义可知,求函数的高阶导数不需要新的方法,只要对函数一次一次地求导数就行了.

例 1 设 $y=\mathrm{e}^{x^2}$,求 y'',$y''\big|_{x=0}$.

解 先求一阶导数,再求二阶导数:

$$y' = \mathrm{e}^{x^2} \cdot 2x, \quad y'' = 2\mathrm{e}^{x^2} + \mathrm{e}^{x^2} \cdot 2x \cdot 2x = 2\mathrm{e}^{x^2}(1+2x^2).$$

当 $x=0$ 时,$y''\big|_{x=0} = 2\mathrm{e}^{x^2}(1+2x^2)\big|_{x=0} = 2.$

例 2 设 $y=3x^4+2x^3-x^2+5x+4$,求 y'',$y^{(4)}$,$y^{(5)}$.

解 $y'=3\cdot 4x^3+2\cdot 3x^2-2x+5$, $y''=3\cdot 4\cdot 3x^2+12x-2$, $y'''=3\cdot 4\cdot 3\cdot 2x+12$,

$y^{(4)}=3\cdot 4\cdot 3\cdot 2\cdot 1=3\cdot 4!=72$, $y^{(5)}=0$.

由此可知,对 n 次多项式
$$y = a_0 x^n + a_1 x^{n-1} + \cdots + a_{n-1} x + a_n,$$
有
$$y^{(n)} = a_0 n!, \quad y^{(n+1)} = 0.$$

例 3 设 $y = \ln(1+x)$,求 $y^{(n)}$.

解 求 n 阶导数时,可逐次求出一阶、二阶、三阶导数等,从中总结出一般规律,写出 $y^{(n)}$ 的表达式. 由于
$$y' = \frac{1}{1+x} = (1+x)^{-1},$$
$$y'' = (-1)(1+x)^{-2},$$
$$y''' = (-1)(-2)(1+x)^{-3} = (-1)^2 2!(1+x)^{-3},$$
$$y^{(4)} = (-1)^2 2!(-3)(1+x)^{-4} = (-1)^3 3!(1+x)^{-4},$$
可知
$$y^{(n)} = (-1)^{n-1}(n-1)!(1+x)^{-n} = (-1)^{n-1}\frac{(n-1)!}{(1+x)^n}.$$

二、隐函数的导数

若因变量 y 用自变量 x 的数学式子直接表出,即等号一端只有因变量 y,而另一端是 x 的解析表达式,这样表示的函数称为**显函数**. 我们在这之前遇到的函数都是显函数.

若两个变量 x 与 y 之间的函数关系用方程 $F(x,y)=0$ 来表示,则称之为**隐函数**. 例如,下列方程表示的都是隐函数:
$$x+y-1 = 0, \quad x^2 + 2xy - 2x - y^2 = 0, \quad y - xe^y - 1 = 0.$$
若隐函数可化为显函数,如上述第一式可写为显函数 $y=1-x$,这就可用前述方法求导数. 但多数隐函数不能化为显函数. 下面将**通过例题讲述直接由隐函数求导数的思路**.

例 4 设由方程 $y = 1 + x\sin y$ 确定 y 是 x 的函数,求 $\dfrac{dy}{dx}$.

分析 在已知方程中,x 是自变量,y 是 x 的函数,而 $\sin y$ 是 y 的函数,从而 $\sin y$ 是 x 的复合函数,这时应将 y 理解成中间变量,这样 $\sin y$ 对 x 求导数时,要用复合函数的导数法则,即 $(\sin y)'_x = \cos y \cdot y'$.

解 将已知方程两端同时对自变量 x 求导数,得
$$y' = \sin y + x\cos y \cdot y'.$$
将上式理解成是关于 y' 的方程,由上式解出 y',便得到 y 对 x 的导数:
$$y'(1 - x\cos y) = \sin y, \quad \text{即} \quad y' = \frac{\sin y}{1 - x\cos y}.$$

例 5 设由方程 $y = x + \ln y$ 确定 y 是 x 的函数,求 y'.

解 注意方程中 $\ln y$ 是 y 的函数，从而是 x 的复合函数. 方程两端对 x 求导数，得
$$y' = 1 + \frac{1}{y}y'.$$
解出 y'，得所求导数为
$$y' = \frac{y}{y-1}.$$

习 题 1.5

A 组

1. 求下列函数的二阶导数：

(1) $y = x^8 - 5x^4 + 2x^2 - 5$； (2) $y = (x^3+1)^2$； (3) $y = e^{-x}\sin x$；

(4) $y = \ln(1-x^2)$； (5) $y = \sin^2 x$； (6) $y = xe^{x^2}$.

2. 求下列函数的 n 阶导数：

(1) $y = a^x$； (2) $y = \frac{1}{x}$.

3. 求下列隐函数的导数 $\dfrac{\mathrm{d}y}{\mathrm{d}x}$：

(1) $x^2 + y + y^2 - 1 = 0$； (2) $y^3 = 8(x^2 + y^2)$；

(3) $\sqrt{x} + \sqrt{y} = \sqrt{a}$ $(a > 0)$； (4) $xy + y + e^y = 2$.

B 组

1. 设 $f(x) = \ln\ln x$，求 $f''(e^2)$.

2. 求由隐函数所确定的曲线的切线方程：

(1) $x^2 + y^5 - 2xy = 0$ 在点 $(1,1)$ 处； (2) $e^y - xy = e$ 在点 $(0,1)$ 处.

总 习 题 一

1. 填空题：

(1) 现投资 1 万元，年利率为 10%，按连续复利计算，则 10 年末的本利和 $A_{10} = $ ＿＿＿＿；

(2) 设 $f(x) = \dfrac{|x|}{x}$，则 $\lim\limits_{x \to -\infty} f(x) = $ ＿＿＿＿, $\lim\limits_{x \to +\infty} f(x) = $ ＿＿＿＿, $\lim\limits_{x \to \infty} f(x) = $ ＿＿＿＿, $\lim\limits_{x \to 0^-} f(x) = $ ＿＿＿＿, $\lim\limits_{x \to 0^+} f(x) = $ ＿＿＿＿, $\lim\limits_{x \to 0} f(x) = $ ＿＿＿＿；

(3) 设 $f(x) = e^x$，则 $\lim\limits_{\Delta x \to 0} \dfrac{f(1+\Delta x) - f(1)}{\Delta x} = $ ＿＿＿＿；

(4) 设 $f(x) = x^3$，则 $\mathrm{d}y \big|_{x=1} = $ ＿＿＿＿；

(5) 设 $f(x) = \sqrt{1+x^2}$，若 $f'(x_0) = \dfrac{1}{\sqrt{2}}$，则 $x_0 = $ ＿＿＿＿；

(6) 设 $f(x)=2^{g(x)}$，则 $f'(x)=$ _____；

(7) 设 $f(x)=x^5+2x^4+3x^3+4x^2+5x+6$，则 $f^{(5)}(x)=$ _____.

2. 单项选择题：

(1) 数列 $0,1,2,0,1,2,\cdots$（　　）；

(A) 收敛于 0　　　(B) 收敛于 1　　　(C) 收敛于 2　　　(D) 发散

(2) 若 $\lim\limits_{x \to x_0^-} f(x)=A$，$\lim\limits_{x \to x_0^+} f(x)=A$，则函数 $f(x)$ 在点 x_0 处（　　）；

(A) 一定有定义　　(B) 极限一定存在　　(C) 一定连续　　(D) 一定间断

(3) 设 $f(0)=0$，且极限 $\lim\limits_{x \to 0} \dfrac{f(x)}{x}$ 存在，则 $\lim\limits_{x \to 0} \dfrac{f(x)}{x}=$（　　）；

(A) $f(0)$　　(B) $f'(x)$　　(C) $f'(0)$　　(D) $\dfrac{f'(x)}{x}$

(4) 曲线 $y=\dfrac{1}{x}$ 在点 $\left(2,\dfrac{1}{2}\right)$ 处的切线斜率是（　　）；

(A) $-\dfrac{1}{4}$　　(B) $\dfrac{1}{4}$　　(C) -4　　(D) 4

(5) 设 $y=\ln|x|$，则 $y'=$（　　）；

(A) $\dfrac{1}{|x|}$　　(B) $-\dfrac{1}{|x|}$　　(C) $\dfrac{1}{x}$　　(D) $-\dfrac{1}{x}$

(6) 设 $y=e^{ax}$，则 $y^{(n)}=$（　　）.

(A) e^{ax}　　(B) ae^{ax}　　(C) $a^n e^{ax}$　　(D) $\dfrac{e^{ax}}{a^n}$

3. 求下列函数的导数：

(1) $y=e^{\sqrt{x^2+1}}$；　　　　　　　　(2) $y=\sin^n x \cdot \sin x^n$；

(3) $y=\ln\sqrt{\dfrac{1-\sin x}{1+\sin x}}$；　　　　　(4) $y=\ln(e^x+\sqrt{1+e^{2x}})$.

4. 设 $y=e^{\sqrt{x}}$，求 y''，$y''\big|_{x=1}$.

5. 由方程 $xy=e^{x+y}$ 确定 y 是 x 的函数，求 $\dfrac{dy}{dx}$.

6. 求曲线 $y=\dfrac{2}{x}+x$ 在点 $(2,3)$ 处的切线方程.

7. 在曲线 $y=x^3+x-2$ 上求一点，使得该点处的切线与直线 $y=4x-1$ 平行.

第二章 导数的应用

> 本章将利用导数讨论函数的单调性、极值及曲线的凹向与拐点,介绍导数概念和函数弹性的经济解释,并求解最大值、最小值应用问题.

§2.1 函数的单调性

【本节学习目标】 理解函数单调性的定义,掌握确定函数单调区间的方法.

一、函数单调性的定义

沿着 x 轴的正方向,观察函数 $y=\ln x$ 的图形(图 1-5),这是一条上升的曲线,即函数值 y 随着自变量 x 的值增大而增大. 这时,称函数 $y=\ln x$ 是单调增加的. 再观察函数 $y=\left(\dfrac{1}{2}\right)^x$ 的图形(图 1-4),这是一条下降的曲线,即函数值 y 随着自变量 x 的值增大而减小. 这时,称函数 $y=\left(\dfrac{1}{2}\right)^x$ 是单调减少的. 一般如下定义函数的单调性:

在函数 $f(x)$ 有定义的区间 I 内,对于任意两点 x_1 和 x_2,当 $x_1 < x_2$ 时,

(1) 若总有 $f(x_1) < f(x_2)$,则称函数 $f(x)$ 在 I 内是**单调增加的**;

(2) 若总有 $f(x_1) > f(x_2)$,则称函数 $f(x)$ 在 I 内是**单调减少的**.

单调增加函数和单调减少函数统称为**单调函数**. 若 $f(x)$ 在区间 I 内是单调函数,则称 I 是该函数的**单调区间**.

沿着 x 轴的正方向看,单调增加函数的图形是**一条上升的曲线**,单调减少函数的图形是**一条下降的曲线**.

二、判定函数单调性的方法

按函数单调性的定义,由图 2-1 可知,函数 $y=f(x)$ 在区间 (a,b) 内

是单调增加的. 在曲线 $y=f(x)$ 上作切线,对任意一点 x,切线的倾角 α 都是锐角,由导数的几何意义知,切线的斜率 $\tan\alpha=f'(x)>0$. 同样,由图 2-2 可知,函数 $y=f(x)$ 在区间 (a,b) 内是单调减少的,这时曲线上任一点处切线的倾角 α 都是钝角,切线斜率 $\tan\alpha=f'(x)<0$.

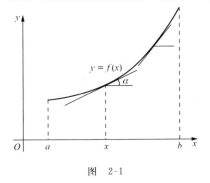

图 2-1

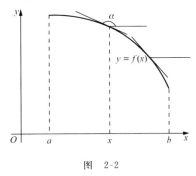

图 2-2

由此可知,可以用**函数导数的符号来判定函数的单调性**.

定理 2.1 在函数 $f(x)$ 可导的区间 I 内,

(1) 若 $f'(x)>0$,则函数 $f(x)$ 单调增加;

(2) 若 $f'(x)<0$,则函数 $f(x)$ 单调减少.

再观察图 2-3,在曲线由上升转为下降的分界点 $C(x_0,f(x_0))$ 处或由下降转为上升的分界点 $D(x_1,f(x_1))$ 处,若能作曲线的切线,切线一定平行于 x 轴,即必有 $f'(x_0)=0$ 或 $f'(x_1)=0$. 使 $f'(x)=0$ 的点 x,称为函数 $f(x)$ 的**驻点**或**稳定点**. 这里 x_0,x_1 都是函数 $f(x)$ 的驻点. 由此可知,在函数 $f(x)$ 可导的区间 I 内,改变函数 $f(x)$ 单调性的点一定是该函数的驻点.

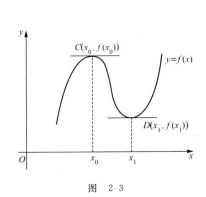

图 2-3

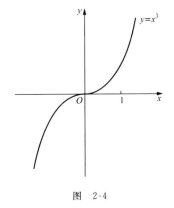

图 2-4

在此,我们还必须指出,函数 $f(x)$ 的驻点未必一定是改变其单调性的分界点. 例如,函数 $f(x)=x^3$ 在区间 $(-\infty,+\infty)$ 内是单调增加的(图 2-4),而 $f'(0)=3x^2\big|_{x=0}=0$. 此例说

明,在函数 $f(x)$ 的单调区间内,在个别点 x_0 处,可以有 $f'(x_0)=0$. 对此,我们要**说明两点**:

(1) 在函数 $f(x)$ 可导的区间 I 内,$f'(x)>0$(或 <0)是函数 $f(x)$ 在区间 I 内单调增加(或单调减少)的充分条件,而非必要条件,即定理 2.1 仅是判定函数 $f(x)$ 单调性的充分条件;

(2) 判定函数单调性的**一般结论**是:在函数 $f(x)$ 可导的区间 I 内,若 $f'(x)\geqslant 0$ 或 $f'(x)\leqslant 0$,而等号仅在个别点处成立,则函数 $f(x)$ 在区间 I 内**单调增加或单调减少**.

综上,对于可导函数 $f(x)$,确定其单调区间的**程序**是:

(1) 确定函数 $f(x)$ 的定义域.

(2) 求导数,由 $f'(x)=0$ 确定函数的驻点.

(3) 判定函数 $f(x)$ 的单调区间:驻点将函数 $f(x)$ 有定义的区间 I 分成若干个部分区间,考查导数 $f'(x)$ 在各个部分区间内的正负号,便知函数 $f(x)$ 在各个部分区间内的单调性. 设 (a,b) 是 I 的一个部分区间,当 $x\in(a,b)$ 时,若 $f'(x)>0$,则函数 $f(x)$ **单调增加**;若 $f'(x)<0$,则函数 $f(x)$ **单调减少**.

例 1 确定函数 $f(x)=x^3-3x^2+2$ 的单调区间.

解 函数 $f(x)$ 的定义域是 $(-\infty,+\infty)$. 对 $f(x)$ 求导数,得
$$f'(x)=3x^2-6x=3x(x-2).$$
由 $f'(x)=0$ 得驻点 $x_1=0, x_2=2$.

$x_1=0, x_2=2$ 将区间 $(-\infty,+\infty)$ 分为三个部分区间:
$$(-\infty,0),\quad (0,2),\quad (2,+\infty).$$
列表 2-1 判定单调性.

表 2-1

x	$(-\infty,0)$	0	$(0,2)$	2	$(2,+\infty)$
$f'(x)$	+	0	−	0	+
$f(x)$	↗		↘		↗

说明 表中"+","−"表示导数 $f'(x)$ 在相应区间内的符号,记号"↗"和"↘"分别表示函数 $f(x)$ 在相应区间内单调增加和单调减少.

例 2 确定函数 $f(x)=x-\ln(1+x^2)$ 的单调区间.

解 函数 $f(x)$ 的定义域是 $(-\infty,+\infty)$,其导数为
$$f'(x)=1-\frac{2x}{1+x^2}=\frac{(1-x)^2}{1+x^2}.$$
在区间 $(-\infty,+\infty)$ 内,因 $f'(x)\geqslant 0$,且仅在 $x=1$ 时 $f'(x)=0$,故该函数在其定义域内单调增加.

习 题 2.1

A 组

1. 确定下列函数的单调区间：

(1) $y = x^3 - 3x$;　　(2) $y = x^4 - 2x^2 - 5$;　　(3) $y = 2x^2 - \ln x$;　　(4) $y = \dfrac{x^2}{1+x}$.

2. 验证函数 $y = x^3 + x - \dfrac{1}{x}$ 是单调增加的.

B 组

1. 确定函数 $y = x\sqrt{1-x^2}$ 的单调区间.

2. 验证函数 $y = x^5 - \dfrac{1}{x}$ 是单调增加的.

§2.2　函数的极值

【本节学习目标】　理解函数极值的定义，熟练掌握求函数极值的方法.

一、函数极值的定义

观察图 2-5，在点 x_1 及其左右邻近，若比较函数值的大小，显然 $f(x_1)$ 最大，即当 $x \neq x_1$ 时，总有 $f(x_1) > f(x)$. 这时，称 x_1 是函数 $f(x)$ 的极大值点，称 $f(x_1)$ 是函数 $f(x)$ 的极大值. 类似地，称 x_2 是函数 $f(x)$ 的极小值点，称 $f(x_2)$ 是函数 $f(x)$ 的极小值.

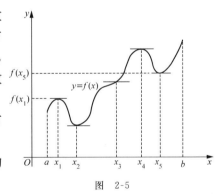

图 2-5

定义 2.1　设函数 $f(x)$ 在点 x_0 及其左右邻近有定义，x 是其中的任意一点，但 $x \neq x_0$.

(1) 若有 $f(x) < f(x_0)$，则称 x_0 是函数 $f(x)$ 的**极大值点**，称 $f(x_0)$ 是函数 $f(x)$ 的**极大值**；

(2) 若有 $f(x) > f(x_0)$，则称 x_0 是函数 $f(x)$ 的**极小值点**，称 $f(x_0)$ 是函数 $f(x)$ 的**极小值**.

函数的极大值点与极小值点统称为函数的**极值点**；函数的极大值与极小值统称为函数的**极值**.

关于函数的极值还需**说明两点**：

(1) 极值是仅就某一点 x_0 的邻近，比较函数 $f(x)$ 的值的大小，这应理解为函数的局部性质. 最值（见 §1.2）是在某一个区间上比较函数 $f(x)$ 的值的大小，这应理解为函数的整体性质. 二者是不同的. 此外，函数的极大值未必比极小值大. 如图 2-5 中，极大值 $f(x_1)$ 就比

极小值 $f(x_5)$ 小.

(2) 函数的极值点只能在区间内部,而不能是区间的端点.

二、求函数极值的方法

根据极值的定义,再观察图 2-5,函数 $f(x)$ 在点 x_1 处取极大值,在点 x_2 处取极小值,而曲线 $y=f(x)$ 在点 x_1 处和点 x_2 处若可作切线,切线一定平行 x 轴,即必有 $f'(x_1)=0$,$f'(x_2)=0$. 由此,我们有下述**结论**:

若函数 $f(x)$ 在点 x_0 处可导,且有极值,则必有 $f'(x_0)=0$.

这是**极值存在的必要条件**,即对可导函数 $f(x)$ 而言,它的极值点一定是其驻点. 值得注意的是,函数 $f(x)$ 的驻点却未必是极值点. 例如,$x=0$ 是函数 $f(x)=x^3$ 的驻点,而 $x=0$ 就不是该函数的极值点(参见图 2-4),图 2-5 中的点 x_3 也是这样的点.

根据极值的定义,可以利用函数 $f(x)$ 的单调性判别其驻点是否为极值点. 如图 2-5 中,x_1 是函数 $f(x)$ 的极大值点,在 x_1 的左侧邻近,函数 $f(x)$ 必是单调增加的,即有 $f'(x)>0$;而在 x_1 的右侧邻近,函数 $f(x)$ 必是单调减少的,即有 $f'(x)<0$. 在函数 $f(x)$ 的极小值点 x_2 的左右邻近也有类似情况. 由此,我们有下述定理:

定理 2.2(极值存在的充分条件) 设函数 $f(x)$ 在 x_0 及其左右邻近可导,且 $f'(x_0)=0$.

(1) 若在 x_0 的左侧邻近,$f'(x)>0$,在 x_0 的右侧邻近,$f'(x)<0$,则 x_0 是函数 $f(x)$ 的极大值点;

(2) 若在 x_0 的左侧邻近,$f'(x)<0$,在 x_0 的右侧邻近,$f'(x)>0$,则 x_0 是函数 $f(x)$ 的极小值点.

由上述分析及极值存在的充分条件,对于可导函数 $f(x)$,求其极值的**程序**是:

(1) 确定函数 $f(x)$ 的定义域.

(2) 求导数,由 $f'(x)=0$ 确定函数 $f(x)$ 的驻点.

(3) 判别:假设 x_0 是函数 $f(x)$ 的一个驻点,从 x_0 的左侧到右侧考查导数 $f'(x)$ 的符号. 若 $f'(x)$ 由正变负,则 x_0 是函数 $f(x)$ 的极大值点;若 $f'(x)$ 由负变正,则 x_0 是函数 $f(x)$ 的极小值点;若 $f'(x)$ 不变号,则 x_0 不是函数 $f(x)$ 的极值点.

(4) 求出极值:若函数 $f(x)$ 有极值点 x_0,求出相应的函数值 $f(x_0)$,这就是函数 $f(x)$ 的极值.

例 1 求函数 $f(x)=x^3-9x^2+2$ 的极值.

解 函数 $f(x)$ 的定义域是 $(-\infty,+\infty)$,其导数为
$$f'(x)=3x^2-18x=3x(x-6).$$
由 $f'(x)=0$ 得驻点 $x_1=0$,$x_2=6$. $x_1=0$,$x_2=6$ 将函数 $f(x)$ 的定义域 $(-\infty,+\infty)$ 分成三个部分区间 $(-\infty,0)$,$(0,6)$,$(6,+\infty)$. 列表 2-2 判定极值.

§ 2.2 函数的极值

表 2-2

x	$(-\infty,0)$	0	$(0,6)$	6	$(6,+\infty)$
$f'(x)$	+	0	−	0	+
$f(x)$	↗	极大值	↘	极小值	↗

由表 2-2 知，$f(0)=2$ 是极大值，$f(6)=-106$ 是极小值.

例 2 求函数 $f(x)=2x^3-x^4$ 的极值.

解 函数 $f(x)$ 的定义域是 $(-\infty,+\infty)$，其导数为
$$f'(x)=6x^2-4x^3=2x^2(3-2x).$$
由 $f'(x)=0$ 得驻点 $x_1=0$，$x_2=\dfrac{3}{2}$. $x_1=0$，$x_2=\dfrac{3}{2}$ 将函数 $f(x)$ 的定义域 $(-\infty,+\infty)$ 分成三个部分区间 $(-\infty,0)$，$\left(0,\dfrac{3}{2}\right)$，$\left(\dfrac{3}{2},+\infty\right)$. 列表 2-3 判定极值.

表 2-3

x	$(-\infty,0)$	0	$\left(0,\dfrac{3}{2}\right)$	$\dfrac{3}{2}$	$\left(\dfrac{3}{2},+\infty\right)$
$f'(x)$	+	0	+	0	−
$f(x)$	↗		↗	极大值	↘

由表 2-3 知，$f\left(\dfrac{3}{2}\right)=\dfrac{27}{16}$ 是极大值.

本例中，$x_1=0$ 是驻点，却不是极值点，如图 2-6 所示.

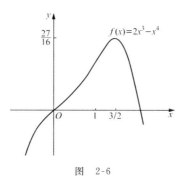

图 2-6

习 题 2.2

A 组

1. 求下列函数的极值：
(1) $f(x)=3x-x^3$；　　　　　　　(2) $f(x)=x^3-3x^2-9x+5$；

(3) $f(x)=3x^4-8x^3+6x^2$；　　(4) $f(x)=(x^2-1)^3+1$.

2. 求下列函数的单调区间和极值：

(1) $f(x)=x^2-\ln x^2$；　　(2) $f(x)=x+\sqrt{1-x}$.

B　组

1. 求下列函数的极值：

(1) $f(x)=\dfrac{\ln^2 x}{x}$；　　(2) $f(x)=2\mathrm{e}^x+\mathrm{e}^{-x}$.

2. 若 $x_1=-1$，$x_2=2$ 是函数 $f(x)=(a+x)\mathrm{e}^{\frac{b}{x}}$ 的极值点，求 a 和 b.

3. 设函数 $f(x)=ax^3+bx^2+cx+d$ 在点 $x=1$ 处取极大值 6，在点 $x=2$ 处取极小值 5，求 a,b,c,d 的值.

§2.3　最值的几何应用问题

【**本节学习目标**】　会求解几何应用问题的最大值与最小值.

函数的最大值与最小值问题，在实践中有广泛的应用. 在给定条件的情况下，要求效益最佳的问题就是最大值问题；而在效益一定的情况下，要求消耗的资源最少的问题就是最小值问题. 解最大值与最小值实际应用问题的**程序**是：

(1) 分析问题，建立目标函数.

在充分理解题意的基础上，设出自变量与因变量. 一般是把问题的目标，即要求的量作为因变量，把它所依赖的量作为自变量，建立二者的函数关系，即目标函数，并确定该函数的定义域.

(2) 解极值问题.

应用极值知识，求目标函数的最大值或最小值. 若函数 $f(x)$ 在区间 I 内仅有一个极值，是极大值或极小值，则它就是函数 $f(x)$ 在该区间内的最大值或最小值（图 2-7）.

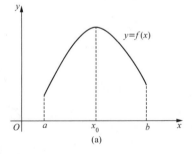
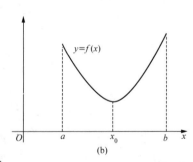

图　2-7

(3) 做出结论.

按实际问题的要求给出结论.

例 1 如图 2-8 所示,将一块长为 16 cm,宽为 10 cm 的矩形硬纸板,四角各截去一个大小相同的小正方形,然后将四边折起做一个无盖的矩形盒.问:截掉的小正方形边长为多少厘米时,所得到的盒的容积最大?最大容积为多少?

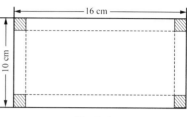

图 2-8

解 按题目的要求,是在矩形纸板大小给定的条件下,要使矩形盒的容积最大.容积最大是我们的目标,而容积的大小依赖于截掉的小正方形的边长.这样,目标函数就是盒的容积与截掉的小正方形边长之间的函数关系.

设截掉的小正方形的边长为 x(单位:cm),则矩形盒的底边长分别为 $16-2x$ 和 $10-2x$. 若以 V 表示盒的容积,则 V 与 x 的关系是

$$V = (16-2x)(10-2x)x, \quad x \in (0,5).$$

由于

$$\frac{dV}{dx} = -2(10-2x)x - 2(16-2x)x + (16-2x)(10-2x)$$

$$= 12x^2 - 104x + 160 = 4(x-2)(3x-20),$$

由 $\frac{dV}{dx}=0$ 可得驻点 $x_1=2, x_2=\frac{20}{3}$. 因 $x_2=\frac{20}{3} \notin (0,5)$,故应舍去.

当 $x \in (0,2)$ 时,$\frac{dV}{dx}>0$;当 $x \in (2,5)$ 时,$\frac{dV}{dx}<0$. 所以 $x_1=2$ 是极大值点. 由于在区间 $(0,5)$ 内部只有一个极值点且是极大值点,故这就是取最大值的点. 由此,当截掉的小正方形的边长为 2 cm 时,所得矩形盒的容积最大. 最大容积为

$$V = (16-4) \times (10-4) \times 2 \text{ cm}^3 = 144 \text{ cm}^3.$$

例 2 欲设计一个容积为 500 cm³ 的圆柱形罐头,为使所用材料最省,该罐头的底面半径和高的尺寸应是多少?

解 这是在容积一定的条件下,使用料最省.用料最省,就是使圆柱形罐头的表面积最小,这是我们的目标,而表面积依赖于底面半径和侧面高度(图 2-9).

设圆柱形罐头的底面半径为 r,高为 h,表面积为 A,则

$$A = 两底圆面积 + 侧面面积$$

$$= 2\pi r^2 + 2\pi rh.$$

由于圆柱形罐头的容积为 500 cm³,所以有

$$\pi r^2 h = 500, \quad h = \frac{500}{\pi r^2}.$$

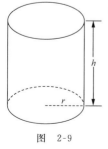

图 2-9

于是,表面积 A 与底面半径 r 的函数关系为

$$A = 2\pi r^2 + \frac{1000}{r}, \quad r \in (0, +\infty).$$

由

$$\frac{dA}{dr} = 4\pi r - \frac{1000}{r^2} = \frac{4(\pi r^3 - 250)}{r^2} = 0$$

可解得唯一驻点

$$r = \sqrt[3]{\frac{250}{\pi}} \approx 4.3013.$$

当 $r \in \left(0, \sqrt[3]{\frac{250}{\pi}}\right)$ 时,$\frac{dA}{dr} < 0$;当 $r \in \left(\sqrt[3]{\frac{250}{\pi}}, +\infty\right)$ 时,$\frac{dA}{dr} > 0$. 故 $r = \sqrt[3]{\frac{250}{\pi}}$ 是极小值点,也是取最小值的点.

由上面 h 的表达式有

$$h = \frac{500}{\pi r^2} = 2\sqrt[3]{\frac{250}{\pi}} = 2r \approx 8.6026.$$

因此,当 $r = 4.3013$ cm,$h = 8.6026$ cm,即圆柱形罐头的底面直径和高相等时,用料最省.

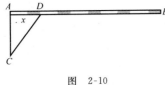

图 2-10

例 3 设铁路线上 AB 段的距离为 100 km,工厂 C 距 A 处为 20 km,且 AC 垂直 AB,如图 2-10 所示. 为运输需要,要在 AB 线上选定一点 D,向工厂修筑一条公路. 若铁路与公路每千米货运的运费之比为 $3:5$,为使货物从车站 B 运到工厂 C 的运费最省,问:点 D 应选在何处?

解 设点 D 选在距 A 点 x(单位:km)处,即 $AD = x$,则

$$BD = 100 - x, \quad CD = \sqrt{20^2 + x^2}.$$

若铁路上每千米货物的运费为 $3a$(a 为常数),则公路上每千米货物的运费为 $5a$.

货物从 B 运到 C 的总费用为

$$y = 3a(100 - x) + 5a\sqrt{400 + x^2}, \quad x \in [0, 100].$$

由于

$$y' = -3a + \frac{5a \cdot 2x}{2\sqrt{400 + x^2}} = a\left(\frac{5x}{\sqrt{400 + x^2}} - 3\right),$$

由 $y' = 0$ 可得

$$x_1 = 15, \quad x_2 = -15(\text{舍去}).$$

当 $x \in (0, 15)$ 时,$y' < 0$;当 $x \in (15, 100)$ 时,$y' > 0$. 故 $x_1 = 15$ 是极小值点,也是取最小值的点. 所以,当点 D 选在距 A 点 15 km 处时,货物运输的总费用最小.

习 题 2.3

A 组

1. 现需要用石条砌成一个矩形场地,其中一边可用原来旧的石条沿,其他三边需要砌新的石条沿:
(1) 现有石条 36 m,问:所能砌出的最大场地的面积是多少?
(2) 若要砌成一个面积为 512 m² 的场地,问:场地的长及宽各为多少时用料最省?

2. 现需要围成一块矩形场地,并在正中用一堵同样材料的墙把它隔成两块.
(1) 若现有的材料可围成 60 m 的墙,问:场地的长及宽各为多少时所围场地面积最大?最大面积是多少?
(2) 若要围成面积为 216 m² 的场地,问:场地的长及宽各为多少时使所用的材料最省?

3. 欲建一个容积为 300 m³ 的无盖圆柱形蓄水池.已知它的底的单位面积造价是周围单位面积造价的两倍,问:蓄水池的底面半径和高为多少时,才能使总造价最低?

4. 要做一个底面为长方形的带盖的箱子,其体积为 72 cm³,底面长方形的长和宽成 2∶1 的关系,问:长和宽分别为多少时,才能使表面积最小?

B 组

1. 欲建一个形如图 2-11 的场地,周围用墙围起来,已知其建筑材料恰够砌高度一定、长度为 L 的围墙,试问:此场地的半圆半径 r 和矩形的宽度 h 为多少时,才能使所围场地的面积最大?最大面积是多少?

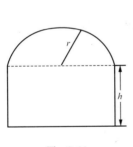

图 2-11

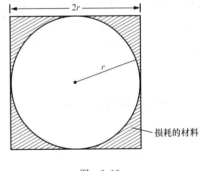

图 2-12

2. 今欲制一个容积为 V 的圆柱形铝罐.在截剪罐的侧面时,材料可以不受损耗;但从一块正方形材料上截剪出圆形的上、下底时,在四个角上就有材料损耗(图 2-12).欲使所用铝板最省,铝罐的高 h 与底半径 r 之比应是多少?

§2.4 曲线的凹向与拐点

【本节学习目标】 了解曲线凹向与拐点的定义;会判定曲线的凹向并能求出拐点.

一、曲线凹向与拐点的定义

在§2.1中,我们用函数 $f(x)$ 的一阶导数 $f'(x)$ 的符号讨论了曲线 $y=f(x)$ 的上升和下降的问题.这里,将用二阶导数 $f''(x)$ 的符号讨论曲线 $y=f(x)$ 的弯曲方向问题.

观察图 2-13 中的曲线 $y=f(x)$,通常认为该曲线是向上弯曲的,这时称曲线上凹(或下凸);再注意曲线与其上切线的相对位置,过曲线上任一点作切线,显然切线在下面,而曲线在上面.观察图 2-14 中的曲线 $y=f(x)$,该曲线是向下弯曲的,这时称曲线下凹(或上凸);曲线与其上任一点切线的相对位置刚好相反:切线在上面,而曲线在下面.

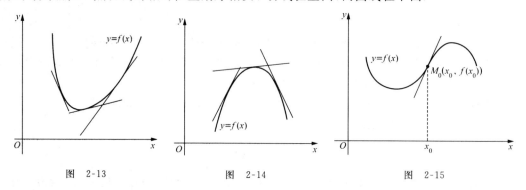

图 2-13 图 2-14 图 2-15

再观察图 2-15,在曲线 $y=f(x)$ 上点 $M_0(x_0,f(x_0))$ 的两侧,曲线的凹向不同;过点 M_0 作曲线的切线,切线将穿过曲线.这样的点称为曲线的拐点,即拐点是扭转曲线弯曲方向的点.

定义 2.2 在区间 I 内,若曲线弧位于其上任一点切线的上方,则称曲线**在该区间内上凹**;若曲线弧位于其上任一点切线的下方,则称曲线**在该区间内下凹**.曲线上,凹向不同的分界点称为**曲线的拐点**.

二、判定曲线凹向与求拐点的方法

图 2-13 中的曲线是上凹的,$f'(x)$ 是曲线 $y=f(x)$ 在点 $(x,f(x))$ 处的切线斜率.将切点沿曲线从左向右移动时,显然切线的斜率 $f'(x)$ 逐渐增大.若函数 $f(x)$ 二阶可导,且 $f''(x)>0$,由于 $f''(x)=(f'(x))'$,则导函数 $f'(x)$ 必然单调增加.

图 2-14 中的曲线是下凹的,将切点沿曲线从左向右移动时,显然切线的斜率 $f'(x)$ 逐渐减少.同理,只要 $f''(x)<0$,$f'(x)$ 就单调减少.

若点 $(x_0,f(x_0))$ 是曲线 $y=f(x)$ 的拐点,且 $f''(x_0)$ 存在,按拐点的定义,必然有
$$f''(x_0)=0.$$

由上述分析,若函数 $f(x)$ 二阶可导,**判定曲线 $y=f(x)$ 的凹向区间并求曲线的拐点的程序**是:

(1) 确定函数 $f(x)$ 的定义域.

(2) 求函数 $f(x)$ 的二阶导数,解方程 $f''(x)=0$,求其根.

(3) 方程 $f''(x)=0$ 的根将函数有定义的区间 I 分成若干个部分区间,在各个部分区间内可由 $f''(x)$ 的符号确定曲线的凹向并求出拐点:

设 (a,b) 是 I 的一个部分区间,当 $x\in(a,b)$ 时,若 $f''(x)>0$,则曲线 $y=f(x)$ 在区间 (a,b) 内上凹;若 $f''(x)<0$,则曲线 $y=f(x)$ 在区间 (a,b) 内下凹.

设 $f''(x_0)=0$,在点 x_0 的左右邻近,若 $f''(x)$ 的符号相反,则点 $(x_0,f(x_0))$ 是曲线 $y=f(x)$ 的拐点;若 $f''(x)$ 的符号相同,则点 $(x_0,f(x_0))$ 不是曲线的拐点.

例1 讨论曲线 $y=2x^3-3x^2$ 的凹向与拐点.

解 函数的定义域是 $(-\infty,+\infty)$.由于
$$y'=6x^2-6x,\quad y''=12x-6=6(2x-1),$$
由 $y''=0$ 解得 $x=\dfrac{1}{2}$. $x=\dfrac{1}{2}$ 将函数的定义域分成两个部分区间:$\left(-\infty,\dfrac{1}{2}\right)$ 和 $\left(\dfrac{1}{2},+\infty\right)$. 列表 2-4 判定凹向.

表 2-4

x	$\left(-\infty,\dfrac{1}{2}\right)$	$\dfrac{1}{2}$	$\left(\dfrac{1}{2},+\infty\right)$
y''	−	0	+
y	∩	$-\dfrac{1}{2}$	∪

由表 2-4 知,曲线在区间 $\left(-\infty,\dfrac{1}{2}\right)$ 内下凹,在区间 $\left(\dfrac{1}{2},+\infty\right)$ 内上凹,拐点是 $\left(\dfrac{1}{2},-\dfrac{1}{2}\right)$,见图 2-16.

说明 表中记号"∪"和"∩"分别表示曲线在相应的区间内上凹和下凹.

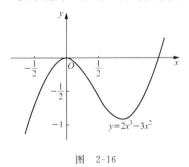

图 2-16

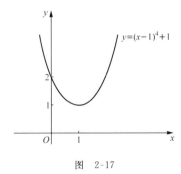

图 2-17

例2 讨论曲线 $y=(x-1)^4+1$ 的凹向与拐点.

解 函数的定义域是 $(-\infty,+\infty)$.由于
$$y'=4(x-1)^3,\quad y''=12(x-1)^2,$$

由 $y''=0$ 解得 $x=1$. 当 $x \neq 1$ 时，$y''>0$，即曲线在区间 $(-\infty,+\infty)$ 内是上凹的，曲线没有拐点，见图 2-17.

例3 在某一地区，一种耐用消费品的需求量 Q 与销售时间 t 的函数关系为
$$Q = A e^{b/t}, \quad A > 0, b < 0.$$
讨论该函数的单调性及相应曲线的凹向与拐点.

解 该函数的定义域是 $(0,+\infty)$. 由于
$$\frac{dQ}{dt} = -\frac{Ab}{t^2} e^{b/t}, \quad \frac{d^2 Q}{dt^2} = \frac{Ab}{t^3} e^{b/t} \left(2 + \frac{b}{t}\right),$$

显然 $\frac{dQ}{dt} > 0$，而由 $\frac{d^2 Q}{dt^2} = 0$ 解得 $t = -\frac{b}{2}$. 于是，该函数在定义域内单调增加.

在区间 $\left(0, -\frac{b}{2}\right)$ 内，因 $\frac{d^2 Q}{dt^2} > 0$，故曲线上凹；在区间 $\left(-\frac{b}{2}, +\infty\right)$ 内，因 $\frac{d^2 Q}{dt^2} < 0$，故曲线下凹. 当 $t = -\frac{b}{2}$ 时，$Q = A e^{-2}$. 故 $\left(-\frac{b}{2}, A e^{-2}\right)$ 是曲线的拐点. 该函数曲线如图 2-18 所示.

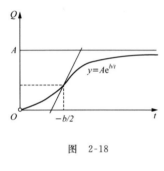

图 2-18

该函数曲线的经济解释是：

(1) 已给函数单调增加，这表明随着时间的延续，该消费品的需求数量不断增加.

(2) 在时间区间 $\left(0, -\frac{b}{2}\right)$ 内，曲线上凹，这表明需求量增加的趋势由缓慢而逐渐加快；在时间区间 $\left(-\frac{b}{2}, +\infty\right)$ 内，曲线下凹，这表明需求量增加的趋势由加快而转向缓慢. 曲线的拐点是 $\left(-\frac{b}{2}, A e^{-2}\right)$，这表明在时间点 $t = -\frac{b}{2}$，需求量达到 $Q = A e^{-2}$ 时，需求量增加的趋势由加快而转向缓慢.

(3) 注意到 $\lim\limits_{t \to +\infty} A e^{b/t} = A$，即曲线向右无限延伸时，以直线 $Q = A$ 为水平渐近线，这表明需求量趋于平稳而逐渐进入饱和状态.

习 题 2.4

A 组

1. 确定下列曲线的凹向及拐点：

(1) $y = x^3 - 3x^2 - 9x + 9$；

(2) $y = \frac{x^4}{4} - \frac{3}{2} x^2 + \frac{9}{4}$；

(3) $y = 2x^3 - x^4$；

(4) $y = \ln(1 + x^2)$.

2. 讨论下列曲线的凹向与拐点:
(1) $y=e^x$;
(2) $y=\ln x$.

B 组

1. 设函数 $y=x^3+ax^2+bx+c$ 在点 $x=1$ 处有极大值,且其曲线有一个拐点 $(1,-1)$,试确定 a,b,c 的值.
2. 试证:三次函数 $f(x)=ax^3+bx^2+cx+d$ $(a\neq 0)$ 的图形只有一个拐点.
3. 设 $y=\dfrac{1}{\sqrt{2\pi}}e^{-x^2/2}$,试讨论:
(1) 函数的单调区间及极值;
(2) 函数曲线的凹向与拐点.

§2.5 导数概念和函数弹性的经济解释

【本节学习目标】 了解经济学中常用的函数;理解导数概念的经济解释;知道函数弹性的经济解释,理解需求价格弹性、供给价格弹性的经济意义.

一、经济学中常用的函数

这里仅简要讲述本书用到的经济学中的函数.

1. 需求函数与供给函数

1) 需求函数

将消费者对某种商品的需求数量 Q 看做该商品价格 P 的函数,称为**需求函数**,记做
$$Q=\varphi(P), \quad P\geqslant 0.$$

一般说来,需求量 Q 随价格 P 上涨而减少,或随价格下降而增加.因此,通常假设**需求函数是单调减少的**,即
$$\frac{\mathrm{d}Q}{\mathrm{d}P}=\varphi'(P)<0.$$

需求函数的图形称为**需求曲线**(图 2-19).

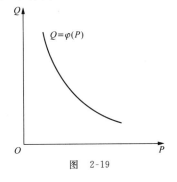

图 2-19

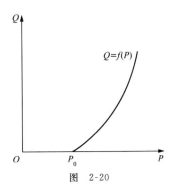

图 2-20

需求函数的反函数
$$P = \varphi^{-1}(Q), \quad Q \geqslant 0$$
也称为需求函数,有时称为**价格函数**.

2) 供给函数

将厂商对某种商品的供给量 Q 看做该商品价格 P 的函数,称为**供给函数**,记做
$$Q = f(P), \quad P > 0.$$
一般来说,假设**供给函数**是单调增加的.供给函数的图形称为**供给曲线**(图 2-20).

说明 在同一问题中同时出现需求量与供给量时,用 Q_d 表示需求量,用 Q_s 表示供给量.

3) 局部市场均衡

局部市场均衡是讨论独立市场、单个商品的价格与供求变化的一种方法.它假定在其他条件不变时,一种商品的价格只取决于它本身的供求情况.当市场的需求量与供给量一致时,商品的数量称为**均衡数量**,商品的价格称为**均衡价格**.假设需求曲线 $Q_d = \varphi(P)$ 和供给曲线 $Q_s = f(P)$ 的交点为 $(\bar{P}, \bar{Q})$,则 $\bar{P}, \bar{Q}$ 分别是均衡价格和均衡数量(图 2-21).

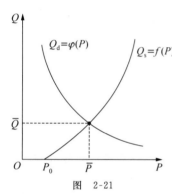

图 2-21

2. 收益函数

若将出售商品的数量 Q 看做自变量,而将出售商品所得到的全部收益(收入)R 看做因变量,则 R 与 Q 之间的函数关系称为**总收益函数**(总收入函数),简称为**收益函数**,记做
$$R = R(Q), \quad Q \geqslant 0.$$
显然,$R\big|_{Q=0} = R(0) = 0$,即未出售商品时,总收益为 0.

若已知需求函数 $Q = \varphi(P)$ 是单调减少的,则总收益函数可写做
$$R = P \cdot Q = \varphi^{-1}(Q)Q,$$
其中 $P = \varphi^{-1}(Q)$ 是 $Q = \varphi(P)$ 的反函数.这时,总收益函数的图形(总收益曲线)如图 2-22 所示.

平均收益是指,出售一定量的商品时,**每单位商品所得到的平均收入**,即每单位商品的价格,记做 AR.若已知总收益函数,则平均收益函数为
$$AR = \frac{总收益}{销量} = \frac{R(Q)}{Q} = \varphi^{-1}(Q) = P.$$

3. 成本函数

若将产品的数量 Q 看做自变量,而将生产该产品时所花的费

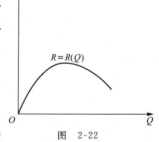

图 2-22

用 C 看做因变量,则 C 与 Q 之间的函数关系称为**总成本函数**,简称为**成本函数**,记做

$$C = C(Q) = C_0 + V(Q), \quad Q \geqslant 0,$$

其中 $C_0 = C(0)$ 是固定成本,即不随产量变化而变动的费用;而 $V(Q)$ 是可变成本,即随产量变化而变动的成本.总成本函数的图形称为**成本曲线**(图 2-23).

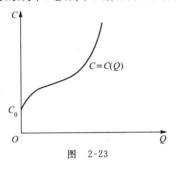

图 2-23

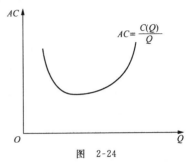

图 2-24

一般情况下,总成本函数具有**下述性质**:

(1) 单调增加函数,即 $\dfrac{\mathrm{d}C}{\mathrm{d}Q} = C'(Q) > 0$. 这很显然,生产费用必然随着产量增加而增加.

(2) 固定成本非负,即 $C_0 = C(0) \geqslant 0$. 这里,$C(0)$ 可理解为尚未生产产品时的支出.

平均成本是指,生产一定量的产品时,平均每单位产品的成本,记做 AC. 若已知总成本函数,则**平均成本函数**为

$$AC = \frac{\text{总成本}}{\text{产量}} = \frac{C(Q)}{Q}, \quad Q > 0.$$

平均成本函数的图形一般如图 2-24 所示.

4. 利润函数

在假设产量与销量一致的情况下,总收益函数与总成本函数之差称为**总利润函数**,简称为**利润函数**.若以 π 记总利润,产量为 Q,则**总利润函数**为

$$\pi = \pi(Q) = R(Q) - C(Q).$$

显然,当 $R(Q) > C(Q)$ 时,为盈利;当 $R(Q) < C(Q)$ 时,为亏损.若产量 Q_0 使 $R(Q_0) = C(Q_0)$,则 Q_0 为盈亏平衡点.

5. 生产函数

生产某产品时,若以生产要素的投入量 L 为自变量,而以产品的产量 Q 为因变量,则 Q 与 L 之间的函数关系称为**生产函数**或**总产量函数**,记做

$$Q = f(L), \quad L > 0.$$

生产函数的图形如图 2-25 所示.

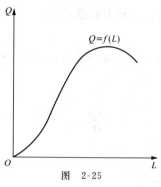

图 2-25

平均产量是指平均每一单位生产要素的产量,记做 AP. 若已知生产函数 $f(L)$,则**平均产量函数**为

$$AP = \frac{总产量}{投入量} = \frac{f(L)}{L}, \quad L > 0.$$

二、边际的概念

由导数的定义知,函数的导数是函数的变化率. 它实质上描述了由该函数所表示的那个事物或现象的变化快慢情况.

在经济分析中,通常用"边际"这个概念来描述一个变量 y 关于另一个变量 x 的变化快慢情况."边际"表示在变量 x 某一值的"边缘上"变量 y 的变化快慢情况,即 x 从一个给定值发生微小变化时 y 的变化快慢情况. 显然,这是 y 的瞬时变化率,也就是变量 y 对变量 x 的导数.

我们以总成本和边际成本为例来说明边际概念的意义.

假设总成本函数 $C=C(Q)$ 是连续的,且是可导的. 若产量是 Q,在此产出水平上,产量增至 $Q+\Delta Q$,则比值

$$\frac{\Delta C}{\Delta Q} = \frac{C(Q+\Delta Q) - C(Q)}{\Delta Q}$$

就是产量由 Q 增至 $Q+\Delta Q$ 这一生产过程中,每增加单位产量总成本的增量.

由于假设 Q 是连续变化的,令 $\Delta Q \to 0$,则极限

$$\lim_{\Delta Q \to 0} \frac{\Delta C}{\Delta Q} = \lim_{\Delta Q \to 0} \frac{C(Q+\Delta Q) - C(Q)}{\Delta Q}$$

就表示产量为某一值 Q 的"边缘上"总成本的变化快慢情况. 这样一个极限就是产量为 Q 时总成本的变化率,称为**产量为 Q 时的边际成本**,记做 MC,即边际成本就是**总成本函数 C 对产量 Q 的导数**,即

$$MC = \frac{dC}{dQ}.$$

按上述讨论,**边际成本可解释**为:生产第 Q 个单位产品时,总成本增加(实际上是近似的)的数量,即生产第 Q 个单位产品所花费的生产成本(不包括固定成本).

例如,设总成本函数为

$$C = C(Q) = 2Q^2 + 4Q + 120,$$

则边际成本函数

$$MC = C'(Q) = 4Q + 4.$$

当 $Q=10$ 时,边际成本 $MC=44$. 这表明,生产第 10 个单位产品时,总成本增加 44 个货币单位,即生产第 10 个单位产品的生产成本是 44 个货币单位.

§ 2.5 导数概念和函数弹性的经济解释

对其他经济函数而言,"边际"概念有类似的意义. 例如,若 $R=R(Q)$ 是总收益函数,则 R 对 Q 的导数称为 R 关于销量 Q 的**边际收益**,记做 MR,即

$$MR = \frac{dR}{dQ}.$$

边际收益可解释为:销售第 Q 个单位产品时,总收益增加的数额,即销售第 Q 个单位产品所得到的收益.

由此可知,边际概念正是导数概念的经济解释. 对经济学中的函数而言,因变量对自变量的导数统称为"边际". 例如,边际需求 MQ 是需求函数 Q 对价格 P 的导数,即

$$MQ = \frac{dQ}{dP}.$$

边际利润 $\pi'(Q)$ 是总利润函数 π 对产量 Q 的导数,等等.

三、弹性的概念

1. 函数的弹性

对于函数 $y=f(x)$,当自变量从 x 起改变了 Δx 时,其自变量的**相对改变量**是 $\frac{\Delta x}{x}$,函数 $f(x)$ 相对应的相对改变量是 $\frac{f(x+\Delta x)-f(x)}{f(x)}$. 为了讨论函数的相对变化引入函数的弹性的定义.

设函数 $y=f(x)$ 在点 x 处可导,则极限

$$\lim_{\Delta x \to 0} \frac{\frac{f(x+\Delta x)-f(x)}{f(x)}}{\frac{\Delta x}{x}} = \lim_{\Delta x \to 0} \frac{x}{f(x)} \frac{f(x+\Delta x)-f(x)}{\Delta x} = x \frac{f'(x)}{f(x)}$$

称为**函数 $f(x)$ 在点 x 处的弹性**,记做 $\frac{Ey}{Ex}$ 或 $\frac{Ef(x)}{Ex}$,即

$$\frac{Ey}{Ex} = x \frac{f'(x)}{f(x)} = \frac{x}{f(x)} \frac{df(x)}{dx}.$$

显然,函数 $y=f(x)$ 的弹性 $\frac{Ey}{Ex}$ 是 x 的函数. 当 x 取定值 x_0 时,**函数 $f(x)$ 在点 x_0 处的弹性**记做

$$\left.\frac{Ey}{Ex}\right|_{x=x_0} \quad \text{或} \quad \frac{x_0}{f(x_0)} f'(x_0).$$

由于函数的弹性 $\frac{Ey}{Ex}$ 是就自变量 x 与因变量 y 的相对变化而定义的,它表示函数 $y=f(x)$ 在点 x 处的**相对变化率**,因此它与**任何度量单位无关**.

由函数弹性的定义知,**函数 $f(x)$ 在点 x 处的弹性**,表示对于自变量由 x 起始的相对改变,函数 $f(x)$ 相应改变幅度的大小,即表示(实质上是近似地表示)**当自变量由 x 起始改变 1% 时,函数 $f(x)$ 相应改变的百分数**.

例 1 求函数 $f(x)=ax^a$ 的弹性.

解 由于 $f'(x)=a\alpha x^{a-1}$,所以

$$\frac{E(ax^a)}{Ex} = x\frac{a\alpha x^{a-1}}{ax^a} = \alpha.$$

特别地,函数 $f(x)=ax$ 的弹性为 $\dfrac{E(ax)}{Ex}=1$,函数 $f(x)=\dfrac{a}{x}$ 的弹性为 $\dfrac{E(ax^{-1})}{Ex}=-1$.

2. 函数弹性的经济解释

这里,我们着重说明需求函数的弹性的经济意义. 设需求函数为 $Q=\varphi(P)$. 按函数弹性的定义,需求函数的弹性应定义为

$$\frac{P}{Q}\frac{dQ}{dP} = P\frac{\varphi'(P)}{\varphi(P)}.$$

由于上式是描述需求量 Q 对价格 P 的相对变化率,通常称上式为**需求函数在点 P 处的需求价格弹性**,简称为**需求价格弹性**,记做 E_d. 一般情况下,因 $P>0,\varphi(P)>0$,而 $\varphi'(P)<0$(因假设 $\varphi(P)$ 是单调减少函数),所以 E_d **是负数**,即

$$E_d = P\frac{\varphi'(P)}{\varphi(P)} < 0.$$

由上述可知,需求函数在点 P 处的**需求价格弹性的经济意义**是:**在价格为 P 时,若价格提高或降低 1%,需求由 Q 起(近似地)减少或增加 $|E_d|\%$**. 因此,需求价格弹性反映了价格变动时需求变动对价格变动的灵敏程度.

需求价格弹性一般分如下三类:

(1) 当 $|E_d|<1$,即 $-1<E_d<0$ 时,称需求是**低弹性**的. 这时,价格提高(或降低)1%,需求减少(或增加)将小于 1%.

(2) 当 $|E_d|>1$,即 $E_d<-1$ 时,称需求是**弹性**的. 这时,价格提高(或降低)1%,需求减少(或增加)将大于 1%.

(3) 当 $|E_d|=1$,即 $E_d=-1$ 时,称需求是**单位弹性**的. 这时,价格提高(或降低)1%,需求恰减少(或增加)1%.

例 2 设某产品的需求函数为

$$Q = 400 - 100P,$$

分别求 $P=0.8,P=2,P=3$ 时的需求价格弹性,并说明其经济意义.

解 由需求函数得 $\dfrac{dQ}{dP}=-100$,于是需求价格弹性为

$$E_d = \frac{P}{Q}\frac{dQ}{dP} = -\frac{100P}{400-100P}.$$

§2.5 导数概念和函数弹性的经济解释

当 $P=0.8$ 时,$E_d=-0.25$,需求是低弹性的.当 $P=0.8$ 时,$Q=320$.这说明,在价格 $P=0.8$ 时,若价格提高或降低 1%,需求 Q 将由 320 起减少或增加 0.25%.

当 $P=2$ 时,$E_d=-1$,需求是单位弹性的.当 $P=2$ 时,$Q=200$.这说明,在价格 $P=2$ 时,若价格提高或降低 1%,需求 Q 将由 200 起减少或增加 1%.

当 $P=3$ 时,$E_d=-3$,需求是弹性的.当 $P=3$ 时,$Q=100$.这说明,在价格 $P=3$ 时,若价格提高或降低 1%,需求 Q 将由 100 起减少或增加 3%.

在经济分析中,**应用商品的需求价格弹性,可以指明当价格变动时,销售总收益的变动情况**.

设 $Q=\varphi(P)$ 是需求函数,将总收益 R 表示为价格 P 的函数:
$$R=R(P)=PQ=P\varphi(P).$$
R 对 P 的导数是 R 关于价格 P 的边际收益:
$$\frac{dR}{dP}=\frac{d}{dP}(P\varphi(P))=\varphi(P)+P\varphi'(P)=\varphi(P)\left(1+P\frac{\varphi'(P)}{\varphi(P)}\right),$$
即
$$\frac{dR}{dP}=\varphi(P)(1+E_d).$$

上式给出了总收益 R 关于价格的边际收益与需求价格弹性之间的关系.分析上式并注意到 $\varphi(P)>0$,$E_d<0$,得到:

当 $-1<E_d<0$ 时,因 $\frac{dR}{dP}>0$,故总收益函数 $R=R(P)$ 是单调增加函数.这时,总收益随价格的提高而增加.换句话说,当需求是低弹性时,由于需求下降的幅度小于价格提高的幅度,因而提高价格可使总收益增加.

当 $E_d<-1$ 时,因 $\frac{dR}{dP}<0$,故 $R=R(P)$ 是单调减少函数.在这种情况下,提高价格,总收益将随之减少.这是因为需求是弹性的,需求下降的幅度大于价格提高的幅度.

当 $E_d=-1$ 时,因 $\frac{dR}{dP}=0$,故这时总收益是常数.这表明总收益不因价格的变动而变动.

以上分析说明,测定商品的需求价格弹性,对进行市场分析,确定或调整商品的价格有参考价值.

对需求函数 $Q=\varphi(P)$,由导数的定义可得到边际需求.边际需求与需求价格弹性在经济分析中均起重要作用,但二者不同.例如,设需求函数为 $Q=50-4P$,则边际需求为 $\frac{dQ}{dP}=-4$.这表明,价格每提高或降低 1 个货币单位,需求量将减少或增加 4 个单位.由于"边际",即函数的导数是有度量单位的,所以对度量单位不同的经济现象不能进行比较.而需求价格弹性与度量单位无关,在各种商品之间,当价格变动时,需求对价格变动的反应程度都可进行比较.正因为如此,它在经济分析中有着广泛的应用.

第二章 导数的应用

经济领域中的任何函数都可类似地定义弹性,并做出经济分析.例如,设供给函数 $Q=f(P)$ 是可导的,则可定义**供给价格弹性**,记做 E_s,即

$$E_s = \frac{P}{Q}\frac{dQ}{dP} = P\frac{f'(P)}{f(P)}.$$

一般因假设供给函数 $Q=f(P)$ 是单调增加的,即 $f'(P)>0$,又 $P>0,f(P)>0$,故供给价格弹性 E_s 取正值.供给价格弹性也简称为**供给弹性**.

供给价格弹性 E_s 的经济意义是:在价格为 P 时,若价格提高或降低 1%,供给量将由 Q 起增加或减少 E_s%.

例 3 已知某种产品的供给函数为 $Q=f(P)=-2+2P$,求价格 $P=5$ 时的供给弹性 E_s,并说明其经济意义.

解 由于 $\dfrac{dQ}{dP}=f'(P)=2$,所以

$$E_s = P\frac{f'(P)}{f(P)} = P\frac{2}{-2+2P} = \frac{P}{P-1}.$$

于是,当 $P=5$ 时,$E_s=1.25$.

由于当 $P=5$ 时,$Q=8$,上述计算结果表明,当价格 $P=5$ 时,若价格提高或降低 1%,则供给量 Q 将由 8 起增加或减少 1.25%.

习 题 2.5

A 组

1. 某商店销售儿童玩具的件数 Q 是价格 P 的线性函数.当价格为每件 10 元时,可销售 1200 件;当价格为每件 12 元时,只能销售 960 件.求:
   (1) 需求函数、价格函数和总收益函数;
   (2) 边际收益函数和 $Q=240$ 件时的边际收益.

2. 某工厂向商店供给儿童玩具的件数 Q 是价格 P 的线性函数.当价格为每件 8 元时,可供给 600 件,当价格为每件 11 元时,可供给 1500 件.
   (1) 求供给函数;
   (2) 在同一坐标系下画出本题的供给曲线和第 1 题的需求曲线,并确定均衡价格和数量.

3. 生产某种产品的固定成本为 900 元,每生产一件产品,成本增加 4 元,产品的售价为每件 10 元,试求:
   (1) 总成本函数、总收益函数和利润函数;
   (2) 盈亏平衡点;
   (3) 边际成本函数和 $Q=10$ 时的边际成本.

4. 已知某产品的需求函数为

$$Q = 60 - 4P - P^2,$$

求:(1) 边际需求函数;
   (2) $P=2,P=5$ 时的需求价格弹性.

5. 已知某产品的需求函数为
$$Q = 2000e^{-0.04P},$$
求需求价格弹性及 $P=20$ 时的需求价格弹性.

6. 设供给函数为
$$Q = P^2 + 4P - 12,$$
求供给价格弹性及 $P=3$ 时的供给价格弹性.

B 组

1. 设某产品的需求函数为 $Q=a-bP$ ($a>0, b>0$).
   (1) 求市场价格为 P_0 时的需求价格弹性;
   (2) 若当 $a=3, b=1.5$ 时,需求价格弹性 $E_d=-1.5$,求此时市场的价格和需求量;
   (3) 求价格上升能带来市场销售额增加的市场价格范围.

2. 设需求 Q 是收入 M 的函数:
$$Q = f(M) = Ae^{b/M} \quad (A>0, b<0),$$
试求需求收入弹性.

3. 设需求函数 $Q=100-4P$,求 $P=5$ 时的收益价格弹性 $E_R\big|_{P=5}$.

§2.6 最值的经济应用问题

【本节学习目标】 会求解经济问题的最大值和最小值.

利用微分法求解经济领域中的最值问题是微分学在经济决策和计量方面的重要应用. 本节讲常见的最值经济应用问题.

例 1 设某商品的总收益函数和总成本函数分别为
$$R = R(Q) = 30Q - 0.75Q^2, \quad C = C(Q) = 0.3Q^2 + 9Q + 30.$$
经营者以利润最大为目标控制产量,试确定产量,使利润最大,并确定此时商品的价格.

解 利润函数是目标函数,其为
$$\pi = \pi(Q) = R(Q) - C(Q) = 30Q - 0.75Q^2 - (0.3Q^2 + 9Q + 30)$$
$$= 21Q - 1.05Q^2 - 30.$$
因
$$\frac{d\pi}{dQ} = 21 - 2.1Q \begin{cases} >0, & 0<Q<10, \\ =0, & Q=10, \\ <0, & Q>10, \end{cases}$$
故产量 $Q=10$ 时,利润最大.

由总收益函数得价格函数

$$P = P(Q) = \frac{R(Q)}{Q} = \frac{30Q - 0.75Q^2}{Q} = 30 - 0.75Q,$$

从而利润最大时商品的价格为

$$P = 30 - 0.75 \times 10 = 22.5.$$

例 2 一商店按批发价每件 30 元买进一批商品零售,若零售价每件定为 40 元,估计可卖出 100 件. 经营者利用薄利多销的原则,以降价促销售. 若每件售价每降低 0.5 元,则可多卖出 10 件. 问:该商店应买进多少件,每件售价定为多少元时,才可获得最大利润?最大利润是多少?

解 设因降价可多卖出 Q 件,利润函数为 π.

依题意,卖出的件数为 $(100+Q)$ 件,每件降价为 $0.5 \times \dfrac{Q}{10}$ 元 $=0.05Q$ 元,因而每件售价为 $P = (40 - 0.05Q)$ 元,每件利润为

$$[(40 - 0.05Q) - 30] \,\text{元} = (10 - 0.05Q) \,\text{元}.$$

于是,利润函数为每件利润与销售件数的乘积,即

$$\pi = \pi(Q) = (10 - 0.05Q)(100 + Q) = 1000 + 5Q - 0.05Q^2.$$

因

$$\frac{d\pi}{dQ} = 5 - 0.1Q \begin{cases} > 0, & 0 < Q < 50, \\ = 0, & Q = 50, \\ < 0, & Q > 50, \end{cases}$$

故当 $Q=50$ 件时,利润最大.

由此知,商店进货件数为 $(100+50)$ 件 $=150$ 件,每件销售定价为

$$P = (40 - 0.05Q) \big|_{Q=50} \,\text{元} = 37.5 \,\text{元}.$$

这时利润最大,最大利润为

$$\pi(50) = (1000 + 5Q - 0.05Q^2) \big|_{Q=50} \,\text{元} = 1125 \,\text{元}.$$

例 3 已知需求函数 $Q=8000-8P$,求收益最大时的需求量和商品的价格.

解 依题意,目标函数是总收益函数. 由需求函数得 $P = 1000 - \dfrac{1}{8}Q$,于是总收益函数为

$$R = R(Q) = P \cdot Q = 1000Q - \frac{1}{8}Q^2.$$

因

$$\frac{dR}{dQ} = 1000 - \frac{1}{4}Q \begin{cases} > 0, & 0 < Q < 4000, \\ = 0, & Q = 4000, \\ < 0, & 4000 < Q < 8000, \end{cases}$$

§ 2.6 最值的经济应用问题

故需求量 $Q=4000$ 时,总收益最大,此时商品的价格为
$$P = \left(1000 - \frac{1}{8}Q\right)\Big|_{Q=4000} = 500.$$

例4 设某企业的总成本函数为
$$C = C(Q) = 0.3Q^2 + 9Q + 30.$$
企业主想要以价格优势抢占市场份额,以产品的平均成本最低为目标而控制产量,试确定产出水平及最低平均成本.

解 平均成本函数为目标函数,由总成本函数可得平均成本函数
$$AC = \frac{C(Q)}{Q} = 0.3Q + 9 + \frac{30}{Q}.$$
因
$$\frac{d(AC)}{dQ} = 0.3 - \frac{30}{Q^2} \begin{cases} < 0, & 0 < Q < 10, \\ = 0, & Q = 10, \\ > 0, & Q > 10, \end{cases}$$
故产出水平 $Q=10$ 时,平均成本最低,这时最低平均成本为
$$AC = \left(0.3Q + 9 + \frac{30}{Q}\right)\Big|_{Q=10} = 15.$$

例5 某厂每年生产仪表 4000 台,分批生产,均匀投放市场.已知每批投产准备费为 4000 元,每台仪表每年的库存费为 50 元.为了使一年的库存费与生产准备费之和最小,每批应投产多少台仪表?一年存货总费用的最小值是多少?

分析 存贮在社会的各个系统中都是一个重要的问题.本例是最简单的库存模型——"成批到货,一致需求,不许缺货"的具体应用.

所谓的"成批到货",就是工厂生产的每批产品,先整批存入仓库;"一致需求",就是市场对这种产品的需求在单位时间内数量相同,因而产品由仓库均匀提取投放市场;"不许缺货",就是当前一批产品由仓库提取完后,下一批产品立即进入仓库.在这种假设下,仓库的库存商品变动情况如图 2-26 所示,并规定仓库的平均库存水平为每批产量的一半.

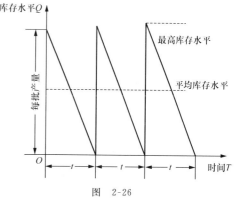

图 2-26

现做如下假设(在一个计划期内):

(1) 工厂生产总量为 D;

(2) 分批投产,每次投产数量即批量为 Q;

(3) 每批生产准备费为 C_1;

(4) 每件产品的库存费为 C_2,且按批量的一半即 $\dfrac{Q}{2}$ 收取库存费;

(5) 存货总费用是生产准备费 E_1 与库存费 E_2 之和,记做 E.

我们的问题是:如何决策每批的生产数量,即批量 Q,以使存货总费用 E 取最小值.

先建立目标函数——存货总费用 E 的函数表达式.依题设,在一个计划期内有

$$E_1 = 生产准备费 = 每批生产准备费 \times 生产批数 = C_1 \dfrac{D}{Q},$$

$$E_2 = 库存费 = 每件产品的库存费 \times 批量的一半 = C_2 \dfrac{Q}{2},$$

于是存货总费用 E 与批量 Q 的函数关系为

$$E = E(Q) = E_1 + E_2 = \dfrac{D}{Q}C_1 + \dfrac{Q}{2}C_2, \quad Q \in (0, D].$$

实际上,上式中的 Q 取区间 $(0, D]$ 中 D 的整数因子.因为

$$\dfrac{dE}{dQ} = -\dfrac{DC_1}{Q^2} + \dfrac{C_2}{2} \begin{cases} < 0, & 0 < Q < Q_0, \\ = 0, & Q = Q_0 = \sqrt{\dfrac{2DC_1}{C_2}}, \\ > 0, & Q > Q_0, \end{cases}$$

所以,当批量 $Q_0 = \sqrt{\dfrac{2DC_1}{C_2}}$ 时,存货总费用 E 最小,其值为

$$E_0 = \dfrac{D}{Q_0}C_1 + \dfrac{Q_0}{2}C_2 = \dfrac{\sqrt{C_2}\,D}{\sqrt{2DC_1}}C_1 + \dfrac{\sqrt{2DC_1}}{2\sqrt{C_2}}C_2 = \sqrt{2DC_1C_2}.$$

注意,由 $\dfrac{C_2}{2} - \dfrac{DC_1}{Q^2} = 0$ 可得到

$$\dfrac{C_2 Q}{2} = \dfrac{DC_1}{Q}.$$

该式表明,在一个计划期内,**使库存费与生产准备费相等的批量是使生产准备费与库存费之和最小的批量**.通常称这一最小批量为**经济批量**.

在上述问题中,若把生产总量改为需求总量,把分批投产及每次投产数量分别改为分批订购及每次订购数量,而把每批生产准备费改为每次订购费,则该问题就是:在一个计划期内,如何**决策每次订购数量,使订购费用与库存费用之和最小**?

解例 5 由题设,$D = 4000$ 台,$C_1 = 4000$ 元,$C_2 = 50$ 元.设每批生产 Q 台仪表,则存货总费用 E 和 Q 的函数关系为

$$E = E_1 + E_2 = \dfrac{4000 \times 4000}{Q} + \dfrac{50}{2}Q.$$

由 $\dfrac{4000\times 4000}{Q}=\dfrac{50}{2}Q$ 可解得经济批量 $Q=800$ 台.

一年存货总费用的最小值为(图 2-27)

$$E=\dfrac{4000\times 4000}{800}\text{元}+\dfrac{50\times 800}{2}\text{元}=40000\text{元}.$$

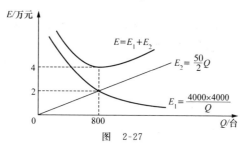

图 2-27

习 题 2.6

A 组

1. 设某产品的总收益函数和总成本函数分别为
$$R=18Q, \quad C=Q^3-9Q^2+33Q+10,$$
求利润最大时的产量、价格和利润.

2. 设某产品的需求函数和总成本函数分别为
$$Q=1000-100P, \quad C=100+6Q,$$
求利润最大时的产量和利润.

3. 设某厂商的需求函数为 $Q=60-5P$,试求收益最大时的需求量 Q 和价格 P.

4. 某商品,若每件定价为 5 千元,每周可销售 1000 台;假若每件每降低 0.01 千元,估计每周可多销售 10 台.在此情形下,每台定为多少千元时可获最大收益?最大收益是多少?

5. 设某企业的总成本函数为
$$C=6Q^2+18Q+54,$$
求平均成本最低时的产出水平和平均成本.

6. 设某厂商的生产函数为
$$Q=f(L)=-\dfrac{2}{3}L^3+10L^2, \quad 0<L<15,$$
求总产量最大时投入 L 的值及最大产量.

7. 某工厂每季度生产某种产品 2500 个,分批生产,均匀投放市场,市场不能缺货;每个产品每个月的库存费为 3 元,每批投产生产准备费为 450 元.试确定经济批量,并求每季度存货的总费用.

8. 某企业每月需要使用某种零件 2400 件,每件成本为 150 元,每件每年的库存费为成本的 6%,每次订货费为 100 元,试求每批订货为多少件时,方能使每月的库存费与订货费之和为最小,并求出最小费用(假设零件使用是均匀的且不许缺货).

第二章 导数的应用

B 组

1. 设某商品每件进货价为 70 元,售价为 100 元,平均一天能卖出 180 件.若每件售价提高 x 元,则一天卖出的件数减少 $\frac{3}{25}x^2$ 件.现商家以最大利润为目标,问:每件商品定价为多少元最合适?设售价是 5 元的整数倍.

2. 某旅行社组织风景区旅行团,若每团人数不超过 30 人,则飞机票每张收费 900 元;若每团人数多于 30 人,则给予优惠,每多 1 人,机票每张减少 10 元,直至每张机票降到 450 元为止.每团乘飞机,旅行社需付给航空公司包机费 15000 元.问:每团人数为多少时,旅行社可获得最大利润?最大利润为多少?

3. 设某企业的需求函数和平均成本函数分别为

$$P = 30 - 0.75Q, \quad AC = \frac{30}{Q} + 9 + 0.3Q.$$

(1) 求相应的产出水平,使
① 收益最大; ② 平均成本最低; ③ 利润最大.

(2) 在下述情况下,试求获得最大利润的产出水平:
① 政府所征收的一次总付税款为 10 单位货币;
② 政府对每单位产品征收的税款为 8.4 单位货币;
③ 政府给予每单位产品的补贴为 4.2 单位货币.

总习题二

1. 填空题:

(1) 函数 $y = |\ln x|$ 单调减少的区间是_____,单调增加的区间是_____;

(2) 若函数 $f(x)$ 在点 x_0 处可导,且 $f'(x_0)=0$,则 x_0 称为函数 $f(x)$ 的_____;

(3) 若函数 $f(x)$ 在点 x_0 处可导,且有极值,则必有 $f'(x_0)=$ _____;

(4) 设需求函数为 $Q = a - bP$ $(a>0, b>0)$,若将总收益 R 表示为价格 P 的函数,则 $R=$ _____;

(5) 设总成本函数为 $C = \frac{1}{2}Q^2 + 24Q + 8500$,则 $Q=50$ 时的边际成本 $MC=$ _____;

(6) 函数 $f(x) = ax + b$ 的弹性为 $\frac{\mathrm{E}f(x)}{\mathrm{E}x} =$ _____;

(7) 曲线 $y = f(x)$ 上,凹向不同的分界点称为该曲线的_____;

(8) 若曲线 $y = f(x)$ 的拐点是 $(x_0, f(x_0))$,且 $f''(x_0)$ 存在,则 $f''(x_0) =$ _____.

2. 单项选择题:

(1) 设函数 $f(x)$ 在区间 I 内可导,则在 I 内 $f'(x)>0$ 是 $f(x)$ 在该区间内单调增加的( );
(A) 必要条件但不是充分条件   (B) 充分条件但不是必要条件
(C) 充分必要条件   (D) 无关条件

(2) 设函数 $f(x)$ 在点 x_0 处可导,则 $f'(x_0)=0$ 是函数 $f(x)$ 在点 x_0 处取得极值的( );

(A) 必要条件但不是充分条件　　　(B) 充分条件但不是必要条件
(C) 充分必要条件　　　　　　　(D) 无关条件

(3) 若函数 $f(x)=x^3+ax^2+bx+a^2$ 在 $x=1$ 时取极值为 10,则(　　);

(A) $a=-3, b=3$　　　　　　　(B) $a=4, b=-11$
(C) $a=3, b=-3$　　　　　　　(D) $a=-4, b=11$

(4) 若点 $(1,3)$ 是曲线 $y=ax^3+bx^2$ 的拐点,则(　　).

(A) $a=\dfrac{9}{2}, b=-\dfrac{3}{2}$　　　　(B) $a=-6, b=9$

(C) $a=-\dfrac{3}{2}, b=\dfrac{9}{2}$　　　　(D) $a=-\dfrac{9}{2}, b=\dfrac{3}{2}$

3. 求函数 $f(x)=\dfrac{1}{5}x^5-\dfrac{1}{3}x^3$ 的单调区间和极值.

4. 讨论函数 $f(x)=2x^3-3x^2$ 的单调区间、极值及相应曲线的凹向和拐点.

5. 已知河的直岸为一边,用篱笆围出一个隔成三块的总面积为 $1600\ \text{m}^2$ 的矩形场地(图 2-28),应如何选择此矩形的尺寸,使篱笆总长度最短?

图 2-28

6. 设某厂每月生产产量为 Q(单位:t)时的总成本(单位:元)为

$$C=\dfrac{1}{4}Q^2+8Q+4900.$$

若每吨的价格为 P 元,则每月可销售 $\dfrac{1}{3}(528-P)$ t. 假设该厂每月能够将全部产品销清,试以(1) 最大利润,(2) 最大收益,(3) 最低平均成本为基础,求:

① 每月产量;　　② 每吨平均成本;　　③ 每月总成本;
④ 每月总收益;　　⑤ 产品价格;　　⑥ 每月总利润.

7. 某煤矿每班有 L 个工人作业,每批产煤量 Q(单位:10^3 t)是 L 的函数:

$$Q=\dfrac{L^2}{25}\left(3-\dfrac{L}{12}\right).$$

在作业条件、操作工艺等生产条件不变的情况下,每班投入多少人力时产煤量最高?

8. 一房地产公司有 50 套公寓要出租,当租金定为每月 180 元时,公寓会全部租出去;当租金每月每增加 10 元时,就有一套公寓租不出去. 若租出去的房子每月要花费 20 元的维护费,试问:房租定为多少可获得最大利润?

第三章 积分及其应用

一元函数积分学包括两部分内容:不定积分与定积分.本章主要讲述定积分和不定积分的概念、性质以及基本计算方法,并简要介绍无限区间上的广义积分,且在这些基础上简要介绍积分的有关应用.

§3.1 定积分的概念与性质

【本节学习目标】 了解定积分的概念,掌握定积分的性质.

一、定积分的概念

定积分的概念与导数的概念一样,也是产生于解决实际问题的需要.下面我们通过具体实例来说明这个概念.

1. 曲边梯形的面积

在直角坐标系中,由连续曲线 $y=f(x)$ ($f(x)\geqslant 0$),直线 $x=a$, $x=b$ ($a<b$) 和 $y=0$ (即 x 轴) 所围成的平面图形如图 3-1 所示,形如这样的平面图形称为**曲边梯形**.

例 1 计算由抛物线 $y=x^2$,直线 $x=1$ 和 x 轴所围成的曲边三角形 ObB (曲边梯形的特殊情形) 的面积 A,如图 3-2 所示.

解 (1) 分割——分曲边三角形为 n 个小曲边梯形.

用 $n+1$ 个分点

$$0, \frac{1}{n}, \frac{2}{n}, \cdots, \frac{n-1}{n}, 1$$

把区间 $[0,1]$ 分成 n 个长度相等的小区间

$$\left[0,\frac{1}{n}\right], \left[\frac{1}{n},\frac{2}{n}\right], \cdots, \left[\frac{n-1}{n},1\right].$$

每个小区间的长度都是 $\frac{1}{n}$.过分点 $x_i=\frac{i}{n}$ ($i=0,1,2,\cdots,n-1$) 作 x 轴的垂线,把曲边三角形分成 n 个小曲边梯形,每个小曲边梯形的面积

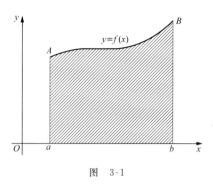
图 3-1

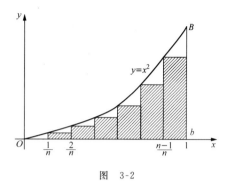
图 3-2

记做
$$\Delta A_i, \quad i=0,1,2,\cdots,n-1.$$

(2) 近似代替——用小矩形的面积近似代替小曲边梯形的面积.

如用图 3-2 所示小阴影矩形的面积近似代替小曲边梯形的面积,得
$$\Delta A_i \approx \left(\frac{i}{n}\right)^2 \frac{1}{n}, \quad i=0,1,2,\cdots,n-1.$$

(3) 求和——求 n 个小矩形面积之和.

n 个小矩形构成的阶梯形的面积是和式 $\sum_{i=0}^{n-1}\left(\frac{i}{n}\right)^2 \frac{1}{n}$,它是原曲边三角形面积的一个近似值,即有

$$\begin{aligned}A &= \sum_{i=0}^{n-1}\Delta A_i \approx \sum_{i=0}^{n-1}\left(\frac{i}{n}\right)^2 \frac{1}{n} = \left(\frac{1}{n}\right)^2 \frac{1}{n} + \left(\frac{2}{n}\right)^2 \frac{1}{n} + \cdots + \left(\frac{n-1}{n}\right)^2 \frac{1}{n} \\ &= \frac{1}{n^3}[1^2+2^2+\cdots+(n-1)^2] = \frac{1}{n^3}\frac{(n-1)n(2n-1)}{6} \\ &= \frac{1}{3}\left(1-\frac{1}{n}\right)\left(1-\frac{1}{2n}\right).\end{aligned}$$

(4) 取极限——由近似值过渡到精确值.

分点越多,即 n 越大,则近似程度越好. 当 $n\to\infty$ 时,和式的极限就是原曲边三角形面积的精确值:
$$A = \lim_{n\to\infty}\sum_{i=0}^{n-1}\left(\frac{i}{n}\right)^2 \frac{1}{n} = \lim_{n\to\infty}\frac{1}{3}\left(1-\frac{1}{n}\right)\left(1-\frac{1}{2n}\right) = \frac{1}{3}.$$

对于图 3-1 所示的曲边梯形的面积,也可以通过这种分割、近似代替、求和、取极限的程序求得.

我们在闭区间 $[a,b]$ 上用 $n+1$ 个分点
$$a = x_0 < x_1 < x_2 < \cdots < x_{n-1} < x_n = b$$
将曲边梯形分成 n 个小曲边梯形(图 3-3),这些小曲边梯形的面积 ΔA_i 可用小矩形面积近

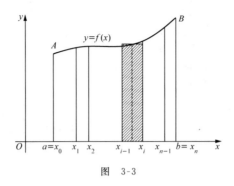

图 3-3

似代替,即
$$\Delta A_i \approx f(\xi_i)\Delta x_i \quad (\Delta x_i = x_i - x_{i-1}, i=1,2,\cdots,n),$$
其中 ξ_i 是小区间 $[x_{i-1}, x_i]$ 中的任意一点. 这样可得整个曲边梯形面积的近似值:
$$A = \sum_{i=1}^{n} \Delta A_i \approx \sum_{i=1}^{n} f(\xi_i)\Delta x_i.$$
用 $\Delta x = \max_{i}\{\Delta x_i\}$ 表示所有小区间中最大的区间长度,当分点数 n 无限增加且 Δx 趋于 0 时,和式 $\sum_{i=1}^{n} f(\xi_i)\Delta x_i$ 的极限就是曲边梯形面积的精确值:
$$A = \lim_{\Delta x \to 0}\sum_{i=1}^{n} f(\xi_i)\Delta x_i.$$

很多实际问题都可以通过这种分割、近似代替、求和、取极限的方法,转化为求一个已知函数的固定结构和式的极限. 这个极限就是已知函数的定积分.

2. 定积分的定义

定义 3.1 设函数 $f(x)$ 在区间 $[a,b]$ 上有定义,用 $n+1$ 个分点
$$a = x_0 < x_1 < x_2 < \cdots < x_{n-1} < x_n = b$$
把区间 $[a,b]$ 分成 n 个小区间 $[x_{i-1}, x_i]$ ($i=1,2,\cdots,n$),小区间的长度设为 $\Delta x_i = x_i - x_{i-1}$. 在每个小区间 $[x_{i-1}, x_i]$ 上任取一点 ξ_i,则和式 $\sum_{i=1}^{n} f(\xi_i)\Delta x_i$ 称为**积分和**. 若当 n 无限增大且 Δx_i 中最大者 $\Delta x \to 0$ 时,上述和式的极限存在,且这极限与区间 $[a,b]$ 的分法无关,与点 ξ_i 的取法无关,则称函数 $f(x)$ 在 $[a,b]$ 上是**可积**的,并称此极限值为函数 $f(x)$ 在 $[a,b]$ 上的**定积分**,记做 $\int_a^b f(x)\mathrm{d}x$,即
$$\int_a^b f(x)\mathrm{d}x = \lim_{\Delta x \to 0}\sum_{i=1}^{n} f(\xi_i)\Delta x_i,$$
其中符号 $\int$ 称为**积分号**,$f(x)$ 称为**被积函数**,$f(x)\mathrm{d}x$ 称为**被积表达式**,x 称为**积分变量**,

a 称为**积分下限**,b 称为**积分上限**,$[a,b]$ 称为**积分区间**.

由定积分的定义可得,例1中曲边三角形的面积为函数 $y=x^2$ 在区间 $[0,1]$ 上的定积分,即

$$A = \int_0^1 x^2 \mathrm{d}x = \frac{1}{3}.$$

关于定积分的定义有以下两点**说明**:

(1) 若函数 $f(x)$ 在区间 $[a,b]$ 上可积,则定积分 $\int_a^b f(x)\mathrm{d}x$ 是一个数值,它只与被积函数 $f(x)$ 和积分区间 $[a,b]$ 有关,而与积分变量用什么字母表示无关,即

$$\int_a^b f(x)\mathrm{d}x = \int_a^b f(u)\mathrm{d}u.$$

(2) 在定积分的定义中,我们假定 $a<b$. 而实际上,也可有 $a>b$. 我们规定

$$\int_a^b f(x)\mathrm{d}x = -\int_b^a f(x)\mathrm{d}x.$$

特别地,若 $a=b$ 时,规定 $\int_a^a f(x)\mathrm{d}x = 0$.

3. 定积分的几何意义

定积分 $\int_a^b f(x)\mathrm{d}x$ 的**几何意义**是:当区间 $[a,b]$ 上的连续函数 $f(x) \geqslant 0$ 时,定积分 $\int_a^b f(x)\mathrm{d}x$ 表示由曲线 $y=f(x)$,直线 $x=a,x=b$ 及 x 轴所围成的曲边梯形的面积;当 $f(x) \leqslant 0$ 时,定积分 $\int_a^b f(x)\mathrm{d}x$ 表示相应的曲边梯形的面积乘以 (-1);当 $f(x)$ 在区间 $[a,b]$ 上有正有负时,定积分 $\int_a^b f(x)\mathrm{d}x$ 的值则等于在 x 轴上方或下方的若干个曲边梯形面积的代数和,如图3-4所示:

$$\int_a^b f(x)\mathrm{d}x = A_1 - A_2 + A_3 = \int_a^c f(x)\mathrm{d}x + \int_c^d f(x)\mathrm{d}x + \int_d^b f(x)\mathrm{d}x,$$

其中 A_1, A_2, A_3 代表图中相应曲边梯形的面积.

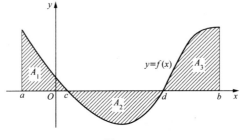

图 3-4

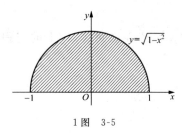

图 3-5

例2 用定积分的几何意义计算定积分 $\int_{-1}^{1} \sqrt{1-x^2}\,dx$ 的值.

解 曲线 $y=\sqrt{1-x^2}$ 在几何上表示的是单位圆的上半圆周(图 3-5),而单位圆上半圆的面积为 $\dfrac{\pi}{2}$.所以,按照定积分的几何意义,有

$$\int_{-1}^{1} \sqrt{1-x^2}\,dx = \frac{\pi}{2}.$$

二、定积分的性质

我们假设函数 $f(x)$ 和 $g(x)$ 在所讨论的区间上是可积的.由定积分的定义,可以证明定积分具有以下性质:

性质 1 常数因子可以提到积分号前面,即

$$\int_a^b kf(x)\,dx = k\int_a^b f(x)\,dx \quad (k\ \text{为常数}).$$

性质 2 代数和的定积分等于定积分的代数和,即

$$\int_a^b [f(x) \pm g(x)]\,dx = \int_a^b f(x)\,dx \pm \int_a^b g(x)\,dx.$$

性质 3(定积分对积分区间的可加性) 对任意的三个实数 a,b,c,总有

$$\int_a^b f(x)\,dx = \int_a^c f(x)\,dx + \int_c^b f(x)\,dx.$$

性质 4(比较性质) 若函数 $f(x)$ 和 $g(x)$ 在区间 $[a,b]$ 上总有 $f(x) \leqslant g(x)$,而等号仅在个别点处成立,则

$$\int_a^b f(x)\,dx < \int_a^b g(x)\,dx.$$

性质 5 若在区间 $[a,b]$ 上有 $f(x) \equiv 1$,则

$$\int_a^b f(x)\,dx = b - a.$$

例3 用几何图形说明下列各式成立:

(1) $\int_{-1}^{1} x^3\,dx = 0$; (2) $\int_{-1}^{1} x^2\,dx = 2\int_0^1 x^2\,dx.$

解 (1) 如图 3-6 所示,根据定积分的性质 3 和定积分的几何意义,有

$$\int_{-1}^{1} x^3\,dx = \int_{-1}^{0} x^3\,dx + \int_0^1 x^3\,dx = 0.$$

(2) 如图 3-7 所示,和上面同样的理由,有

$$\int_{-1}^{1} x^2\,dx = \int_{-1}^{0} x^2\,dx + \int_0^1 x^2\,dx = 2\int_0^1 x^2\,dx.$$

§3.1 定积分的概念与性质

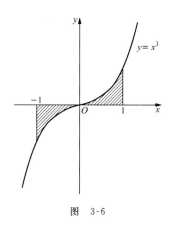

图 3-6

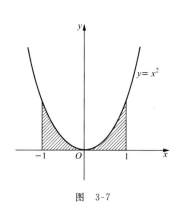

图 3-7

注意到函数 $y=x^3$ 和 $y=x^2$ 在对称区间 $[-1,1]$ 上分别为奇函数和偶函数,对此我们有**一般结论**:设函数 $f(x)$ 在对称区间 $[-a,a]$ 上连续,则有

(1) 如果 $f(x)$ 是奇函数,即 $f(-x)=-f(x)$,那么 $\int_{-a}^{a} f(x) \mathrm{d}x = 0$;

(2) 如果 $f(x)$ 是偶函数,即 $f(-x)=f(x)$,那么 $\int_{-a}^{a} f(x) \mathrm{d}x = 2\int_{0}^{a} f(x) \mathrm{d}x$.

例 4 比较下列各对定积分的大小:

(1) $\int_{1}^{2} \ln x \mathrm{d}x$ 与 $\int_{1}^{2} \ln^{2} x \mathrm{d}x$; (2) $\int_{0}^{1} \mathrm{e}^{x} \mathrm{d}x$ 与 $\int_{0}^{1} \mathrm{e}^{x^2} \mathrm{d}x$.

解 (1) 在区间 $[1,2]$ 上,因为 $0 \leqslant \ln x < 1$,所以 $\ln x \geqslant \ln^{2} x$(等号仅在 $x=1$ 处成立),故

$$\int_{1}^{2} \ln x \mathrm{d}x > \int_{1}^{2} \ln^{2} x \mathrm{d}x.$$

(2) 在区间 $[0,1]$ 上,因为 $x \geqslant x^2$,而 e^x 是单调增加函数,即 $\mathrm{e}^x \geqslant \mathrm{e}^{x^2}$(等号仅在 $x=0$ 和 $x=1$ 处成立),所以

$$\int_{0}^{1} \mathrm{e}^{x} \mathrm{d}x > \int_{0}^{1} \mathrm{e}^{x^2} \mathrm{d}x.$$

习 题 3.1

A 组

1. 判断题:

(1) 若 $\int_{a}^{b} f(x) \mathrm{d}x = \int_{b}^{a} f(x) \mathrm{d}x$,则 $\int_{a}^{b} f(x) \mathrm{d}x = 0$; ( )

(2) $\int_{a}^{b} f(x) \mathrm{d}x \neq \int_{a}^{b} f(t) \mathrm{d}t$; ( )

(3) 若 $f(x) \leqslant 0$,则 $\int_{a}^{b} f(x) \mathrm{d}x \leqslant 0$ $(b>a)$; ( )

(4) $\int_0^\pi \cos x\,dx < 0$. ( )

2. 比较下列各对定积分的大小：

(1) $\int_0^1 x\,dx$ 与 $\int_0^1 x^2\,dx$；　(2) $\int_1^2 x\,dx$ 与 $\int_1^2 x^2\,dx$；　(3) $\int_0^{\pi/4} \sin x\,dx$ 与 $\int_0^{\pi/4} \cos x\,dx$.

3. 用定积分的几何意义及§3.1例1的结果计算定积分 $\int_0^1 (x^2+1)\,dx$.

4. 用定积分的几何意义计算定积分 $\int_0^a \sqrt{a^2-x^2}\,dx$ 的值.

B 组

1. 已知 $\int_0^{\pi/2} \sin x\,dx = 1$，试利用定积分的几何意义说明下列等式成立：

(1) $\int_0^{3\pi/2} \sin x\,dx = 1$；　　　(2) $\int_{-\pi/2}^{\pi/2} \cos x\,dx = 2$.

2. 利用函数的奇偶性和定积分的几何意义计算下列定积分：

(1) $\int_{-1}^1 \dfrac{x^3(x^2+1)}{\sqrt{1+x^2}}\,dx$；　　(2) $\int_{-2}^2 (x-1)\sqrt{4-x^2}\,dx$.

§3.2　不定积分的概念与性质

【本节学习目标】 理解原函数和不定积分的定义，掌握不定积分的性质.

一、不定积分的概念

定义 3.2　在区间 I 上，若有
$$F'(x) = f(x) \quad \text{或} \quad dF(x) = f(x)\,dx,$$
则称函数 $F(x)$ 是函数 $f(x)$ 在区间 I 上的一个**原函数**.

例如，$(x^2)' = 2x$，$x \in (-\infty, +\infty)$，所以 x^2 是 $2x$ 在 $(-\infty, +\infty)$ 上的一个原函数；而 $(x^2+3)' = 2x$，$x \in (-\infty, +\infty)$，所以 x^2+3 也是 $2x$ 在 $(-\infty, +\infty)$ 上的一个原函数.

又如，$d(\sin x + C) = \cos x\,dx$（$C$ 是任意常数），对于 C 的任意一个值 C_0，$\sin x + C_0$ 都是 $\cos x$ 的原函数.

从定义和上面的例子可以看出，一个函数 $f(x)$ 若有原函数，则一定有无穷多个原函数，并且这些不同的原函数彼此之间相差一个常数.

设 $F(x)$ 是函数 $f(x)$ 的一个原函数，则函数 $f(x)$ 的所有原函数的一般表达式为
$$F(x) + C \quad (C \text{ 为任意常数}).$$

定义 3.3　函数 $f(x)$ 的所有原函数称为 $f(x)$ 的**不定积分**，记做 $\int f(x)\,dx$. 设 $F(x)$ 是 $f(x)$ 的一个原函数，则有
$$\int f(x)\,dx = F(x) + C,$$

其中 $\int$ 称为**积分号**,$f(x)$ 称为**被积函数**,$f(x)\mathrm{d}x$ 称为**被积表达式**,x 称为**积分变量**,C 称为**积分常数**.

由定义可知,求函数 $f(x)$ 的不定积分 $\int f(x)\mathrm{d}x$,就是求 $f(x)$ 的全体原函数,也就是求出一个原函数再加上积分常数.

例1 求不定积分 $\int 2x\mathrm{d}x$.

解 因为 $(x^2)'=2x$,所以 $\int 2x\mathrm{d}x = x^2 + C$.

例2 求不定积分 $\int \sin x\mathrm{d}x$.

解 因为 $(\cos x)'=-\sin x$,所以 $\int \sin x\mathrm{d}x = -\cos x + C$.

例3 求经过点 $(1,3)$ 且其切线的斜率为 $3x^2$ 的曲线方程.

解 设所求的曲线方程为 $y=F(x)$.由导数的几何意义有 $F'(x)=3x^2$.又因为 $(x^3)'=3x^2$,所以

$$\int 3x^2 \mathrm{d}x = x^3 + C.$$

而 $y=x^3+C$ 表示一族曲线,将 $x=1,y=3$ 代入,得 $C=2$,所以所求曲线为 $y=F(x)=x^3+2$.

二、不定积分的性质

性质1 函数不定积分的导数等于被积函数,不定积分的微分等于被积表达式,即

$$\frac{\mathrm{d}}{\mathrm{d}x}\left[\int f(x)\mathrm{d}x\right] = f(x) \quad \text{或} \quad \mathrm{d}\left[\int f(x)\mathrm{d}x\right] = f(x)\mathrm{d}x.$$

性质2 函数的导数(或微分)的不定积分等于该函数本身加上一个任意常数,即

$$\int F'(x)\mathrm{d}x = F(x) + C \quad \text{或} \quad \int \mathrm{d}(F(x)) = F(x) + C.$$

这两条性质表明,若对函数 $f(x)$ 先求不定积分,再求导数,则两者的作用互相抵消,其结果仍为 $f(x)$;若对函数 $F(x)$ 先求导数,再求不定积分,则两者的作用互相抵消后,其结果与原来的函数相差一个任意常数.由此可以看出,求不定积分与求导数两者互为逆运算.

性质3 被积函数中不为 0 的常数因子 k 可以移到积分号前面,即

$$\int kf(x)\mathrm{d}x = k\int f(x)\mathrm{d}x.$$

性质4 函数代数和的不定积分等于函数不定积分的代数和,即

$$\int [f(x) \pm g(x)]\mathrm{d}x = \int f(x)\mathrm{d}x \pm \int g(x)\mathrm{d}x.$$

习 题 3.2

A 组

1. 用不定积分的定义验证下列各等式成立：

   (1) $\int (3x^2 + 2x + 2)\mathrm{d}x = x^3 + x^2 + 2x + C$；   (2) $\int \frac{1}{x^2}\mathrm{d}x = -\frac{1}{x} + C$.

2. 已知函数 $y = f(x)$ 的导数为 $y' = 2x$，且当 $x = 2$ 时 $y = 5$，求这个函数.

B 组

1. 填空题：

   (1) 设 e^{-x} 是 $f(x)$ 的一个原函数，则 $\int f'(x)\mathrm{d}x = $ _____，$\int f(x)\mathrm{d}x = $ _____，$\int e^x f(x)\mathrm{d}x = $ _____；

   (2) 设 $f(x)$ 的一个原函数是 $\sin x$，则 $\int f(x)\mathrm{d}x = $ _____，$\int f'(x)\mathrm{d}x = $ _____，$\mathrm{d}\left(\int f(x)\mathrm{d}x\right) = $ _____；

   (3) 设 $f(x)$ 的一个原函数是 $\sin ax$，则 $f'(x) = $ _____.

2. 已知曲线 $y = f(x)$ 在点 (x, y) 处的切线斜率与 x^3 成比例，并且曲线过点 $A(1, 6)$ 和点 $B(2, -9)$，求此曲线方程.

§3.3 积分的基本公式

【本节学习目标】 熟练掌握不定积分的基本积分公式和定积分的牛顿-莱布尼茨公式.

一、不定积分的基本公式

由于求不定积分是求导数的逆运算，所以由导数的基本公式就可以得到相应的不定积分的基本公式：

(1) $\int k\,\mathrm{d}x = kx + C$ （k 是常数）；   (2) $\int x^\alpha \mathrm{d}x = \frac{1}{\alpha+1}x^{\alpha+1} + C$ （$\alpha \neq -1$）；

(3) $\int \frac{1}{x}\mathrm{d}x = \ln|x| + C$；   (4) $\int e^x \mathrm{d}x = e^x + C$；

(5) $\int a^x \mathrm{d}x = \frac{a^x}{\ln a} + C$ （$a > 0, a \neq 1$）；   (6) $\int \sin x\,\mathrm{d}x = -\cos x + C$；

(7) $\int \cos x\,\mathrm{d}x = \sin x + C$；   (8) $\int \frac{1}{\cos^2 x}\mathrm{d}x = \int \sec^2 x\,\mathrm{d}x = \tan x + C$；

(9) $\int \frac{1}{\sin^2 x}\mathrm{d}x = \int \csc^2 x\,\mathrm{d}x = -\cot x + C$；   (10) $\int \sec x \tan x\,\mathrm{d}x = \sec x + C$；

(11) $\int \csc x \cot x\,\mathrm{d}x = -\csc x + C$.

以上给出的公式是求不定积分的基础,必须熟记.

利用不定积分的基本公式和运算性质,可以求一些函数的不定积分.下面举例说明.

例 1 求不定积分 $\int \left(2x^5 + \sqrt{x} - \dfrac{1}{x} - 3\right) dx$.

解 根据不定积分的性质和基本公式,得

$$\text{原式} = 2\int x^5 dx + \int x^{1/2} dx - \int \dfrac{1}{x} dx - \int 3 dx$$

$$= 2 \cdot \dfrac{1}{5+1} x^{5+1} + \dfrac{1}{1/2+1} x^{1/2+1} - \ln|x| - 3x + C$$

$$= \dfrac{1}{3} x^6 + \dfrac{2}{3} x^{3/2} - \ln|x| - 3x + C.$$

例 2 求不定积分 $\int \left(e^x + \dfrac{5x^2 - 1}{\sqrt{x}}\right) dx$.

解 原式 $= \int e^x dx + 5\int x^{3/2} dx - \int x^{-1/2} dx = e^x + 2x^{5/2} - 2\sqrt{x} + C.$

例 3 求不定积分 $\int \cos^2 \dfrac{x}{2} dx$.

解 原式 $= \int \dfrac{1 + \cos x}{2} dx = \dfrac{1}{2}\left(\int dx + \int \cos x\, dx\right) = \dfrac{1}{2}(x + \sin x) + C.$

二、定积分的基本公式

用定积分的定义,即用求极限的方法去计算定积分会遇到很大的困难,有时甚至束手无策.历史上在很长时间内,由于没有一个有效的计算定积分的方法,使定积分的应用价值很受限制,直到牛顿(Newton)与莱布尼茨(Leibniz)建立了一个牛顿-莱布尼茨公式为定积分的计算给出了一般方法,它把求定积分的问题归结为求原函数的问题.

定理 3.1(微积分基本定理) 设函数 $f(x)$ 在闭区间 $[a,b]$ 上连续,$F(x)$ 是 $f(x)$ 在 $[a,b]$ 上的一个原函数,则

$$\int_a^b f(x) dx = F(b) - F(a).$$

通常把 $F(b) - F(a)$ 表示成 $F(x)\Big|_a^b$,即

$$\int_a^b f(x) dx = F(x)\Big|_a^b = F(b) - F(a).$$

这个公式称为**牛顿-莱布尼茨公式**.

第三章 积分及其应用

例 4 计算定积分 $\int_0^1 x^2 \mathrm{d}x$.

解 因 x^2 的一个原函数是 $\frac{1}{3}x^3$,由牛顿-莱布尼茨公式有

$$原式 = \frac{1}{3}x^3 \Big|_0^1 = \frac{1}{3} - 0 = \frac{1}{3}.$$

例 5 计算定积分 $\int_0^{\pi/4} \tan^2 x \mathrm{d}x$.

解 原式 $= \int_0^{\pi/4} (\sec^2 x - 1)\mathrm{d}x = (\tan x - x)\Big|_0^{\pi/4} = \left(\tan\frac{\pi}{4} - \frac{\pi}{4}\right) - (\tan 0 - 0) = 1 - \frac{\pi}{4}$.

例 6 计算定积分 $\int_0^2 |1-x| \mathrm{d}x$.

解 由于 $|1-x| = \begin{cases} 1-x, & x \leq 1, \\ x-1, & x > 1, \end{cases}$ 因此

$$原式 = \int_0^1 (1-x)\mathrm{d}x + \int_1^2 (x-1)\mathrm{d}x = \left(x - \frac{x^2}{2}\right)\Big|_0^1 + \left(\frac{x^2}{2} - x\right)\Big|_1^2 = 1.$$

习 题 3.3

A 组

1. 填空题:

(1) $x\mathrm{d}x = \mathrm{d}(\quad)$; (2) $x^2\mathrm{d}x = \mathrm{d}(\quad)$; (3) $\sqrt{x}\mathrm{d}x = \mathrm{d}(\quad)$; (4) $\sin x\mathrm{d}x = \mathrm{d}(\quad)$;

(5) $\frac{1}{\sqrt{x}}\mathrm{d}x = \mathrm{d}(\quad)$; (6) $\frac{1}{x^2}\mathrm{d}x = \mathrm{d}(\quad)$; (7) $\frac{1}{\cos^2 x}\mathrm{d}x = \mathrm{d}(\quad)$; (8) $\frac{1}{\sin^2 x}\mathrm{d}x = \mathrm{d}(\quad)$.

2. 计算下列不定积分:

(1) $\int (2^x + x^2)\mathrm{d}x$; (2) $\int \left(\frac{x}{2} - \frac{1}{x} + \frac{3}{x^3} - \frac{4}{x^4}\right)\mathrm{d}x$; (3) $\int \sqrt{x\sqrt{x\sqrt{x}}}\mathrm{d}x$;

(4) $\int (x^2-1)x^2 \mathrm{d}x$; (5) $\int \frac{(x+1)^2}{x}\mathrm{d}x$; (6) $\int \sin^2 \frac{x}{2}\mathrm{d}x$;

(7) $\int \frac{\cos 2x}{\cos x + \sin x}\mathrm{d}x$; (8) $\int \cot^2 x \mathrm{d}x$; (9) $\int \frac{e^{2t}-1}{e^t-1}\mathrm{d}t$.

3. 计算下列定积分:

(1) $\int_2^4 \frac{1+x^2}{x}\mathrm{d}x$; (2) $\int_0^a (\sqrt{a} - \sqrt{x})\mathrm{d}x$; (3) $\int_0^1 (x-1)^2 \mathrm{d}x$;

(4) $\int_1^2 \left(x + \frac{1}{x}\right)^2 \mathrm{d}x$; (5) $\int_4^9 \frac{\sqrt{x}-1}{x}\mathrm{d}x$; (6) $\int_{-2}^4 \left(y + 4 - \frac{1}{2}y^2\right)\mathrm{d}y$;

(7) $\int_{-1}^2 |2x|\mathrm{d}x$; (8) $\int_0^{2\pi} |\sin x|\mathrm{d}x$; (9) $\int_0^2 x|x-1|\mathrm{d}x$.

B 组

1. 计算定积分 $\int_{-\pi/2}^{\pi/2} \sqrt{1-\cos^2 x}\,dx$.

2. 已知某函数的导数是 $\sin x + \cos x$，又知当 $x = \dfrac{\pi}{2}$ 时，函数的值等于 9，求该函数.

§3.4 换元积分法

【本节学习目标】 熟练掌握不定积分和定积分的换元积分法.

利用基本积分公式与积分性质，我们所能计算出来的积分是十分有限的，因此需要进一步讨论计算积分的方法.

首先讲述的是，把不定积分的基本积分公式中的积分变量 x 换成 x 的函数 $\varphi(x)$，公式仍然成立.

例如，对公式

$$\int x^\alpha dx = \frac{1}{\alpha+1} x^{\alpha+1} + C,$$

若将 x 换成 $\sin x$（$\sin x$ 是 x 的函数），则有

$$\int (\sin x)^\alpha d\sin x \xrightarrow{\text{设 } \sin x = u} \int u^\alpha du = \frac{1}{\alpha+1} u^{\alpha+1} + C$$

$$\xrightarrow{\text{回代 } u = \sin x} \frac{1}{\alpha+1} (\sin x)^{\alpha+1} + C.$$

又如，对公式

$$\int e^x dx = e^x + C,$$

若将 x 换成 $\dfrac{1}{x}$ $\left(\dfrac{1}{x}\text{ 是 } x \text{ 的函数}\right)$，则有

$$\int e^{1/x} d\frac{1}{x} \xrightarrow{\text{设 } 1/x = u} \int e^u du = e^u + C \xrightarrow{\text{回代 } u = 1/x} e^{1/x} + C.$$

一般地，对公式

$$\int f(x)dx = F(x) + C \quad (\text{这里 } F'(x) = f(x)),$$

若将 x 换成 x 的函数 $\varphi(x)$，则有

$$\int f(\varphi(x))d(\varphi(x)) \xrightarrow{\text{设 } \varphi(x) = u} \int f(u)du = F(u) + C \xrightarrow{\text{回代 } u = \varphi(x)} F(\varphi(x)) + C.$$

对可导函数 $\varphi(x)$，注意到 $\mathrm{d}(\varphi(x))=\varphi'(x)\mathrm{d}x$，我们有如下定理：

定理 3.2 设 $\int f(u)\mathrm{d}u = F(u)+C$，$u=\varphi(x)$ 可导，则

$$\int f(\varphi(x))\varphi'(x)\mathrm{d}x = \int f(u)\mathrm{d}u = F(\varphi(x))+C. \tag{3.1}$$

(3.1)式称为**换元积分法公式**.该公式实际是**复合函数求导法则的逆用**.(3.1)式左端的被积函数是 $f(\varphi(x))\varphi'(x)$，一般若被积函数具有这种形式，即被积函数是两个因子的乘积，其中一个因子是 $\varphi(x)$ 的函数 $f(\varphi(x))$，另一个因子是 $\varphi(x)$ 的导数 $\varphi'(x)$，则可用该换元积分法公式.

例 1 求不定积分 $\int x\sqrt{x^2-1}\mathrm{d}x$.

解 被积函数可看成 $\sqrt{x^2-1}$ 与 x 的乘积，前者 $\sqrt{x^2-1}=(x^2-1)^{1/2}$ 是 x^2-1 的函数，即 $(x^2-1)^{1/2}=f(x^2-1)$，而 $(x^2-1)'=2x$ 是后者 x 的两倍，所以可以用公式(3.1).

设 $u=x^2-1$，则 $\mathrm{d}u=2x\mathrm{d}x$，于是

$$\text{原式} = \frac{1}{2}\int (x^2-1)^{1/2}\mathrm{d}(x^2-1) = \frac{1}{2}\int u^{1/2}\mathrm{d}u$$

$$= \frac{1}{2}\cdot\frac{2}{3}u^{3/2}+C = \frac{1}{3}(x^2-1)^{3/2}+C.$$

例 2 求不定积分 $\int \tan x\mathrm{d}x$.

解 由于 $\tan x = \frac{1}{\cos x}\sin x$，而 $\frac{1}{\cos x}$ 是 $\cos x$ 的函数，$(-\sin x)$ 是 $\cos x$ 的导数，故设 $u=\cos x$，则 $\mathrm{d}u=-\sin x\mathrm{d}x$.因此

$$\text{原式} = \int \frac{\sin x}{\cos x}\mathrm{d}x = -\int \frac{-\sin x}{\cos x}\mathrm{d}x = -\int \frac{\mathrm{d}(\cos x)}{\cos x} = -\int \frac{\mathrm{d}u}{u}$$

$$= -\ln|u|+C = -\ln|\cos x|+C.$$

这样，我们得到一个积分公式

$$\int \tan x\mathrm{d}x = -\ln|\cos x|+C.$$

类似地，还可以得到积分公式

$$\int \cot x\mathrm{d}x = \ln|\sin x|+C.$$

例 3 求不定积分 $\int \frac{1}{3+2x}\mathrm{d}x$.

解 设 $u=3+2x$，则 $\mathrm{d}u=2\mathrm{d}x$，得

$$\text{原式} = \frac{1}{2}\int \frac{1}{u}\mathrm{d}u = \frac{1}{2}\ln|u|+C = \frac{1}{2}\ln|3+2x|+C.$$

当计算熟练后，解题过程中可以不必写出中间变量 u.

例 4 求不定积分 $\int \dfrac{1}{x^2}\cos\dfrac{1}{x}dx$.

解 因为 $d\left(-\dfrac{1}{x}\right)=\dfrac{1}{x^2}dx$，所以

$$\text{原式} = \int\cos\dfrac{1}{x}d\left(-\dfrac{1}{x}\right) = -\int\cos\dfrac{1}{x}d\left(\dfrac{1}{x}\right) = -\sin\dfrac{1}{x}+C.$$

例 5 求不定积分 $\int\dfrac{\sin\sqrt{x}}{\sqrt{x}}dx$.

解 因为 $d(\sqrt{x})=\dfrac{1}{2\sqrt{x}}dx$，因此

$$\text{原式} = 2\int\sin\sqrt{x}d(\sqrt{x}) = -2\cos\sqrt{x}+C.$$

例 6 求不定积分 $\int x^2 e^{x^3}dx$，并计算定积分 $\int_0^1 x^2 e^{x^3}dx$.

解 $\int x^2 e^{x^3}dx = \dfrac{1}{3}\int e^{x^3}d(x^3) = \dfrac{1}{3}e^{x^3}+C.$

由牛顿-莱布尼茨公式可得

$$\int_0^1 x^2 e^{x^3}dx = \dfrac{1}{3}e^{x^3}\bigg|_0^1 = \dfrac{1}{3}(e-1).$$

例 7 求不定积分 $\int\dfrac{\ln x+1}{x}dx$，并计算定积分 $\int_1^e\dfrac{\ln x+1}{x}dx$.

解 因为 $d(\ln x+1)=\dfrac{1}{x}dx$，所以

$$\int\dfrac{\ln x+1}{x}dx = \int(\ln x+1)d(\ln x+1) = \dfrac{1}{2}(\ln x+1)^2+C,$$

从而

$$\int_1^e\dfrac{\ln x+1}{x}dx = \dfrac{1}{2}(\ln x+1)^2\bigg|_1^e = \dfrac{3}{2}.$$

例 8 计算定积分 $\int_0^{\pi/2}\cos^2 x\sin x dx$.

解 $\text{原式} = -\int_0^{\pi/2}\cos^2 x d(\cos x) = -\dfrac{\cos^3 x}{3}\bigg|_0^{\pi/2} = \dfrac{1}{3}.$

例 9 计算定积分 $\int_4^7\dfrac{x}{\sqrt{x-3}}dx$.

解法 1 $\int_4^7\dfrac{x}{\sqrt{x-3}}dx = \int_4^7\dfrac{(x-3)+3}{\sqrt{x-3}}dx = \int_4^7\left(\sqrt{x-3}+\dfrac{3}{\sqrt{x-3}}\right)dx$

$$= \int_4^7 (x-3)^{1/2} \mathrm{d}(x-3) + 3\int_4^7 (x-3)^{-1/2}\mathrm{d}(x-3)$$

$$= \frac{2}{3}\sqrt{(x-3)^3}\Big|_4^7 + 6\sqrt{x-3}\Big|_4^7$$

$$= \frac{2}{3}(2^3 - 1^3) + 6(2-1) = \frac{32}{3}.$$

解法 2 令 $\sqrt{x-3}=t$,得 $x=t^2+3$,则 $\mathrm{d}x=2t\mathrm{d}t$. 当 x 从 4 变到 7 时,t 从 1 变到 2. 也就是说,由 $\sqrt{x-3}=t$,当 $x=4$ 时,$t=1$;当 $x=7$ 时,$t=2$. 所以有

$$原式 = \int_1^2 \frac{t^2+3}{t} 2t\mathrm{d}t = 2\int_1^2 (t^2+3)\mathrm{d}t$$

$$= 2\left(\frac{1}{3}t^3 + 3t\right)\Big|_1^2 = \frac{32}{3}.$$

注意 在求定积分时,若出现新的积分变量(出新元),则需相应求出新的积分变量所对应的积分上、下限(换新限).

例 10 计算定积分 $\int_0^4 \frac{1}{1+\sqrt{x}} \mathrm{d}x$.

解 令 $\sqrt{x}=t$,得 $x=t^2$,则 $\mathrm{d}x=2t\mathrm{d}t$. 因当 $x=0$ 时,$t=0$;当 $x=4$ 时,$t=2$. 所以

$$原式 = \int_0^2 \frac{2t}{1+t}\mathrm{d}t = 2\int_0^2 \frac{(t+1)-1}{1+t}\mathrm{d}t = 2\int_0^2 \mathrm{d}t - 2\int_0^2 \frac{1}{1+t}\mathrm{d}t$$

$$= 2t\Big|_0^2 - 2\ln(1+t)\Big|_0^2 = 2(2-\ln3).$$

习 题 3.4

A 组

1. 找出下列各题的错误并改正:

(1) $\int \cos 2x \mathrm{d}x = \sin 2x + C$;

(2) $\int e^{-x}\mathrm{d}x = e^{-x} + C$;

(3) $\int \frac{1+\sin x}{\cos^2 x}\mathrm{d}x = \int \frac{1}{\cos^2 x}\mathrm{d}x + \int \frac{\sin x}{\cos^2 x}\mathrm{d}x = \tan x - \sec x + C$;

(4) $\int \frac{1+\ln x}{x}\mathrm{d}x = \int (1+\ln x)\mathrm{d}(\ln x) = x + \frac{1}{2}(\ln x)^2 + C$.

2. 计算下列积分:

(1) $\int (2x+3)^{10}\mathrm{d}x$;

(2) $\int xe^{x^2}\mathrm{d}x$;

(3) $\int x^2\sqrt{1+x^3}\mathrm{d}x$;

(4) $\int \frac{x}{x^2+1}\mathrm{d}x$;

(5) $\int \frac{x}{\sqrt{1-x^2}}\mathrm{d}x$;

(6) $\int x\sin(2x^2+1)\mathrm{d}x$;

(7) $\int (x-1)e^{x^2-2x+1}\mathrm{d}x$;

(8) $\int \frac{1}{x^2}\sin\frac{1}{x}\mathrm{d}x$;

(9) $\int \frac{1}{\sqrt{x}}\cos\sqrt{x}\mathrm{d}x$;

(10) $\int \dfrac{4-\ln x}{x}\mathrm{d}x$;   (11) $\int \mathrm{e}^x \sin(\mathrm{e}^x+1)\mathrm{d}x$;   (12) $\int \dfrac{1}{a^2-x^2}\mathrm{d}x$;

(13) $\int_0^1 \sqrt{1+x}\,\mathrm{d}x$;   (14) $\int_0^{\pi/2}\sin^2 x\cos x\,\mathrm{d}x$;   (15) $\int_1^{\mathrm{e}} \dfrac{(1+\ln x)^2}{x}\mathrm{d}x$;

(16) $\int_{\sqrt{3}/3}^{1} \dfrac{2x}{1+x^2}\mathrm{d}x$;   (17) $\int_0^{\pi}\cos^2 x\,\mathrm{d}x$;   (18) $\int_{-1}^{1}\dfrac{\mathrm{e}^x}{1+\mathrm{e}^x}\mathrm{d}x$.

3. 计算下列积分：

(1) $\int_0^2 \dfrac{1}{1+\sqrt{2x}}\mathrm{d}x$;   (2) $\int_{-2}^{-1}\dfrac{\sqrt{x+2}}{1+\sqrt{x+2}}\mathrm{d}x$;   (3) $\int_0^3 \dfrac{x}{\sqrt{1+x}}\mathrm{d}x$;

(4) $\int_0^1 \dfrac{\sqrt{x}}{1+\sqrt{x}}\mathrm{d}x$;   (5) $\int_1^8 \dfrac{1}{x+\sqrt[3]{x}}\mathrm{d}x$;   (6) $\int_{-1}^{0}\dfrac{1}{1+\sqrt[3]{x+1}}\mathrm{d}x$.

B 组

1. 填空题：

(1) 若 $f'(\sin^2 x)=\cos^4 x$，则 $f(x)=$ _____；

(2) 若 $\int \dfrac{f'(\ln x)}{x}\mathrm{d}x = x^2+C$，则 $f(x)=$ _____；

(3) 若 $\int f(x)\mathrm{d}x = x+C$，则 $\int_0^{1/2} xf(1-x^2)\mathrm{d}x=$ _____；

(4) 若 e^{-x} 是 $f(x)$ 的一个原函数，则 $\int_0^1 xf(x^2)\mathrm{d}x=$ _____．

2. 设函数 $f(x)=\begin{cases}\dfrac{1}{1+x}, & x\geqslant 0,\\ 1+x, & x<0,\end{cases}$ 计算定积分 $\int_0^2 f(x-1)\mathrm{d}x$.

§3.5 分部积分法

【本节学习目标】 掌握不定积分和定积分的分部积分法.

设 $u=u(x)$ 与 $v=v(x)$ 有连续的导数，根据乘积的导数法则，我们有
$$(uv)' = u'v+uv'.$$
移项后得到
$$uv' = (uv)' - u'v,$$
再两边取不定积分，即有
$$\int uv'\mathrm{d}x = uv - \int vu'\mathrm{d}x, \tag{3.2}$$
或者写成
$$\int u\mathrm{d}v = uv - \int v\mathrm{d}u. \tag{3.3}$$

(3.2)式和(3.3)式就是**不定积分的分部积分法公式**.

分部积分法的**基本思想**是:将不易计算的不定积分 $\int uv'\mathrm{d}x$ 转化为较易计算的不定积分 $\int vu'\mathrm{d}x$. 而转化的关键是由被积函数出发,选择适合的 u 和 v'.

由不定积分的分部积分法公式和牛顿-莱布尼茨公式,可以得到**定积分的分部积分法公式**

$$\int_a^b uv'\mathrm{d}x = uv\Big|_a^b - \int_a^b vu'\mathrm{d}x \tag{3.4}$$

或

$$\int_a^b u\mathrm{d}v = uv\Big|_a^b - \int_a^b v\mathrm{d}u. \tag{3.5}$$

例1 求不定积分 $\int x\cos x\mathrm{d}x$,并计算定积分 $\int_0^{\pi/2} x\cos x\mathrm{d}x$.

解 将 $x\cos x$ 看做两个函数 x 与 $\cos x$ 的乘积,对于 $\cos x$,无论求导数或者积分都无法化简,而 x 求导数后是1.所以,设 $u=x$,$v'=\cos x$,则 $u'=1$,$v=\sin x$. 于是,由分部积分法公式(3.2)有

$$\int x\cos x\mathrm{d}x = x\sin x - \int \sin x\mathrm{d}x = x\sin x + \cos x + C.$$

计算定积分 $\int_0^{\pi/2} x\cos x\mathrm{d}x$ 时,可以先用不定积分的分部积分法求得原函数,然后再用牛顿-莱布尼茨公式.这里用前述结果,有

$$\int_0^{\pi/2} x\cos x\mathrm{d}x = (x\sin x + \cos x)\Big|_0^{\pi/2} = \frac{\pi}{2} - 1.$$

也可用定积分的分部积分法公式(3.4),有

$$\int_0^{\pi/2} x\cos x\mathrm{d}x = x\sin x\Big|_0^{\pi/2} - \int_0^{\pi/2} \sin x\mathrm{d}x = \frac{\pi}{2} + \cos x\Big|_0^{\pi/2} = \frac{\pi}{2} - 1.$$

例2 求不定积分 $\int x^2 \mathrm{e}^x \mathrm{d}x$.

解 我们可以先把不定积分写成 $\int x^2 \mathrm{d}(\mathrm{e}^x)$,然后由分部积分法公式(3.3)有

$$原式 = x^2 \mathrm{e}^x - \int \mathrm{e}^x \mathrm{d}(x^2) = x^2 \mathrm{e}^x - 2\int x\mathrm{e}^x \mathrm{d}x. \tag{3.6}$$

也就是说,通过一次分部积分我们就将被积函数中 x 的方幂降低了一次.很自然,我们会想到再用一次分部积分法公式即可把被积函数中 x 的方幂降为零.事实上,有

$$\int x\mathrm{e}^x \mathrm{d}x = \int x\mathrm{d}(\mathrm{e}^x) = x\mathrm{e}^x - \int \mathrm{e}^x \mathrm{d}x = x\mathrm{e}^x - \mathrm{e}^x + C.$$

将此结果代入(3.6)式,即得

$$\int x^2 \mathrm{e}^x \mathrm{d}x = (x^2 - 2x + 2)\mathrm{e}^x + C.$$

§ 3.5 分部积分法

由此可见,分部积分法是可以连续多次使用的.

通过例 1 和例 2 可知,被积函数为下述形式时可以用分部积分法求出结果:
$$x^n \sin ax, \quad x^n \cos ax, \quad x^n e^{ax},$$
其中 n 为正整数.这时一般设 $u(x)=x^n$.

例 3 求不定积分 $\int \ln x \, dx$.

解 用分部积分法公式(3.3),有
$$\int \ln x \, dx = x\ln x - \int x \, d(\ln x) = x\ln x - \int x \frac{1}{x} dx = x\ln x - \int dx = x\ln x - x + C.$$

例 4 计算定积分 $\int_1^4 \frac{1}{\sqrt{x}} \ln x \, dx$.

解 设 $u = \ln x, v' = \frac{1}{\sqrt{x}}$,则 $u' = \frac{1}{x}, v = 2\sqrt{x}$. 由分部积分法公式(3.4)有
$$原式 = 2\sqrt{x} \ln x \Big|_1^4 - 2\int_1^4 \sqrt{x} \frac{1}{x} dx = 8\ln 2 - 4\sqrt{x} \Big|_1^4 = 8\ln 2 - 4.$$

由例 3 和例 4 知,被积函数为 $x^\alpha \ln x \ (\alpha \neq -1)$ 形式时适合使用分部积分法,这时一般设 $u(x) = \ln x$.

习 题 3.5

A 组

1. 填空题:

(1) 设 e^{-x} 是 $f(x)$ 的一个原函数,则 $\int xf(x) dx = $ _____;

(2) 若 $\ln x$ 是 $f(x)$ 的一个原函数,则 $\int_1^e xf''(x) dx = $ _____;

(3) 若 $f(0)=1, f(2)=3, f'(2)=5$,则 $\int_0^2 xf''(x) dx = $ _____.

2. 计算下列积分:

(1) $\int xe^{-x} dx$; (2) $\int x^2 \sin x \, dx$; (3) $\int x\sec^2 x \, dx$;

(4) $\int_0^1 xe^{2x} dx$; (5) $\int_0^{\pi/2} x\cos x \, dx$; (6) $\int_{1/e}^e |\ln x| \, dx$.

B 组

计算下列积分:

1. $\int x^3 e^{x^2} dx$. 2. $\int_0^{(\pi/2)^2} \sin\sqrt{x} \, dx$. 3. $\int_1^e (\ln x)^2 dx$.

§3.6 无限区间上的广义积分

【本节学习目标】 了解无限区间上广义积分收敛的概念,会计算无限区间上的广义积分.

在前面的学习中,我们都是在有限区间 $[a,b]$ 上讨论函数的定积分. 但是,无论在理论研究还是实际应用中,往往会遇到无限区间上函数的积分问题,即无穷区间上的广义积分.

定义 3.4 设函数 $f(x)$ 在无限区间 $[a,+\infty)$ 上连续,$f(x)$ 在 $[a,+\infty)$ 上的**广义积分**,记做 $\int_a^{+\infty} f(x)\mathrm{d}x$. 取 $b>a$,若极限

$$\lim_{b\to+\infty}\int_a^b f(x)\mathrm{d}x$$

存在,则称**广义积分** $\int_a^{+\infty} f(x)\mathrm{d}x$ **收敛**,并以此极限值为广义积分的**值**,即

$$\int_a^{+\infty} f(x)\mathrm{d}x = \lim_{b\to+\infty}\int_a^b f(x)\mathrm{d}x;$$

否则,称**广义积分** $\int_a^{+\infty} f(x)\mathrm{d}x$ **发散**.

当广义积分发散时,$\int_a^{+\infty} f(x)\mathrm{d}x$ 只是一个记号,不表示任何数值.

类似地,我们可以定义:

$$\int_{-\infty}^b f(x)\mathrm{d}x = \lim_{a\to-\infty}\int_a^b f(x)\mathrm{d}x,$$

$$\int_{-\infty}^{+\infty} f(x)\mathrm{d}x = \int_{-\infty}^c f(x)\mathrm{d}x + \int_c^{+\infty} f(x)\mathrm{d}x = \lim_{a\to-\infty}\int_a^c f(x)\mathrm{d}x + \lim_{b\to+\infty}\int_c^b f(x)\mathrm{d}x,$$

其中 c 为任意常数,并且仅当等式右端的两个广义积分都收敛时,左端的广义积分才收敛;否则,左端的广义积分是发散的.

例 1 计算广义积分 $\int_{-\infty}^0 \cos x \mathrm{d}x$.

解 取 $a<0$,则

$$原式 = \lim_{a\to-\infty}\int_a^0 \cos x \mathrm{d}x = \lim_{a\to-\infty}\sin x\Big|_a^0 = \lim_{a\to-\infty}(-\sin a).$$

显然,上述极限不存在,所以 $\int_{-\infty}^0 \cos x \mathrm{d}x$ 发散.

为了书写方便,计算广义积分时,也采用牛顿-莱布尼茨的记法. 例如,若 $F(x)$ 是 $f(x)$ 的一个原函数,则

$$\int_a^{+\infty} f(x)\mathrm{d}x = F(x)\Big|_a^{+\infty} = F(+\infty) - F(a),$$

这里 $F(+\infty)$ 要理解为极限记号,即
$$F(+\infty) = \lim_{x \to +\infty} F(x).$$

例 2 计算下列广义积分:

(1) $\int_1^{+\infty} \dfrac{1}{\sqrt{x}} dx$;   (2) $\int_1^{+\infty} \dfrac{1}{x} dx$;   (3) $\int_1^{+\infty} \dfrac{1}{x^2} dx$.

解 (1) 原式 $= 2\sqrt{x} \Big|_1^{+\infty} = \lim\limits_{x \to +\infty} 2\sqrt{x} - 2 = +\infty$.

(2) 原式 $= \ln x \Big|_1^{+\infty} = \lim\limits_{x \to +\infty} \ln x = +\infty$.

(3) 原式 $= -\dfrac{1}{x} \Big|_1^{+\infty} = -\lim\limits_{x \to +\infty} \dfrac{1}{x} + 1 = 1$.

说明 由例 2 知,对于广义积分 $\int_1^{+\infty} \dfrac{1}{x^p} dx$,当 $p \leqslant 1$ 时,发散;当 $p > 1$ 时,收敛,且收敛于 $\dfrac{1}{p-1}$.

例 3 讨论广义积分 $\int_0^{+\infty} e^{-\lambda x} dx$ 在 λ 取何值时收敛,在 λ 取何值时发散.

解 $\int_0^{+\infty} e^{-\lambda x} dx = -\dfrac{1}{\lambda} e^{-\lambda x} \Big|_0^{+\infty} = -\dfrac{1}{\lambda} (\lim\limits_{x \to +\infty} e^{-\lambda x} - 1) = \begin{cases} \dfrac{1}{\lambda}, & \lambda > 0, \\ +\infty, & \lambda < 0. \end{cases}$

当 $\lambda = 0$ 时,$\int_0^{+\infty} dx = x \Big|_0^{+\infty} = +\infty$.

所以,当 $\lambda > 0$ 时,广义积分收敛,收敛于 $\dfrac{1}{\lambda}$;当 $\lambda \leqslant 0$ 时,广义积分发散.

习 题 3.6

A 组

1. 计算下列广义积分:

(1) $\int_0^{+\infty} e^{-x} dx$;   (2) $\int_{-\infty}^0 e^{2x} dx$;   (3) $\int_0^{+\infty} x e^{-x^2} dx$;

(4) $\int_1^{+\infty} \dfrac{1}{x^4} dx$;   (5) $\int_e^{+\infty} \dfrac{1}{x(\ln x)^2} dx$;   (6) $\int_{2/\pi}^{+\infty} \dfrac{1}{x^2} \sin \dfrac{1}{x} dx$.

2. 判断下列广义积分发散:

(1) $\int_e^{+\infty} \dfrac{1}{x \ln x} dx$;   (2) $\int_1^{+\infty} \dfrac{1}{\sqrt[3]{x}} dx$;   (3) $\int_0^{+\infty} e^x dx$.

B 组

1. 讨论广义积分 $\int_e^{+\infty} \dfrac{1}{x(\ln x)^a} dx$ 在 a 取何值时收敛,在 a 取何值时发散.

2. 设函数 $f(x)=\begin{cases}2x, & 0<x<1,\\ 0, & 其他,\end{cases}$ 计算广义积分 $\int_{-\infty}^{+\infty}xf(x)\mathrm{d}x$.

§3.7 积分的应用

【本节学习目标】 会用定积分计算简单平面图形的面积；知道积分在经济问题上的应用.

一、平面图形的面积

根据定积分的几何意义,我们已经知道：由连续曲线 $y=f(x)$ $(f(x)\geqslant 0)$,直线 $x=a$, $x=b$ $(a<b)$ 和 x 轴所围成的曲边梯形的面积 A 为

$$A=\int_a^b f(x)\mathrm{d}x.$$

一般地,由两条曲线及两条直线所围成的平面图形的面积按如下方法计算：

(1) 若在区间 $[a,b]$ 上总有 $f(x)\geqslant g(x)$,则由两条连续曲线 $y=f(x)$, $y=g(x)$ 及两条直线 $x=a$, $x=b$ $(a<b)$ 所围成的平面图形(图 3-8)的面积 A 为

$$A=\int_a^b [f(x)-g(x)]\mathrm{d}x.$$

这种积分通常称为沿着 x 轴方向的定积分.

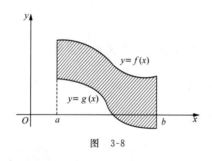
图 3-8

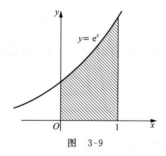
图 3-9

例 1 计算由曲线 $y=\mathrm{e}^x$,直线 $x=0$, $x=1$ 及 x 轴所围成的平面图形的面积.

解 平面图形如图 3-9 所示,所求面积 A 为

$$A=\int_0^1 \mathrm{e}^x\mathrm{d}x=\mathrm{e}^x\Big|_0^1=\mathrm{e}-1.$$

例 2 计算由曲线 $y=\dfrac{1}{x}$,直线 $y=x$, $x=2$ 与 x 轴所围成的平面图形的面积.

解 平面图形如图 3-10 所示,该图形分为两部分,故所求面积 A 为

$$A=\int_0^1 x\mathrm{d}x+\int_1^2 \frac{1}{x}\mathrm{d}x=\frac{1}{2}x^2\Big|_0^1+\ln x\Big|_1^2=\frac{1}{2}+\ln 2.$$

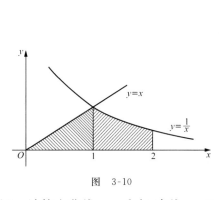

图 3-10

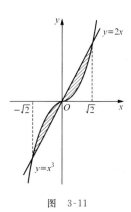

图 3-11

例 3 计算由曲线 $y=x^3$ 与直线 $y=2x$ 所围成的平面图形的面积.

解 平面图形如图 3-11 所示. 先解联立方程组 $\begin{cases} y=2x, \\ y=x^3, \end{cases}$ 得直线与曲线三个交点的横坐标为 $x_1=-\sqrt{2}$, $x_2=\sqrt{2}$, $x_3=0$. 由图形的对称性知, 所求面积 A 为

$$A = 2\int_0^{\sqrt{2}} (2x-x^3)dx = 2\left(x^2 - \frac{1}{4}x^4\right)\bigg|_0^{\sqrt{2}} = 2.$$

（2）若在 y 的变化区间 $[c,d]$ 上总有 $\varphi(y) \geqslant \psi(y)$, 则由两条连续曲线 $x=\varphi(y)$, $x=\psi(y)$ 及两条直线 $y=c$, $y=d$ ($c<d$) 所围成的平面图形（图 3-12）的面积 A 为

$$A = \int_c^d [\varphi(y)-\psi(y)]dy.$$

这种积分通常称为沿着 y 轴方向的定积分.

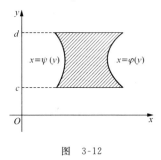

图 3-12

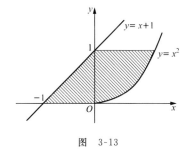

图 3-13

例 4 计算由曲线 $y=x^2$ ($x\geqslant 0$), 直线 $y=x+1$, $y=1$ 与 x 轴所围成的平面图形的面积.

解 平面图形如图 3-13 所示. 显然, 求此图形面积时沿 y 轴积分较为方便. 此时左边的曲线为 $x=y-1$, 右边的曲线为 $x=\sqrt{y}$, 故所求的面积 A 为

$$A = \int_0^1 [\sqrt{y}-(y-1)]dy = \left(\frac{2}{3}y^{3/2} - \frac{1}{2}y^2 + y\right)\bigg|_0^1 = \frac{7}{6}.$$

二、经济应用问题举例

若已知经济函数 $F(x)$ 的边际函数为 $f(x)$,可以由 $f(x)$ 的积分确定经济函数 $F(x)$ 及其相关的一些量.

例 5 设某工厂生产某种电器的固定成本为 100 万元,边际成本和边际收益(单位:万元/百台)分别为

$$C'(Q) = Q^2 - 4Q + 5, \quad R'(Q) = 125 - 2Q.$$

求该种电器的总成本函数、总收益函数和总利润函数.

解 由边际成本函数得

$$C(Q) = \int C'(Q) dQ = \int (Q^2 - 4Q + 5) dQ = \frac{1}{3}Q^3 - 2Q^2 + 5Q + c \text{ ①}.$$

已知固定成本为 100 万元,即当 $Q=0$ 时,$C(0)=100$,代入上式可得 $c=100$,于是得到该产品的总成本函数为

$$C(Q) = \frac{1}{3}Q^3 - 2Q^2 + 5Q + 100.$$

由边际收益函数得

$$R(Q) = \int R'(Q) dQ = \int (125 - 2Q) dQ = 125Q - Q^2 + c.$$

由于 $R(0)=0$,代入上式可得 $c=0$,于是得到该产品的总收益函数为

$$R(Q) = 125Q - Q^2.$$

总利润函数为

$$\pi(Q) = R(Q) - C(Q) = 125Q - Q^2 - \frac{1}{3}Q^3 + 2Q^2 - 5Q - 100$$

$$= 120Q + Q^2 - \frac{1}{3}Q^3 - 100.$$

例 6 设某产品的边际成本和边际收益(单位:万元/百台)分别为

$$C'(Q) = 0.6Q + 20, \quad R'(Q) = 38 - 0.3Q.$$

(1) 产量由 1 百台增加到 5 百台时,问:总成本和总收益分别增加多少?

(2) 已知固定成本为 1 万元,产量为多少时总利润最大?求出此时的总利润、总成本和总收益.

(3) 在总利润最大的基础上,再生产 2 百台时,总利润将减少多少?

解 (1) 产量由 1 百台增加到 5 百台时,总成本与总收益(单位:万元)分别增加

$$\Delta C = \int_1^5 C'(Q) dQ = \int_1^5 (0.6Q + 20) dQ = (0.3Q^2 + 20Q)\Big|_1^5 = 87.2,$$

---

① 为避免与总成本 C 混淆,此处用小写 c 表示积分常数.

$$\Delta R = \int_1^5 R'(Q)\mathrm{d}Q = \int_1^5 (38-0.3Q)\mathrm{d}Q = (38Q - 0.15Q^2)\Big|_1^5 = 148.4.$$

(2) 由边际成本函数可得
$$C(Q) = \int C'(Q)\mathrm{d}Q = \int (0.6Q+20)\mathrm{d}Q = 0.3Q^2 + 20Q + c.$$
由 $C(0)=1$, 代入上式可得 $c=1$, 故总成本函数为
$$C(Q) = 0.3Q^2 + 20Q + 1.$$
由边际收益函数可得
$$R(Q) = \int R'(Q)\mathrm{d}Q = \int (38-0.3Q)\mathrm{d}Q = 38Q - 0.15Q^2 + c.$$
由 $R(0)=0$, 代入上式可得 $c=0$, 故总收益函数为
$$R(Q) = 38Q - 0.15Q^2.$$
根据上述结果, 总利润函数为
$$\pi(Q) = R(Q) - C(Q) = -0.45Q^2 + 18Q - 1.$$
由
$$\pi' = -0.9Q + 18 \begin{cases} > 0, & 0 < Q < 20, \\ = 0, & Q = 20, \\ < 0, & Q > 20 \end{cases}$$
可知, 当 $Q=20$ (单位:百台)时, 总利润最大. 此时, 总利润、总成本和总收益(单位:万元)分别为
$$\pi(20) = (-0.45Q^2 + 18Q - 1)\Big|_{Q=20} = 179,$$
$$C(20) = (0.3Q^2 + 20Q + 1)\Big|_{Q=20} = 521,$$
$$R(20) = (38Q - 0.15Q^2)\Big|_{Q=20} = 700.$$

(3) 由总利润函数知
$$\Delta \pi = \pi(22) - \pi(20) = (-0.45Q^2 + 18Q - 1)\Big|_{Q=22} - 179 = -1.8,$$
即在总利润最大的基础上, 再生产 2 百台, 总利润将减少 1.8 万元.

此问也可由边际利润函数经求定积分得到, 即
$$\Delta \pi = \int_{20}^{22} (-0.9Q + 18)\mathrm{d}Q = -1.8.$$

习 题 3.7

A 组

1. 求下列平面图形的面积:
(1) 由曲线 $y = x^3$ 与直线 $x=2, y=0$ 所围成的图形;
(2) 由曲线 $y = x^2$ 与 $y = 2 - x^2$ 所围成的图形;

(3) 由曲线 $y=x^2$ 与直线 $x+y=2$ 所围成的图形；

(4) 由曲线 $y=x^2(x\geqslant 0)$ 与直线 $y=1$，y 轴所围成的图形.

2. 求下列平面图形的面积：

(1) 由曲线 $y=e^x$ 与直线 $y=e$，$x=0$ 所围成的图形；

(2) 由曲线 $y^2=x$ 与直线 $x+y=2$ 所围成的图形；

(3) 由曲线 $y=\dfrac{1}{x}$ 与直线 $y=x$，$y=2$ 所围成的图形；

(4) 由曲线 $y=x^2$ 与直线 $y=2x-1$，$y=0$ 所围成的图形.

3. 设某产品每天生产 Q 件的固定成本为 20 元，边际成本(单位:元/件)为 $C'(Q)=0.6Q-2$，求：

(1) 总成本函数. (2) 产出由 20 件增加到 40 件时，总成本的增量.

(3) 若该产品的市场销售价格为 16 元/件，求总利润函数. 问：日产量为多少时可获得最大利润？

4. 已知边际收益函数为 $R'(Q)=200-0.01Q$，求：

(1) 总收益函数； (2) 产量(销量)为 50 个单位时的总收益；

(3) 在已经生产了 100 个单位产品时，再生产 100 个单位产品的总收益；

(4) 产量(销量)为多少时总收益最大？最大收益是多少？

B 组

1. 计算由抛物线 $y^2=2x$ 与直线 $x-y=4$ 所围成的平面图形的面积.

2. 设生产某产品的固定成本为 6，而边际成本函数和边际收益函数分别是
$$MC=3Q^2-18Q+36, \quad MR=33-8Q,$$
试求获最大利润的产量和最大利润.

总 习 题 三

1. 填空题：

(1) 若 $\int f(x)\mathrm{d}x=F(x)+C$，则 $\int f(3x+5)\mathrm{d}x=$ _____ ；

(2) 若 $\int f(x)\mathrm{d}x=3x+C$，则 $\int xf(2-x^2)\mathrm{d}x=$ _____ ；

(3) $\int_{-2}^{2} xe^{x^2}\cos x\mathrm{d}x=$ _____ ； (4) $\mathrm{d}\left(\int_a^b \sin x\mathrm{d}x\right)=$ _____ ； (5) $\int_1^{+\infty}\dfrac{1}{x^3}\mathrm{d}x=$ _____ .

2. 单项选择题：

(1) 下列函数中，不是 $e^{2x}-e^{-2x}$ 的原函数的是( )；

(A) $\dfrac{1}{2}(e^{2x}+e^{-2x})$ (B) $\dfrac{1}{2}(e^x+e^{-x})^2$ (C) $\dfrac{1}{2}(e^x-e^{-x})^2$ (D) $2(e^{2x}-e^{-2x})$

(2) 若 $F'(x)=f(x)=x^2$，则下列各式成立的是( )；

(A) $\int F'(x)\mathrm{d}x=x^2+C$ (B) $\int f(x)\mathrm{d}x=\dfrac{1}{3}x^3+C$

(C) $\int F(x)\mathrm{d}x=x^2+C$ (D) $\int f'(x)\mathrm{d}x=\dfrac{1}{3}x^3+C$

(3) 若 $f(x)=e^{-x}$，则 $\int \dfrac{f'(\ln x)}{x}dx = ($ 　 $)$；

(A) $\dfrac{1}{x}+C$ 　　　　(B) $-\dfrac{1}{x}+C$ 　　　　(C) $\ln x+C$ 　　　　(D) $-\ln x+C$

(4) 若 $\int f(x)e^{1/x}dx = -e^{1/x}+C$，则 $f(x)=($ 　 $)$；

(A) $\dfrac{1}{x}$ 　　　　(B) $\dfrac{1}{x^2}$ 　　　　(C) $-\dfrac{1}{x}$ 　　　　(D) $-\dfrac{1}{x^2}$

(5) 若广义积分 $\int_{-\infty}^{0} e^{-kx}dx$ 收敛，则 $k=($ 　 $)$；

(A) $k>0$ 　　　　(B) $k\geqslant 0$ 　　　　(C) $k<0$ 　　　　(D) $k\leqslant 0$

(6) 下列不等式正确的是（　 ）；

(A) $\int_0^1 xe^x dx < \int_0^1 x^2 e^x dx$ 　　　　(B) $\int_0^1 x^3 dx < \int_0^1 x^2 dx$

(C) $\int_{-1}^{0} x^3 dx > 0$ 　　　　(D) $\int_1^2 \sqrt{x}\ln x dx > \int_1^2 x\ln x dx$

(7) 设 $f(x)$ 在 $[a,b]$ 上连续，则 $\int_a^b f(x)dx = ($ 　 $)$；

(A) $\dfrac{1}{k}\int_a^b f\left(\dfrac{x}{k}\right)dx$ 　　　　(B) $k\int_{ka}^{kb} f\left(\dfrac{x}{k}\right)dx$

(C) $\dfrac{1}{k}\int_{ka}^{kb} f\left(\dfrac{x}{k}\right)dx$ 　　　　(D) $\int_{ka}^{kb} f\left(\dfrac{x}{k}\right)dx$

(8) $\int e^{\sin x}\sin x\cos x dx = ($ 　 $)$.

(A) $e^{\sin x}+C$ 　　　　(B) $e^{\sin x}\sin x+C$

(C) $e^{\sin x}\cos x+C$ 　　　　(D) $e^{\sin x}(\sin x-1)+C$

3. 求下列不定积分：

(1) $\int \left(x+\dfrac{1}{x}\right)^2 dx$；　　　　(2) $\int \dfrac{x}{1+x}dx$；

(3) $\int \ln(x+\sqrt{1+x^2})dx$；　　　　(4) $\int (\ln x)^2 dx$.

4. 计算下列定积分：

(1) $\int_1^2 \left(x-\dfrac{1}{x}\right)^2 dx$；　　　　(2) $\int_0^{\pi/2} \cos^3 x\sin 2x dx$；

(3) $\int_0^1 e^{\sqrt{x}}dx$；　　　　(4) $\int_0^8 \dfrac{dx}{1+\sqrt[3]{x}}$.

5. 求由曲线 $y=\dfrac{1}{x^2}$，$y=x^2$ 与 x 轴所围成的平面图形的面积.

第 四 章

偏导数及其应用

> 本章将在一元函数微分学的基础上,讨论多元函数的偏导数及其在极值方面的应用问题.

§4.1 偏 导 数

【本节学习目标】 知道多元函数的概念;掌握求多元函数的偏导数;会求二元函数的二阶偏导数.

一、多元函数的概念

只有一个自变量的函数 $y=f(x)$ 称为**一元函数**. 一元函数自变量 x 的取值范围即定义域,一般是数轴上的区间. 有两个及多于两个自变量的函数称为**多元函数**.

例如,矩形的面积公式
$$A = xy \quad (x>0, y>0)$$
描述了面积 A(因变量)与其长 x 和宽 y 这两个变量(自变量)之间的确定关系,这就是一个二元函数.

又例如,生产函数
$$Q = AK^{\alpha}L^{\beta} \quad (A>0, K>0, L>0, \alpha>0, \beta>0)$$
描述了产量 Q 与投入两种生产要素 K 和 L 之间的确定关系. 这是以 K 和 L 为自变量的二元函数.

以 x 和 y 为自变量,z 为因变量的二元函数通常记做
$$z = f(x,y).$$
二元函数自变量的取值范围由数轴扩充到 Oxy 平面上,一般二元函数的定义域是 Oxy 平面上的区域,通常记做 D. 函数 $z=f(x,y)$ 在点 (x_0, y_0) 的函数值记做 $f(x_0, y_0)$ 或 $z\big|_{(x_0, y_0)}$.

以 x,y 和 z 为自变量,u 为因变量的三元函数通常记做
$$u = f(x,y,z).$$

二、偏导数

二元函数有两个自变量,它求导数时,是因变量 z 对 x,y 分别求导数,故称为**偏导数**. 对 x 求偏导数时,是把二元函数 $z=f(x,y)$ 中的 y 视为常量,只把 x 视为变量. 函数 z 对 x 的偏导数记做

$$f_x(x,y), \quad z_x, \quad \frac{\partial z}{\partial x}, \quad \frac{\partial f}{\partial x}.$$

对 y 求偏导数时,是把二元函数 $z=f(x,y)$ 中的 x 视为常量,只把 y 视为变量. 函数 z 对 y 的偏导数记做

$$f_y(x,y), \quad z_y, \quad \frac{\partial z}{\partial y}, \quad \frac{\partial f}{\partial y}.$$

函数 $z=f(x,y)$ 在点 (x_0,y_0) 处对 x 的偏导数记做

$$f_x(x_0,y_0), \quad z_x\big|_{(x_0,y_0)}, \quad \frac{\partial z}{\partial x}\bigg|_{(x_0,y_0)}, \quad \frac{\partial f}{\partial x}\bigg|_{(x_0,y_0)};$$

对 y 的偏导数记做

$$f_y(x_0,y_0), \quad z_y\big|_{(x_0,y_0)}, \quad \frac{\partial z}{\partial y}\bigg|_{(x_0,y_0)}, \quad \frac{\partial f}{\partial y}\bigg|_{(x_0,y_0)}.$$

由上述可知,二元函数求偏导数的问题,实际上仍是一元函数求导数的问题. 这样,在求偏导数时,仍用一元函数求导数的基本公式和运算法则.

例 1 设 $z=x^3y-xy^3$,求 $\dfrac{\partial z}{\partial x}, \dfrac{\partial z}{\partial y}$.

解 对 x 求偏导数时,视 y 为常量,有

$$\frac{\partial z}{\partial x}=3x^2y-y^3.$$

对 y 求偏导数时,视 x 为常量,有

$$\frac{\partial z}{\partial y}=x^3-3xy^2.$$

例 2 设 $f(x,y)=\mathrm{e}^{x^2+y^3}$,求 $f_x(1,0), f_y(0,1)$.

解法 1 先求偏导数,再求偏导数在指定点处的值.

视 y 为常量,对 x 求偏导数,有

$$f_x(x,y)=\mathrm{e}^{x^2+y^3}\cdot 2x=2x\mathrm{e}^{x^2+y^3}.$$

将 $x=1,y=0$ 代入上式,得

$$f_x(1,0)=2x\mathrm{e}^{x^2+y^3}\big|_{(1,0)}=2\mathrm{e}.$$

视 x 为常量,对 y 求偏导数,有

$$f_y(x,y)=\mathrm{e}^{x^2+y^3}\cdot 3y^2=3y^2\mathrm{e}^{x^2+y^3}.$$

将 $x=0, y=1$ 代入上式,得
$$f_y(0,1) = 3y^2 e^{x^2+y^3}\Big|_{(0,1)} = 3e.$$

解法 2 因为 $f(x,0)=e^{x^2}$,$f_x(x,0)=2xe^{x^2}$,所以 $f_x(1,0)=2e$.

因为 $f(0,y)=e^{y^3}$,$f_y(0,y)=3y^2 e^{y^3}$,所以 $f_y(0,1)=3e$.

例 3 设 $z=x^y$ $(x>0)$,求偏导数.

解 对 x 求偏导数时,视 y 为常量,这时 x^y 是幂函数,有
$$\frac{\partial z}{\partial x} = yx^{y-1}.$$

对 y 求偏导数时,视 x 为常量,这时 x^y 是指数函数,有
$$\frac{\partial z}{\partial y} = x^y \ln x.$$

在这里我们还需指出,对一元函数 $y=f(x)$,$\dfrac{dy}{dx}$ 既表示 y 对 x 的导数,又可看成一个分式:y 的微分 dy 与 x 的微分 dx 之商;但对二元函数 $z=f(x,y)$,$\dfrac{\partial z}{\partial x}$,$\dfrac{\partial z}{\partial y}$ 只是一个偏导数的整体记号,比如 $\dfrac{\partial z}{\partial x}$ 不能再看成 ∂z 与 ∂x 之商.

三元函数 $u=f(x,y,z)$ 求偏导数时,是因变量 u 对 x,y,z 分别求偏导数.

例 4 设 $u=\dfrac{y}{x}+\dfrac{z}{y}-\dfrac{x}{z}$,求 $\dfrac{\partial u}{\partial x}$,$\dfrac{\partial u}{\partial y}$,$\dfrac{\partial u}{\partial z}$.

解 求 $\dfrac{\partial u}{\partial x}$ 时,要视函数表达式中的 y,z 为常数,对 x 求导数:
$$\frac{\partial u}{\partial x} = -\frac{y}{x^2} - \frac{1}{z}.$$

同理可得
$$\frac{\partial u}{\partial y} = \frac{1}{x} - \frac{z}{y^2}, \quad \frac{\partial u}{\partial z} = \frac{1}{y} + \frac{x}{z^2}.$$

三、二阶偏导数

函数 $z=f(x,y)$ 的偏导数 $\dfrac{\partial z}{\partial x}$,$\dfrac{\partial z}{\partial y}$ 一般仍是 (x,y) 的函数,若它们对 x 和 y 的偏导数存在,则 $\dfrac{\partial z}{\partial x}$,$\dfrac{\partial z}{\partial y}$ 对 x 和对 y 的偏导数称为函数 $z=f(x,y)$ 的**二阶偏导数**.函数 $z=f(x,y)$ 的二阶偏导数,依对变量求导数次序不同,共有以下四个:

$$\frac{\partial}{\partial x}\left(\frac{\partial z}{\partial x}\right) = \frac{\partial^2 z}{\partial x^2} = z_{xx} = f_{xx}(x,y), \quad \frac{\partial}{\partial y}\left(\frac{\partial z}{\partial x}\right) = \frac{\partial^2 z}{\partial x \partial y} = z_{xy} = f_{xy}(x,y),$$

$$\frac{\partial}{\partial x}\left(\frac{\partial z}{\partial y}\right) = \frac{\partial^2 z}{\partial y \partial x} = z_{yx} = f_{yx}(x,y), \quad \frac{\partial}{\partial y}\left(\frac{\partial z}{\partial y}\right) = \frac{\partial^2 z}{\partial y^2} = z_{yy} = f_{yy}(x,y),$$

其中 $f_{xx}(x,y)$ 是对 x 求二阶偏导数；$f_{yy}(x,y)$ 是对 y 求二阶偏导数；$f_{xy}(x,y)$ 是先对 x 求偏导数，所得结果再对 y 求偏导数；$f_{yx}(x,y)$ 是先对 y 求偏导数，再对 x 求偏导数。$f_{xy}(x,y)$ 和 $f_{yx}(x,y)$ 通常称为**混合偏导数**。

例 5 求函数 $z=x^2y^3+2x^3y+3x+y$ 的二阶偏导数。

解 先求一阶偏导数：

$$\frac{\partial z}{\partial x}=2xy^3+6x^2y+3, \quad \frac{\partial z}{\partial y}=3x^2y^2+2x^3+1;$$

再求二阶偏导数：

$$\frac{\partial^2 z}{\partial x^2}=\frac{\partial}{\partial x}\left(\frac{\partial z}{\partial x}\right)=2y^3+12xy, \quad \frac{\partial^2 z}{\partial y^2}=\frac{\partial}{\partial y}\left(\frac{\partial z}{\partial y}\right)=6x^2y,$$

$$\frac{\partial^2 z}{\partial x \partial y}=\frac{\partial}{\partial y}\left(\frac{\partial z}{\partial x}\right)=6xy^2+6x^2, \quad \frac{\partial^2 z}{\partial y \partial x}=\frac{\partial}{\partial x}\left(\frac{\partial z}{\partial y}\right)=6xy^2+6x^2.$$

例 6 求函数 $z=\ln\sqrt{x^2+y^2}$ 的二阶偏导数。

解 由于

$$z=\ln\sqrt{x^2+y^2}=\frac{1}{2}\ln(x^2+y^2),$$

从而一阶偏导数为

$$\frac{\partial z}{\partial x}=\frac{x}{x^2+y^2}, \quad \frac{\partial z}{\partial y}=\frac{y}{x^2+y^2},$$

于是

$$\frac{\partial^2 z}{\partial x^2}=\frac{\partial}{\partial x}\left(\frac{x}{x^2+y^2}\right)=\frac{(x^2+y^2)-2x\cdot x}{(x^2+y^2)^2}=\frac{y^2-x^2}{(x^2+y^2)^2},$$

$$\frac{\partial^2 z}{\partial y^2}=\frac{\partial}{\partial y}\left(\frac{y}{x^2+y^2}\right)=\frac{(x^2+y^2)-2y\cdot y}{(x^2+y^2)^2}=\frac{x^2-y^2}{(x^2+y^2)^2},$$

$$\frac{\partial^2 z}{\partial x \partial y}=\frac{\partial}{\partial y}\left(\frac{x}{x^2+y^2}\right)=-\frac{2xy}{(x^2+y^2)^2},$$

$$\frac{\partial^2 z}{\partial y \partial x}=\frac{\partial}{\partial x}\left(\frac{y}{x^2+y^2}\right)=-\frac{2xy}{(x^2+y^2)^2}.$$

习 题 4.1

A 组

1. 求下列函数的偏导数：

(1) $z=x^2y^3+xy^2-2x-y$；　　(2) $z=x^2\sin y$；　　(3) $z=e^{x/y}$；

(4) $z=\ln(x^2+2y^3)$；　　(5) $z=\dfrac{x}{\sqrt{x^2+y^2}}$；　　(6) $z=(1+x^2)^y$.

第四章 偏导数及其应用

2. 求下列函数在指定点处的偏导数：

(1) $f(x,y)=x^3+2xy+2y^2$，求 $f_x(2,3), f_y(2,3)$；

(2) $f(x,y)=\ln\left(x+\dfrac{y}{2x}\right)$，求 $f_x(1,0), f_y(1,0)$．

3. 求下列函数的二阶偏导数：

(1) $z=2x^4y+5xy^3+3xy+2$；

(2) $z=2x^{\frac{1}{2}}y^3-3x^3y^5+8$；

(3) $z=xy+\sin(2x-3y)$；

(4) $z=\ln(e^x+e^y)$．

B 组

1. 求下列函数的偏导数：

(1) $z=x^yy^x$；

(2) $z=\sin\dfrac{2x^2}{y}\cos\dfrac{3y^2}{x}$．

2. 求下列三元函数的偏导数：

(1) $u=xy+yz+zx$；

(2) $u=\ln(x+2y^2+3z^3)$．

§4.2 二元函数的极值

【本节学习目标】 了解二元函数极值的定义，会求解二元函数的极值应用问题．

一、二元函数的极值

二元函数的极值问题是一元函数极值问题的推广．

1. 极值的定义

定义 4.1 设函数 $z=f(x,y)$ 在点 $P_0(x_0,y_0)$ 及其邻近有定义，$P(x,y)$ 是其中的任一点，但 $P(x,y)\neq P_0(x_0,y_0)$．

(1) 若有 $f(x,y)<f(x_0,y_0)$，则称 $P_0(x_0,y_0)$ 是函数 $f(x,y)$ 的**极大值点**，称 $f(x_0,y_0)$ 是函数 $f(x,y)$ 的**极大值**；

(2) 若有 $f(x,y)>f(x_0,y_0)$，则称 $P_0(x_0,y_0)$ 是函数 $f(x,y)$ 的**极小值点**，称 $f(x_0,y_0)$ 是函数 $f(x,y)$ 的**极小值**．

函数的极大值点与极小值点统称为函数的**极值点**；函数的极大值与极小值统称为函数的**极值**．

例如，对于函数 $f(x,y)=\sqrt{1-x^2-y^2}$，点 $(0,0)$ 是其极大值点，$f(0,0)=1$ 是其极大值．这是因为在点 $(0,0)$ 邻近，对异于点 $(0,0)$ 的任意一点 (x,y)，都有

$$f(x,y)<f(0,0)=1, \quad (x,y)\neq(0,0).$$

又如，对于函数 $f(x,y)=x^2+y^2$，点 $(0,0)$ 是其极小值点，$f(0,0)=0$ 是其极小值．这是因为在点 $(0,0)$ 邻近，除原点 $(0,0)$ 以外的点 (x,y) 的函数值均为正的，即有

$$f(x,y) > f(0,0), \quad (x,y) \neq (0,0).$$

2. 极值的求法

定理 4.1(极值存在的充分条件) 设函数 $f(x,y)$ 在点 $P_0(x_0,y_0)$ 及其邻近二阶偏导数均存在[①]，且 $f_x(x_0,y_0)=0$，$f_y(x_0,y_0)=0$. 记

$$A = f_{xx}(x_0,y_0), \quad B = f_{xy}(x_0,y_0), \quad C = f_{yy}(x_0,y_0).$$

(1) 当 $B^2-AC<0$ 时，$P_0(x_0,y_0)$ 是函数的**极值点**，且

若 $A<0$(或 $C<0$)，则 $P_0(x_0,y_0)$ 是函数 $f(x,y)$ 的**极大值点**；

若 $A>0$(或 $C>0$)，则 $P_0(x_0,y_0)$ 是函数 $f(x,y)$ 的**极小值点**.

(2) 当 $B^2-AC>0$ 时，$P_0(x_0,y_0)$ **不是**函数 $f(x,y)$ 的**极值点**.

(3) 当 $B^2-AC=0$ 时，**不能判定** $P_0(x_0,y_0)$ 是否为函数 $f(x,y)$ 的极值点.

说明 使 $f_x(x_0,y_0)=0$，$f_y(x_0,y_0)=0$ 的点 $P_0(x_0,y_0)$，称为函数 $f(x,y)$ 的**驻点**.

由该定理知，若函数 $f(x,y)$ 在点 $P_0(x_0,y_0)$ 存在偏导数且有极值，则 $P_0(x_0,y_0)$ 一定是该函数的驻点. 这是极值存在的必要条件.

按上述定理，对二阶偏导数均存在的函数 $f(x,y)$，**求其极值的程序**是：

(1) 确定驻点：求函数 $f(x,y)$ 的偏导数，解方程组 $\begin{cases} f_x(x,y)=0, \\ f_y(x,y)=0, \end{cases}$ 确定函数 $f(x,y)$ 的全部驻点.

(2) 计算出值 A,B,C：求函数 $f(x,y)$ 的二阶偏导数，计算出其在驻点的值 A,B,C.

(3) 判定：按 B^2-AC 的符号判定驻点是否为极值点. 若是，再按 A(或 C)的符号判定是极大值点还是极小值点.

(4) 求出函数 $f(x,y)$ 的极值.

例 1 求函数 $f(x,y)=3xy-x^3-y^3$ 的极值.

解 求偏导数：

$$f_x(x,y) = 3y-3x^2, \quad f_y(x,y) = 3x-3y^2.$$

解方程组 $\begin{cases} 3y-3x^2=0, \\ 3x-3y^2=0, \end{cases}$ 得驻点 $(0,0)$ 和 $(1,1)$.

求二阶偏导数：

$$f_{xx}(x,y) = -6x, \quad f_{xy}(x,y) = 3, \quad f_{yy}(x,y) = -6y.$$

对于点 $(0,0)$，有 $A=f_{xx}(0,0)=0$，$B=f_{xy}(0,0)=3$，$C=f_{yy}(0,0)=0$. 因 $B^2-AC=9>0$，故该点不是极值点.

对于点 $(1,1)$，有 $A=f_{xx}(1,1)=-6$，$B=f_{xy}(1,1)=3$，$C=f_{yy}(1,1)=-6$. 因 B^2-AC

[①] 该定理实际要求的条件比此处给出的条件要严格得多. 不过，我们所遇到的函数，在求极值时用这里的条件是可以的.

第四章 偏导数及其应用

$=-27<0$,且 $A<0$,故该点是极大值点,极大值为
$$f(1,1) = 3\times 1\times 1-1-1=1.$$

二、最值应用问题

利用函数的极值可以求函数的最大值与最小值.对于实际应用问题,若已经知道或能够判定函数在其定义域 D 的内部确实有最大(或最小)值,而且在 D 内,函数只有一个驻点,就可以断定,此驻点的函数值就是该函数在区域 D 上的最大(或最小)值.

例2 要做一个容积为 512 m^3 的长方体箱子,问:怎样选择尺寸,才能使所用材料最少?

解 箱子的容积一定,而使所用材料最少,这就是使箱子的表面积最小.

设箱子的长为 x,宽为 y,高为 z.依题设有 $xyz=512$,则 $z=\dfrac{512}{xy}$.于是箱子的表面积为

$$A=2(xy+yz+zx)=2\left(xy+\frac{512}{x}+\frac{512}{y}\right) \quad (x>0,y>0).$$

由上式知,这是求二元函数的极值问题.

由
$$\begin{cases} \dfrac{\partial A}{\partial x}=2\left(y-\dfrac{512}{x^2}\right)=0, \\ \dfrac{\partial A}{\partial y}=2\left(x-\dfrac{512}{y^2}\right)=0 \end{cases}$$

可解得 $x=\sqrt[3]{512}=8$,$y=8$.

依实际问题可知,箱子的表面积一定存在最小值,又只有一个驻点 $(8,8)$,此时 $z=8$.综上所述,当箱子的长、宽、高都为 8 m 时,做箱子所用的材料最少.

该例题表明,在容积一定的情况下,长方体中立方体的表面积最小.

例3 工厂生产甲、乙两种产品,生产甲产品 Q_1 件与乙产品 Q_2 件的总成本函数是
$$C=C(Q_1,Q_2)=1.5Q_1^2+3Q_1Q_2+2Q_2^2+34.5,$$
甲、乙两种产品的价格分别为 $P_1=42$,$P_2=51$,问:产量为多少时利润最大?最大利润是多少?

解 求利润最大,需先写出利润函数.生产两种产品的收益函数是
$$R=R(Q_1,Q_2)=42Q_1+51Q_2,$$
利润函数是
$$\pi=R-C=42Q_1+51Q_2-(1.5Q_1^2+3Q_1Q_2+2Q_2^2+34.5).$$
再求利润函数的极值.解方程组

§ 4.2 二元函数的极值

$$\begin{cases} \dfrac{\partial \pi}{\partial Q_1} = 42 - 3Q_1 - 3Q_2 = 0, \\ \dfrac{\partial \pi}{\partial Q_2} = 51 - 3Q_1 - 4Q_2 = 0, \end{cases}$$

得 $Q_1 = 5, Q_2 = 9$.

依题意,该问题有最大利润,而函数有唯一驻点 $(5,9)$,故甲、乙两种产品的产量分别为 5 件和 9 件时,利润最大,最大利润是

$$\pi = (42Q_1 + 51Q_2 - 1.5Q_1^2 - 3Q_1Q_2 - 2Q_2^2 - 34.5) \Big|_{\substack{Q_1=5 \\ Q_2=9}} = 300.$$

例 4 设生产函数为 $Q = 6K^{1/3}L^{1/2}$,其中 Q 是产量,K 和 L 是两种生产要素的投入;已知 $P_K = 4, P_L = 3$ 是两种要素的价格,产品的价格为 $P = 2$.求利润最大时两种要素的投入水平、产出水平和最大利润.

解 依题设,收益函数和成本函数分别是

$$R = PQ = 12K^{1/3}L^{1/2}, \quad C = P_K K + P_L L = 4K + 3L,$$

于是利润函数是

$$\pi = R - C = 12K^{1/3}L^{1/2} - 4K - 3L.$$

解方程组

$$\begin{cases} \dfrac{\partial \pi}{\partial K} = 4K^{-2/3}L^{1/2} - 4 = 0, \\ \dfrac{\partial \pi}{\partial L} = 6K^{1/3}L^{-1/2} - 3 = 0, \end{cases}$$

得 $K = 8, L = 16$.

依题意,该问题有最大利润,又利润函数有唯一驻点 $(8,16)$,故当两种生产要素的投入分别为 $K = 8, L = 16$ 时,利润最大,此时产出水平 Q 和最大利润 π 分别为

$$Q = 6 \times 8^{1/3} \times 16^{1/2} = 48,$$
$$\pi = 12 \times 8^{1/3} \times 16^{1/2} - 4 \times 8 - 3 \times 16 = 16.$$

三、最小二乘法

作为二元函数极值的应用,在此介绍用最小二乘法建立直线型经验公式的问题.

设在一实际问题中有两个相依的变量 x 和 y,经测量得到 n 对数据

$$(x_1, y_1), (x_2, y_2), \cdots, (x_n, y_n).$$

将这 n 对数据看做平面直角坐标中的 n 个点:

$$A_i(x_i, y_i), \quad i = 1, 2, \cdots, n,$$

并将其画在坐标平面上(图 4-1).若这些点大致呈直线分布,就可用线性函数

$$y = ax + b$$

来近似地反映变量 x 与 y 之间的关系. 这样，就要提出如下**问题**：

如何选择线性函数的系数 a 和 b, 使函数 $y = ax + b$ 能"最好"地表达变量 x 与 y 之间的关系？

若记
$$d_i = ax_i + b - y_i, \quad i = 1, 2, \cdots, n,$$
则 d_i 是用函数 $y = ax + b$ 表示 x_i 与 y_i 之间的关系所产生的偏差(图 4-1). 这些偏差的平方和称为**总偏差**，记做 S, 即

$$S = \sum_{i=1}^{n} d_i^2 = \sum_{i=1}^{n} (ax_i + b - y_i)^2. \tag{4.1}$$

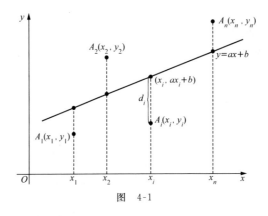

图 4-1

使偏差的平方和 S（即总偏差）取得最小值来选择线性函数 $y = ax + b$ 的系数 a 和 b 的方法，称为用**最小二乘法**建立直线型经验公式. 这种选择系数 a 和 b 的方法，就是使函数 $y = ax + b$ 能"最好"地表达 x 与 y 之间的关系.

由(4.1)式知，总偏差 S 可看做以 a 和 b 为自变量的二元函数. 所以，上述提出的问题转化为求 S 的最小值问题.

由极值存在的必要条件有

$$\begin{cases} \dfrac{\partial S}{\partial a} = 2\sum_{i=1}^{n}(ax_i + b - y_i)x_i = 0, \\ \dfrac{\partial S}{\partial b} = 2\sum_{i=1}^{n}(ax_i + b - y_i) = 0, \end{cases}$$

化简、整理得系数 a 和 b 所应满足的线性方程组

§4.2 二元函数的极值

$$\begin{cases} a\sum_{i=1}^{n} x_i^2 + b\sum_{i=1}^{n} x_i = \sum_{i=1}^{n} x_i y_i, \\ a\sum_{i=1}^{n} x_i + nb = \sum_{i=1}^{n} y_i. \end{cases}$$

若记此方程组的解为 $\hat{a}$ 和 $\hat{b}$,则

$$\hat{a} = \frac{\sum_{i=1}^{n} x_i y_i - n\bar{x}\bar{y}}{\sum_{i=1}^{n} x_i^2 - n\bar{x}^2}, \quad \hat{b} = \bar{y} - a\bar{x},$$

其中 $\bar{x} = \frac{1}{n}\sum_{i=1}^{n} x_i$, $\bar{y} = \frac{1}{n}\sum_{i=1}^{n} y_i$. 于是,变量 x 与 y 之间的**直线型经验公式**为

$$y = \hat{a}x + \hat{b}.$$

例 5 以家庭为单位,某种商品的月需求量 Q 与该商品价格 P 之间的一组调查数据如表 4-1 所示. 试写出该商品的线性需求函数.

表 4-1

价格 P/(百元/kg)	2	4	4	4.6	5	5.2	5.6	6	6.6	7
需求量 Q/kg	5	3.5	3	2.7	2.4	2.5	2	1.5	1.2	1.2

解 设所求的线性需求函数为

$$Q = \hat{a}P + \hat{b}.$$

由已知的 10 对数据,得表 4-2.

表 4-2

i	P_i	Q_i	P_i^2	$P_i Q_i$
1	2	5	4	10
2	4	3.5	16	14
3	4	3	16	12
4	4.6	2.7	21.16	12.42
5	5	2.4	25	12
6	5.2	2.5	27.04	13
7	5.6	2	31.36	11.2
8	6	1.5	36	9
9	6.6	1.2	43.56	7.92
10	7	1.2	49	8.4
$\sum$	50	25	269.12	109.94

第四章 偏导数及其应用

由表 4-2 得

$$\bar{P} = \frac{50}{10} = 5, \quad \bar{Q} = \frac{25}{10} = 2.5,$$

于是

$$\hat{a} = \frac{109.94 - 10 \times 5 \times 2.5}{269.12 - 10 \times 5^2} \approx -0.7877,$$

$$\hat{b} = 2.5 - (-0.7877) \times 5 = 6.4385.$$

故所求需求函数为

$$Q = -0.7877P + 6.4385.$$

习 题 4.2

A 组

1. 求下列函数的极值：
(1) $f(x,y) = 2xy - 3x^2 - 2y^2 + 10$；
(2) $f(x,y) = x^2 + (y-1)^2$.

2. 将给定的正数 a 表示为三个正数的和，问：这三个正数各是多少时，它们的乘积最大？

3. 做一容积为 V 的开口长方形容器，问：长、宽、高的尺寸怎样选择时，用料最省？

4. 某厂生产两种产品，其成本函数为

$$C = C(Q_1, Q_2) = 2Q_1^2 + 5Q_1Q_2 + 4Q_2^2,$$

产品的价格分别为 $P_1 = 51, P_2 = 76$，求产量为多少时利润最大及最大利润.

5. 设某厂的生产函数为 $Q = 8K^{1/4}L^{1/2}$，其要素的投入价格分别为 $P_1 = 8, P_2 = 4$，产品的价格为 $P = 4$，求利润最大时的投入水平、产出水平和最大利润.

6. 设某厂生产某种产品的成本函数为

$$C = C(Q) = 12Q + 4, \quad Q = Q_1 + Q_2,$$

产品在两个独立市场上销售，其价格函数分别为

$$P_1 = 60 - 3Q_1, \quad P_2 = 20 - 2Q_2,$$

求利润最大时投在每个市场的产出、每个市场的价格及最大利润.

7. 一厂商经营两个工厂，生产同一种产品且在同一市场销售. 已知两个工厂的成本函数分别为

$$C_1 = 3Q_1^2 + 2Q_1 + 6, \quad C_2 = 2Q_2^2 + 2Q_2 + 4,$$

而价格函数为

$$P = 74 - 6Q, \quad Q = Q_1 + Q_2.$$

厂商追求最大利润，试确定每个工厂的产出.

8. 某跨国公司要分析某种产品的产量 Q 与生产成本 C 之间的关系，随机抽取 10 个下属企业的产量及成本，得到数据如表 4-3 所示. 试确定生产成本 C 与产量 Q 之间的线性关系.

表 4-3

Q/千台	40	42	48	55	65	79	88	100	120	140
C/千元	150	140	160	170	150	162	185	165	190	185

B 组

1. 求函数 $f(x,y) = x^3 - y^3 + 3x^2 + 3y^2 - 9x$ 的极值.
2. 一种产品在两个独立市场销售,其需求函数分别为 $Q_1 = 103 - \frac{1}{6}P_1$,$Q_2 = 55 - \frac{1}{2}P_2$. 若该产品的成本函数为 $C = 18Q + 750$,$Q = Q_1 + Q_2$,求利润最大时投到每个市场上的产量.

§4.3 条件极值

【本节学习目标】 知道条件极值的意义,会用拉格朗日乘数法求解条件极值应用问题.

一、条件极值的意义

用例题来说明条件极值的意义.

例 1 求函数
$$z = f(x,y) = \sqrt{1 - x^2 - y^2}, \quad (x,y) \in D = \{(x,y) \mid x^2 + y^2 \leqslant 1\}$$
的极大值. 这是前面已讲过的问题,它是在圆域 $x^2 + y^2 \leqslant 1$ 内求函数的极大值点. 我们已知道,$(0,0)$ 是极大值点,且极大值 $f(0,0) = 1$.

现在的问题是:在条件
$$g(x,y) = x + y - 1 = 0$$
下,求函数
$$z = f(x,y) = \sqrt{1 - x^2 - y^2}, \quad (x,y) \in D = \{(x,y) \mid x^2 + y^2 \leqslant 1\}$$
的极大值. 与前面的问题比较,这里多了一个附加条件 $x + y - 1 = 0$,即 $g(x,y) = 0$.

一般说来,$g(x,y) = 0$ 在 Oxy 平面上表示一条曲线(这里 $x + y - 1 = 0$ 是一条直线). 这样,我们要求的极值点不仅在圆域 $x^2 + y^2 \leqslant 1$ 内,且应在直线 $x + y - 1 = 0$ 上(图 4-2). 可以求得(见例 2)这个问题的极大值点是 $\left(\frac{1}{2}, \frac{1}{2}\right)$,其极大值是 $\frac{\sqrt{2}}{2}$.

后一个问题,因在求极值时,有附加条件 $x + y - 1 = 0$,称为**条件极值问题**. 而前一个问题是 §4.2 所讲的极值问题,就相应地称为**无条件极值问题**.

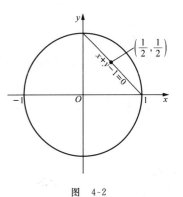

图 4-2

二、条件极值的求法

在**约束条件** $g(x,y)=0$(也称为**约束方程**)之下,求函数 $z=f(x,y)$(通常称为**目标函数**)的极值问题,有两种方法:

其一是**化为无条件极值问题**. 从约束方程 $g(x,y)=0$ 中解出 y:$y=\varphi(x)$,把它代入目标函数中,就可得到 $z=f(x,\varphi(x))$. 一元函数 $z=f(x,\varphi(x))$ 的极值就是函数 $z=f(x,y)$ 在条件 $g(x,y)=0$ 之下的条件极值.

当从方程 $g(x,y)=0$ 中解出 y 较困难时,这种方法就很不方便,特别是对多于两个自变量的多元函数,很难行得通.

其二是**拉格朗日乘数法**. 欲求函数 $z=f(x,y)$ 在约束条件 $g(x,y)=0$ 之下的极值点,可按下列**程序**进行:

(1) 作辅助函数(称为**拉格朗日函数**).

令

$$F(x,y) = f(x,y) + \lambda g(x,y),$$

其中 λ 是待定常数,称为**拉格朗日乘数**.

(2) 求可能取极值的点.

求函数 $F(x,y)$ 的偏导数,并解方程组

$$\begin{cases} F_x(x,y) = f_x(x,y) + \lambda g_x(x,y) = 0, \\ F_y(x,y) = f_y(x,y) + \lambda g_y(x,y) = 0, \\ g(x,y) = 0. \end{cases}$$

该方程组中有三个未知量:x,y 和 λ(待定常数),一般是设法消去 λ,解出 x_0 和 y_0,则 (x_0,y_0) 就是可能取条件极值的点.

(3) 判别所求得的点 (x_0,y_0) 是否为极值点.

通常按实际问题的具体情况来判别:我们求得了可能取条件极值的点 (x_0,y_0),而实际问题又确实存在这种极值点,那么所求的点 (x_0,y_0) 就是条件极值点.

这种求条件极值问题的方法具有一般性,它可推广到 n 元函数的情形.

例 2 在约束条件 $x+y-1=0$ 之下求函数 $z=f(x,y)=\sqrt{1-x^2-y^2}$ 的极值.

解法 1 化成无条件极值问题.

由方程 $x+y-1=0$ 得 $y=1-x$,将其代入所给二元函数中,有

$$z = \sqrt{1-x^2-(1-x)^2} = \sqrt{2x-2x^2}.$$

这就化成了求上述一元函数的极值问题,可以求得该函数的定义域是区间 $[0,1]$.

由

$$\frac{\mathrm{d}z}{\mathrm{d}x} = \frac{2-4x}{2\sqrt{2x-2x^2}} = 0$$

得驻点 $x = \dfrac{1}{2}$.

当 $x \in \left(0, \dfrac{1}{2}\right)$ 时, $\dfrac{\mathrm{d}z}{\mathrm{d}x} > 0$; 当 $x \in \left(\dfrac{1}{2}, 1\right)$ 时, $\dfrac{\mathrm{d}z}{\mathrm{d}x} < 0$. 所以, $x = \dfrac{1}{2}$ 是函数的极大值点, 其对应的极大值为

$$z = \sqrt{2x - 2x^2}\,\Big|_{x = \frac{1}{2}} = \dfrac{\sqrt{2}}{2}.$$

显然, 当 $x = \dfrac{1}{2}$ 时, $y = \dfrac{1}{2}$. 这样, 对所给二元函数而言, 极大值点是 $\left(\dfrac{1}{2}, \dfrac{1}{2}\right)$.

解法 2 用拉格朗日乘数法.

作辅助函数

$$F(x, y) = \sqrt{1 - x^2 - y^2} + \lambda(x + y - 1).$$

解方程组

$$\begin{cases} F_x(x, y) = \dfrac{-x}{\sqrt{1 - x^2 - y^2}} + \lambda = 0, \\ F_y(x, y) = \dfrac{-y}{\sqrt{1 - x^2 - y^2}} + \lambda = 0, \\ x + y - 1 = 0, \end{cases}$$

得 $x = y = \dfrac{1}{2}$.

根据问题的实际意义(函数 $z = \sqrt{1 - x^2 - y^2}$ 的几何图形是上半球面), 该函数应有极大值, 故所求得的点 $\left(\dfrac{1}{2}, \dfrac{1}{2}\right)$ 应是极大值点, 极大值

$$f\left(\dfrac{1}{2}, \dfrac{1}{2}\right) = \sqrt{1 - x^2 - y^2}\,\Big|_{\left(\frac{1}{2}, \frac{1}{2}\right)} = \dfrac{\sqrt{2}}{2}.$$

例 3 某厂生产甲、乙两种产品共 100 台, 生产甲种产品 Q_1 台、乙种产品 Q_2 台的总成本(单位: 万元)为

$$C = C(Q_1, Q_2) = 400 + 2Q_1 + 3Q_2 + 0.01 \times (3Q_1^2 + Q_1 Q_2 + 3Q_2^2).$$

若甲、乙两种产品的销售单价分别为 10 万元和 9 万元, 问: 工厂获得最大利润时, 两种产品的产量各为多少台? 最大利润是多少?

解 这是条件极值问题. 目标函数是利润函数(单位: 万元)

$$\begin{aligned} \pi &= R - C = (10Q_1 + 9Q_2) - [400 + 2Q_1 + 3Q_2 + 0.01 \times (3Q_1^2 + Q_1 Q_2 + 3Q_2^2)] \\ &= 8Q_1 + 6Q_2 - 0.01 \times (3Q_1^2 + Q_1 Q_2 + 3Q_2^2) - 400, \end{aligned}$$

约束条件是 $Q_1 + Q_2 = 100$(单位: 台).

第四章 偏导数及其应用

作辅助函数
$$F(Q_1,Q_2) = 8Q_1 + 6Q_2 - 0.01 \times (3Q_1^2 + Q_1Q_2 + 3Q_2^2) - 400 + \lambda(Q_1 + Q_2 - 100).$$
解方程组
$$\begin{cases} F_{Q_1} = 8 - 0.06Q_1 - 0.01Q_2 + \lambda = 0, \\ F_{Q_2} = 6 - 0.01Q_1 - 0.06Q_2 + \lambda = 0, \\ Q_1 + Q_2 - 100 = 0, \end{cases}$$
得 $Q_1 = 70, Q_2 = 30$.

因仅有一个可能取极值的点,且实际问题存在最大利润,故当甲、乙两种产品分别生产 70 台和 30 台时,可获最大利润,最大利润(单位:万元)为
$$\pi = \left[8Q_1 + 6Q_2 - 0.01 \times (3Q_1^2 + Q_1Q_2 + 3Q_2^2) - 400\right]\Big|_{(70,30)} = 145.$$

例 4 设生产函数和成本函数分别为
$$Q = f(K,L) = K^{1/2}L,$$
$$C = P_K K + P_L L = 0.5K + 9L,$$
若成本预算为 54,两种生产要素投入量为多少时,产量最高?最高产量为多少?

解 这是条件极值问题.目标函数是生产函数,约束条件是成本约束:$0.5K + 9L = 54$.

作辅助函数
$$F(K,L) = K^{1/2}L + \lambda(0.5K + 9L - 54).$$
解方程组
$$\begin{cases} F_K = \dfrac{1}{2}K^{-1/2}L + 0.5\lambda = 0, \\ F_L = K^{1/2} + 9\lambda = 0, \\ 0.5K + 9L - 54 = 0, \end{cases}$$
得 $K = 36, L = 4$.

因可能取极值的点唯一,且按问题的实际意义应有最高产量,故当两种生产要素的投入量分别为 $K = 36, L = 4$ 时,产量最高,最高产量为
$$Q = K^{1/2}L\Big|_{(36,4)} = 24.$$

习 题 4.3

A 组

1. 在周长为 $2L$ 的一切矩形中,求面积最大的一个.

2. 生产两种机床,数量分别为 Q_1 台和 Q_2 台,总成本函数(单位:万元)为
$$C = Q_1^2 + 2Q_2^2 - Q_1Q_2.$$
若两种机床的总产量为 8 台,要使成本最低,两种机床各生产多少台?

3. 设生产某产品的生产函数和成本函数分别为
$$Q = f(K,L) = K^{1/3}L^{2/3}, \quad C = P_K K + P_L L = 8K + 2L,$$
若产量约束为 32,求成本最低时两种生产要素的投入量及最低成本.

4. 设生产某产品的生产函数和成本函数分别为
$$Q = f(K,L) = 4K^{1/2}L^{1/2}, \quad C = P_K K + P_L L = 2K + 8L,$$
当成本预算为 64 时,求产量最高时两种生产要素的投入量及最高产量.

B 组

1. 要做一个容积为 a 的长方体水箱,问:怎样选择尺寸,才能使所用材料最少?

2. 已知某产品销售量 Q 与用在两种广告手段费用 x 和 y 之间的函数关系为
$$Q = \frac{200x}{5+x} + \frac{100y}{10+y},$$
净利润是销售量的 $\frac{1}{5}$ 减去广告成本.若广告预算是 25,试确定如何分配两种手段的广告成本,能使利润最大.

总 习 题 四

1. 填空题:

(1) 设 $z = e^{xy}$,则 $z_x = $ _____ ,$z_y = $ _____ ;

(2) 设 $f(x,y) = e^{\sin x}\sin y$,则 $f_x(0,0) = $ _____ ,$f_y(0,0) = $ _____ ;

(3) 函数 $z = -\sqrt{x^2+y^2}$ 的极大值是 $z = $ _____ .

2. 单项选择题:

(1) 对函数 $f(x,y) = -x^2 + y^2$,点 $(0,0)$ (   );

(A) 不是其驻点　　　　　　　　　　　(B) 是其驻点

(C) 是其极大值点　　　　　　　　　　(D) 是其极小值点

(2) 已知 $f(1,1) = -1$ 为函数 $f(x,y) = ax^3 + by^3 + cxy$ 的极小值,则 a,b,c 分别为 (   ).

(A) $1,1,-1$　　　(B) $-1,-1,3$　　　(C) $-1,-1,-3$　　　(D) $1,1,-3$

3. 求下列函数的偏导数:

(1) $z = \left(\frac{1}{2}\right)^{y/x}$;　　　(2) $z = x\ln\frac{y}{x}$;　　　(3) $z = x^{y^2}$.

4. 求下列函数的二阶偏导数 $\frac{\partial^2 z}{\partial x^2}, \frac{\partial^2 z}{\partial y^2}, \frac{\partial^2 z}{\partial x \partial y}, \frac{\partial^2 z}{\partial y \partial x}$:

(1) $z = x^3 y^2 - 2xy^3 - xy - 3$;　　　(2) $z = x^2 e^y$.

5. 求函数 $f(x,y) = x^3 - y^3 - 3x + 12y + 7$ 的极值.

6. 欲做一个体积为 V 的无盖的圆桶,试问:当圆桶的高和底面半径各为多少时,可使圆桶的表面积最小?

7. 设生产函数和成本函数分别为
$$Q = L^{3/8}K^{5/8}, \quad C = 3L + 5K.$$

(1) 当产量 $Q = 10$ 时,求最低成本及两种生产要素的投入量;

(2) 当预算成本 $C = 160$ 时,求最高产量及两种生产要素的投入量.

第五章 矩阵与线性方程组

> 矩阵与线性方程组是线性代数的重要内容,广泛应用于自然科学、工程技术、经济及其他领域.本章介绍矩阵运算及线性方程组的解的相关知识.

§5.1 矩阵的概念

【本节学习目标】 了解矩阵的概念.

矩阵是一个矩形数表.

例1 造纸厂用废布、废纸和木纸浆作为原料,生产甲、乙、丙、丁四种纸张,生产每种纸张 1 t 所需原料数量如表 5-1 所示.

表 5-1

单位消耗/t 原料 \ 产品	甲	乙	丙	丁
废布	4	1	3	2
废纸	18	15	10	11
木纸浆	3	9	12	13

若把表中的数据抽出不改变数据位置,并且用方括号或圆括号括起,则得到一个矩形数表

$$\begin{bmatrix} 4 & 1 & 3 & 2 \\ 18 & 15 & 10 & 11 \\ 3 & 9 & 12 & 13 \end{bmatrix}.$$

该数表由 3 行 4 列构成,其中的数具体描述了该造纸厂生产每种纸张 1 t 所需原料的吨数.例如,数表中第 1 行第 4 列的数 2 表示生产纸张丁 1 t 需要废布这种原料 2 t;数表中第 3 行第 2 列的数 9 表示生产纸张乙 1 t

需要木纸浆这种原料 9 t,其他以此类推.

定义 5.1 由 $m \times n$ 个数 $a_{ij}(i=1,2,\cdots,m;j=1,2,\cdots,n)$ 排成 m 行 n 列的矩形数表

$$\begin{bmatrix} a_{11} & a_{12} & \cdots & a_{1n} \\ a_{21} & a_{22} & \cdots & a_{2n} \\ \vdots & \vdots & & \vdots \\ a_{m1} & a_{m2} & \cdots & a_{mn} \end{bmatrix},$$

称为 $m \times n$ **矩阵**,其中的每一个数 a_{ij} 称为矩阵的**元**,元 a_{ij} 的第一个下标 i 表明它所在的行,第二个下标 j 表明它所在的列(本书矩阵元 a_{ij} 均为实数).

通常用大写黑体字母 $\boldsymbol{A},\boldsymbol{B},\cdots$ 表示矩阵,矩阵也可写为 $(a_{ij}),(b_{ij}),\cdots$. 有时为了强调矩阵的行数 m 和列数 n,也将矩阵写成 $\boldsymbol{A}_{m \times n}$ 或 $(a_{ij})_{m \times n}$.

例如,前述例 1 所得到的矩形数表就是一个 3×4 矩阵,可记做 $\boldsymbol{A}_{3 \times 4}$ 或 $(a_{ij})_{3 \times 4}$,即

$$\boldsymbol{A}_{3 \times 4} = (a_{ij})_{3 \times 4} = \begin{bmatrix} 4 & 1 & 3 & 2 \\ 18 & 15 & 10 & 11 \\ 3 & 9 & 12 & 13 \end{bmatrix},$$

其中 $a_{14}=2, a_{32}=9$.

所有元全为零的矩阵称为**零矩阵**,记做 $\boldsymbol{O}_{m \times n}$ 或 $\boldsymbol{O}$. 例如,

$$\begin{bmatrix} 0 & 0 & 0 & 0 \\ 0 & 0 & 0 & 0 \\ 0 & 0 & 0 & 0 \end{bmatrix}$$

为一个 3×4 零矩阵.

对于 $m \times n$ 矩阵 $\boldsymbol{A}_{m \times n} = (a_{ij})_{m \times n}$,当 $m = n$ 时,称之为 n **阶矩阵**或 n **阶方阵**,记做 $\boldsymbol{A}_n$,即

$$\boldsymbol{A}_n = \begin{bmatrix} a_{11} & a_{12} & \cdots & a_{1n} \\ a_{21} & a_{22} & \cdots & a_{2n} \\ \vdots & \vdots & & \vdots \\ a_{n1} & a_{n2} & \cdots & a_{nn} \end{bmatrix}.$$

在 n 阶方阵中,从左上角到右下角的 n 个元 $a_{11},a_{22},\cdots,a_{nn}$ 称为 n 阶方阵的**主对角线元**. 主对角线元全都为 1,其余元都为 0 的 n 阶方阵

$$\begin{bmatrix} 1 & 0 & \cdots & 0 \\ 0 & 1 & \cdots & 0 \\ \vdots & \vdots & & \vdots \\ 0 & 0 & \cdots & 1 \end{bmatrix},$$

称为 n **阶单位矩阵**,记做 $\boldsymbol{E}_n$ 或 $\boldsymbol{E}$.

第五章 矩阵与线性方程组

对于 $m\times n$ 矩阵 $\boldsymbol{A}_{m\times n}=(a_{ij})_{m\times n}$，当 $m=1$ 时，$\boldsymbol{A}_{1\times n}=[a_{11},a_{12},\cdots,a_{1n}]$[①] 称为**行矩阵**；当 $n=1$ 时，$\boldsymbol{A}_{m\times 1}=\begin{bmatrix}a_{11}\\a_{21}\\\vdots\\a_{m1}\end{bmatrix}$ 称为**列矩阵**；当 $m=n=1$ 时，$\boldsymbol{A}_{1\times 1}$ 称为 1 阶矩阵，记做 $\boldsymbol{A}_{1\times 1}=a_{11}$. 1 阶矩阵就是一个数 a_{11}.

对于两个矩阵 $\boldsymbol{A}=(a_{ij})_{m\times n},\boldsymbol{B}=(b_{ij})_{s\times t}$，若 $m=s,n=t$，则称 $\boldsymbol{A}$ 与 $\boldsymbol{B}$ 是**同型矩阵**. 例如，

$$\boldsymbol{A}=\begin{bmatrix}1 & 2 & 0 & -8\\6 & -6 & 1 & 7\end{bmatrix},\quad \boldsymbol{B}=\begin{bmatrix}-2 & 0 & 9 & 5\\2 & -1 & 1 & 4\end{bmatrix}$$

是同型矩阵.

对于两个同型矩阵 $\boldsymbol{A}=(a_{ij})_{m\times n},\boldsymbol{B}=(b_{ij})_{m\times n}$，若对应位置上元分别相等，则称 $\boldsymbol{A}$ 与 $\boldsymbol{B}$ **相等**，记做 $\boldsymbol{A}=\boldsymbol{B}$.

习 题 5.1

A 组

1. 问：只有一行或一列元全为零的 $m\times n$ 矩阵一定是零矩阵吗？
2. 指出下列矩阵哪些是零矩阵、单位矩阵、行矩阵、列矩阵、方阵：

(1) $\begin{bmatrix}0\\0\\0\\0\end{bmatrix}$；　(2) $[1,0]$；　(3) $\begin{bmatrix}1 & 0 & 0\\0 & 1 & 0\end{bmatrix}$；　(4) $\begin{bmatrix}1 & 0 & 0\\0 & 1 & 1\\0 & 0 & 1\end{bmatrix}$；　(5) $\begin{bmatrix}1 & 0\\0 & 1\end{bmatrix}$.

3. 设有四种食品 F_1,F_2,F_3,F_4，三个商店 S_1,S_2,S_3，食品在各个商店的单价如表 5-2 所示.

表 5-2

单价/元　食品　商店	F_1	F_2	F_3	F_4
S_1	17	7	11	21
S_2	15	9	13	19
S_3	16	8	15	19

(1) 作矩阵 $\boldsymbol{A}=(a_{ij})_{3\times 4}$，使 a_{ij} 表示第 i 个商店出售第 j 种食品的单价；

(2) 作矩阵 $\boldsymbol{B}=(a_{ji})_{4\times 3}$，使 a_{ji} 表示第 i 个商店出售第 j 种食品的单价.

---

① 对于 $1\times n$ 矩阵，为避免混淆，一般用逗号将各个元隔开.

B 组

1. 设 A 为 3×5 矩阵,若其元 $a_{ij}=i+j$,试写出矩阵 A.
2. 已知矩阵 $A=\begin{bmatrix} a+2b & 3a-c \\ b-3d & a-b \end{bmatrix}$,如果 $A=E$,求 a,b,c,d 的值.

§5.2 矩阵的运算

【本节学习目标】 掌握矩阵的加法、数乘、减法、乘法、幂和转置运算.

一、矩阵的加法

定义 5.2 设 A,B 为同型矩阵,即

$$A=(a_{ij})_{m\times n}=\begin{bmatrix} a_{11} & a_{12} & \cdots & a_{1n} \\ a_{21} & a_{22} & \cdots & a_{2n} \\ \vdots & \vdots & & \vdots \\ a_{m1} & a_{m2} & \cdots & a_{mn} \end{bmatrix}, \quad B=(b_{ij})_{m\times n}=\begin{bmatrix} b_{11} & b_{12} & \cdots & b_{1n} \\ b_{21} & b_{22} & \cdots & b_{2n} \\ \vdots & \vdots & & \vdots \\ b_{m1} & b_{m2} & \cdots & b_{mn} \end{bmatrix},$$

将它们的对应元相加所得到的 $m\times n$ 矩阵,称为矩阵 A 与矩阵 B 的和,记做 $A+B$,即

$$A+B=(a_{ij}+b_{ij})_{m\times n}=\begin{bmatrix} a_{11}+b_{11} & a_{12}+b_{12} & \cdots & a_{1n}+b_{1n} \\ a_{21}+b_{21} & a_{22}+b_{22} & \cdots & a_{2n}+b_{2n} \\ \vdots & \vdots & & \vdots \\ a_{m1}+b_{m1} & a_{m2}+b_{m2} & \cdots & a_{mn}+b_{mn} \end{bmatrix}.$$

例如,设矩阵

$$A=\begin{bmatrix} 1 & -2 & -6 \\ 3 & 5 & 2 \end{bmatrix}, \quad B=\begin{bmatrix} -1 & 6 & 7 \\ -5 & 9 & -4 \end{bmatrix},$$

则

$$A+B=\begin{bmatrix} 1+(-1) & -2+6 & -6+7 \\ 3+(-5) & 5+9 & 2+(-4) \end{bmatrix}=\begin{bmatrix} 0 & 4 & 1 \\ -2 & 14 & -2 \end{bmatrix}.$$

容易验证,矩阵的加法满足以下运算律:

(1) **交换律** $A+B=B+A$;

(2) **结合律** $(A+B)+C=A+(B+C)$;

(3) $A+O=A$.

二、数乘矩阵

定义 5.3 设 $A=(a_{ij})_{m\times n}$，k 为一个数，用数 k 乘以矩阵 A 中每一个元所得到的矩阵，称为数 k 与矩阵 A 的乘积，记做 $kA=(ka_{ij})_{m\times n}$，即

$$kA = (ka_{ij})_{m\times n} = \begin{bmatrix} ka_{11} & ka_{12} & \cdots & ka_{1n} \\ ka_{21} & ka_{22} & \cdots & ka_{2n} \\ \vdots & \vdots & & \vdots \\ ka_{m1} & ka_{m2} & \cdots & ka_{mn} \end{bmatrix}.$$

例如，设矩阵 $A = \begin{bmatrix} -2 & -3 & -6 \\ 7 & 4 & 3 \end{bmatrix}$，则

$$3A = \begin{bmatrix} 3\times(-2) & 3\times(-3) & 3\times(-6) \\ 3\times 7 & 3\times 4 & 3\times 3 \end{bmatrix} = \begin{bmatrix} -6 & -9 & -18 \\ 21 & 12 & 9 \end{bmatrix}.$$

特别地，当 $k=-1$ 时，可得到 $-1A=(-a_{ij})_{m\times n}$。该矩阵称为 A 的**负矩阵**，记做 $-A$，即

$$-A = (-a_{ij})_{m\times n} = \begin{bmatrix} -a_{11} & -a_{12} & \cdots & -a_{1n} \\ -a_{21} & -a_{22} & \cdots & -a_{2n} \\ \vdots & \vdots & & \vdots \\ -a_{m1} & -a_{m2} & \cdots & -a_{mn} \end{bmatrix}.$$

容易验证，矩阵的数乘满足以下运算律：

(1) $k(A+B)=kA+kB$ （k 为常数）；

(2) $(k+l)A=kA+lA$ （k,l 均为常数）；

(3) $k(lA)=l(kA)=(kl)A$ （k,l 均为常数）；

(4) $1A=A$，$0A=O$。

例 1 设有某种物资（单位：t）由两个产地分两次运往三个销地，两次调运方案分别用矩阵

$$A = \begin{bmatrix} 45 & 40 & 50 \\ 46 & 51 & 50 \end{bmatrix}, \quad B = \begin{bmatrix} 45 & 44 & 48 \\ 52 & 60 & 65 \end{bmatrix}$$

表示。由于某些原因，运价由第一次每吨 2 千元上涨到第二次每吨 3 千元，则各产地与各销地之间物资的运费（单位：千元）可用矩阵做如下运算：

$$2A+3B = 2\begin{bmatrix} 45 & 40 & 50 \\ 46 & 51 & 50 \end{bmatrix} + 3\begin{bmatrix} 45 & 44 & 48 \\ 52 & 60 & 65 \end{bmatrix}$$

$$= \begin{bmatrix} 2\times 45 & 2\times 40 & 2\times 50 \\ 2\times 46 & 2\times 51 & 2\times 50 \end{bmatrix} + \begin{bmatrix} 3\times 45 & 3\times 44 & 3\times 48 \\ 3\times 52 & 3\times 60 & 3\times 65 \end{bmatrix}$$

$$= \begin{bmatrix} 90 & 80 & 100 \\ 92 & 102 & 100 \end{bmatrix} + \begin{bmatrix} 135 & 132 & 144 \\ 156 & 180 & 195 \end{bmatrix} = \begin{bmatrix} 225 & 212 & 244 \\ 248 & 282 & 295 \end{bmatrix}.$$

最后一个矩阵中的元 $a_{12}=212$ 表明，物资从第一个产地运往第二个销地的运费是 212 千元．

三、矩阵的减法

由矩阵的加法与负矩阵可以定义矩阵的减法．

设 A,B 为同型矩阵，即 $A=(a_{ij})_{m\times n}$，$B=(b_{ij})_{m\times n}$，则矩阵 A 减去矩阵 B 记做 $A-B$，定义为矩阵 A 与 $-B$ 相加，即

$$A-B = A+(-B) = (a_{ij})_{m\times n} + (-b_{ij})_{m\times n} = (a_{ij}-b_{ij})_{m\times n}.$$

显然 $A+(-A)=O$．

例 2 求矩阵 X，使其满足矩阵方程

$$2\begin{bmatrix} -1 & 2 & 2 & 5 \\ 0 & -3 & 4 & 1 \\ -2 & 0 & 4 & 3 \end{bmatrix} + X = 3\begin{bmatrix} 4 & 2 & 2 & 5 \\ -1 & -3 & 0 & -2 \\ -1 & -4 & 2 & -3 \end{bmatrix}.$$

解 由数乘矩阵与矩阵的减法得

$$X = 3\begin{bmatrix} 4 & 2 & 2 & 5 \\ -1 & -3 & 0 & -2 \\ -1 & -4 & 2 & -3 \end{bmatrix} - 2\begin{bmatrix} -1 & 2 & 2 & 5 \\ 0 & -3 & 4 & 1 \\ -2 & 0 & 4 & 3 \end{bmatrix}$$

$$= \begin{bmatrix} 12 & 6 & 6 & 15 \\ -3 & -9 & 0 & -6 \\ -3 & -12 & 6 & -9 \end{bmatrix} - \begin{bmatrix} -2 & 4 & 4 & 10 \\ 0 & -6 & 8 & 2 \\ -4 & 0 & 8 & 6 \end{bmatrix}$$

$$= \begin{bmatrix} 12-(-2) & 6-4 & 6-4 & 15-10 \\ -3-0 & -9-(-6) & 0-8 & -6-2 \\ -3-(-4) & -12-0 & 6-8 & -9-6 \end{bmatrix}$$

$$= \begin{bmatrix} 14 & 2 & 2 & 5 \\ -3 & -3 & -8 & -8 \\ 1 & -12 & -2 & -15 \end{bmatrix}.$$

四、矩阵的乘法

例 3 在运输问题中，设从产地 $x_j(j=1,2)$ 调运到销地 $y_i(i=1,2,3)$ 的物资为 a_{ij}（单位：t），其调运方案为 3×2 矩阵

$$A = \begin{bmatrix} a_{11} & a_{12} \\ a_{21} & a_{22} \\ a_{31} & a_{32} \end{bmatrix}.$$

又设产地 x_i 的物资价格每吨为 b_j 元,其产地价格可用 2×1 矩阵表示：

$$B = \begin{bmatrix} b_1 \\ b_2 \end{bmatrix}.$$

于是,销地 y_i 用于购买物资的费用为

$$c_i = a_{i1}b_1 + a_{i2}b_2 \quad (i=1,2,3),$$

用 3×1 矩阵表示为

$$C = \begin{bmatrix} c_1 \\ c_2 \\ c_3 \end{bmatrix} = \begin{bmatrix} a_{11}b_1 + a_{12}b_2 \\ a_{21}b_1 + a_{22}b_2 \\ a_{31}b_1 + a_{32}b_2 \end{bmatrix}.$$

上例表明,矩阵 C 是由 A 和 B 决定的,即 C 的每一个元都是由 A 的某一行的元与 B 的对应列的元相乘再相加得到的.这种由矩阵 A 和 B 决定矩阵 C 的方法就是矩阵乘法,记做

$$C = AB.$$

定义 5.4 设矩阵

$$A = (a_{ij})_{m\times s} = \begin{bmatrix} a_{11} & a_{12} & \cdots & a_{1s} \\ a_{21} & a_{22} & \cdots & a_{2s} \\ \vdots & \vdots & & \vdots \\ a_{m1} & a_{m2} & \cdots & a_{ms} \end{bmatrix}, \quad B = (b_{ij})_{s\times n} = \begin{bmatrix} b_{11} & b_{12} & \cdots & b_{1n} \\ b_{21} & b_{22} & \cdots & b_{2n} \\ \vdots & \vdots & & \vdots \\ b_{s1} & b_{s2} & \cdots & b_{sn} \end{bmatrix},$$

矩阵 A 与矩阵 B 的乘积,记做 AB,并且若令 $AB=C=(c_{ij})$,则 C 是 $m\times n$ 矩阵,其中元 c_{ij} 是矩阵 A 的第 i 行与矩阵 B 的第 j 列的对应元乘积之和,即

$$c_{ij} = a_{i1}b_{1j} + a_{i2}b_{2j} + \cdots + a_{is}b_{sj}$$
$$= \sum_{k=1}^{s} a_{ik}b_{kj} \quad (i=1,2,\cdots,m; \ j=1,2,\cdots,n).$$

由定义知,对矩阵乘法要注意以下要点：

(1) 只有矩阵 A 的列数与矩阵 B 的行数相同时,A 与 B 才可以相乘.这是矩阵 A 与矩阵 B 可做乘法运算的条件.

(2) 矩阵 $AB=C=(c_{ij})$ 中的元 c_{ij} 恰是矩阵 A 的第 i 行与矩阵 B 的第 j 列对应元的乘积之和.这是矩阵 A 与矩阵 B 进行乘法运算的方法.

(3) 所得到的矩阵 $AB=C$,其行数恰是矩阵 A 的行数,其列数恰是矩阵 B 的列数.这是矩阵 A 与矩阵 B 相乘的结果.

§5.2 矩阵的运算

例4 设矩阵 $A = \begin{bmatrix} 2 & 3 \\ -1 & 2 \\ 4 & -2 \end{bmatrix}$, $B = \begin{bmatrix} 1 & 2 \\ 2 & -1 \end{bmatrix}$, 求 AB.

解 由矩阵乘法的定义得

$$AB = \begin{bmatrix} 2 & 3 \\ -1 & 2 \\ 4 & -2 \end{bmatrix} \begin{bmatrix} 1 & 2 \\ 2 & -1 \end{bmatrix}$$

$$= \begin{bmatrix} 2\times 1+3\times 2 & 2\times 2+3\times(-1) \\ -1\times 1+2\times 2 & -1\times 2+2\times(-1) \\ 4\times 1+(-2)\times 2 & 4\times 2+(-2)\times(-1) \end{bmatrix}$$

$$= \begin{bmatrix} 8 & 1 \\ 3 & -4 \\ 0 & 10 \end{bmatrix}.$$

由于 B 有 2 列，A 有 3 行，根据矩阵可做乘法运算的条件，BA 是无意义的.

例5 设矩阵 $A = \begin{bmatrix} 1 & 3 \\ 0 & 0 \end{bmatrix}$, $B = \begin{bmatrix} 3 & 0 \\ -1 & 0 \end{bmatrix}$, 求 AB 和 BA.

解 由矩阵乘法的定义有

$$AB = \begin{bmatrix} 1 & 3 \\ 0 & 0 \end{bmatrix} \begin{bmatrix} 3 & 0 \\ -1 & 0 \end{bmatrix}$$

$$= \begin{bmatrix} 1\times 3+3\times(-1) & 1\times 0+3\times 0 \\ 0\times 3+0\times(-1) & 0\times 0+0\times 0 \end{bmatrix} = \begin{bmatrix} 0 & 0 \\ 0 & 0 \end{bmatrix},$$

$$BA = \begin{bmatrix} 3 & 0 \\ -1 & 0 \end{bmatrix} \begin{bmatrix} 1 & 3 \\ 0 & 0 \end{bmatrix} = \begin{bmatrix} 3 & 9 \\ -1 & -3 \end{bmatrix}.$$

由例 4 和例 5 知，矩阵乘法不满足交换律. 例 5 还说明，A 和 B 都是非零矩阵，但 AB 可以是零矩阵，即两个非零矩阵的乘积可能是零矩阵.

例6 已知矩阵 $A = [5, 3, 0]$, $B = \begin{bmatrix} 1 & 0 \\ 0 & 2 \\ 3 & 0 \end{bmatrix}$, $C = \begin{bmatrix} 1 & 0 \\ 0 & 2 \\ 4 & 5 \end{bmatrix}$, 求 AB, AC.

解 $AB = [5, 3, 0] \begin{bmatrix} 1 & 0 \\ 0 & 2 \\ 3 & 0 \end{bmatrix} = [5, 6]$, $AC = [5, 3, 0] \begin{bmatrix} 1 & 0 \\ 0 & 2 \\ 4 & 5 \end{bmatrix} = [5, 6]$.

由例 6 知，矩阵的乘法不满足消去律，即对矩阵 A, B, C，由 $AB = AC$ 不一定能消去 A 而得出 $B = C$.

第五章 矩阵与线性方程组

矩阵的乘法满足以下运算规律:

(1) **结合律** $A(BC)=(AB)C$;

(2) **分配律** $A(B+C)=AB+AC$, $(A+B)C=AC+BC$;

(3) $k(AB)=(kA)B=A(kB)$ (k 为常数).

例7 利用矩阵的乘法, n 个未知量 m 个方程的线性方程组

$$\begin{cases} a_{11}x_1+a_{12}x_2+\cdots+a_{1n}x_n=b_1, \\ a_{21}x_1+a_{22}x_2+\cdots+a_{2n}x_n=b_2, \\ \cdots\cdots \\ a_{m1}x_1+a_{m2}x_2+\cdots+a_{mn}x_n=b_m \end{cases}$$

可写成矩阵乘法的形式

$$AX=b,$$

其中

$$A=\begin{bmatrix} a_{11} & a_{12} & \cdots & a_{1n} \\ a_{21} & a_{22} & \cdots & a_{2n} \\ \vdots & \vdots & & \vdots \\ a_{m1} & a_{m2} & \cdots & a_{mn} \end{bmatrix}, \quad X=\begin{bmatrix} x_1 \\ x_2 \\ \vdots \\ x_n \end{bmatrix}, \quad b=\begin{bmatrix} b_1 \\ b_2 \\ \vdots \\ b_m \end{bmatrix}.$$

称 A 为线性方程组的**系数矩阵**, X 为线性方程组的**未知量矩阵**, b 为线性方程组的**常数项矩阵**.

对于方阵 A 及正整数 k, 定义

$$A^k=\underbrace{AA\cdots A}_{k\uparrow},$$

称之为**方阵 A 的 k 次幂**. 规定 $A^0=E$.

设 k,l 为任意自然数, 则有

$$A^k A^l=A^{k+l}, \quad (A^k)^l=A^{kl}.$$

例8 设矩阵 $A=\begin{bmatrix} 2 & -3 \\ 1 & 4 \end{bmatrix}$, 求 A^2.

解 $A^2=\begin{bmatrix} 2 & -3 \\ 1 & 4 \end{bmatrix}\begin{bmatrix} 2 & -3 \\ 1 & 4 \end{bmatrix}=\begin{bmatrix} 1 & -18 \\ 6 & 13 \end{bmatrix}.$

例9 已知矩阵 $A=\begin{bmatrix} 1 & 0 & -1 \\ 2 & 1 & 4 \\ -3 & 2 & 5 \end{bmatrix}$, $B=\begin{bmatrix} 1 & -2 & 3 \\ -1 & 3 & 0 \\ 0 & 5 & 2 \end{bmatrix}$, 求 $2AB-3A^2$.

解 $2AB-3A^2=A(2B-3A)$

$$= \begin{bmatrix} 1 & 0 & -1 \\ 2 & 1 & 4 \\ -3 & 2 & 5 \end{bmatrix} \left(\begin{bmatrix} 2 & -4 & 6 \\ -2 & 6 & 0 \\ 0 & 10 & 4 \end{bmatrix} - \begin{bmatrix} 3 & 0 & -3 \\ 6 & 3 & 12 \\ -9 & 6 & 15 \end{bmatrix} \right)$$

$$= \begin{bmatrix} 1 & 0 & -1 \\ 2 & 1 & 4 \\ -3 & 2 & 5 \end{bmatrix} \begin{bmatrix} -1 & -4 & 9 \\ -8 & 3 & -12 \\ 9 & 4 & -11 \end{bmatrix} = \begin{bmatrix} -10 & -8 & 20 \\ 26 & 11 & -38 \\ 32 & 38 & -106 \end{bmatrix}.$$

例 10 设矩阵 $A = \begin{bmatrix} 3 & 2 & 1 \\ 5 & 4 & -1 \end{bmatrix}$,求 AE, EA.

解 因为 A 是 2×3 矩阵,所以用 E_3 右乘矩阵 A,即

$$AE = A_{2\times 3} E_3 = \begin{bmatrix} 3 & 2 & 1 \\ 5 & 4 & -1 \end{bmatrix} \begin{bmatrix} 1 & 0 & 0 \\ 0 & 1 & 0 \\ 0 & 0 & 1 \end{bmatrix} = \begin{bmatrix} 3 & 2 & 1 \\ 5 & 4 & -1 \end{bmatrix} = A;$$

用 E_2 左乘矩阵 A,即

$$EA = E_2 A_{2\times 3} = \begin{bmatrix} 1 & 0 \\ 0 & 1 \end{bmatrix} \begin{bmatrix} 3 & 2 & 1 \\ 5 & 4 & -1 \end{bmatrix} = \begin{bmatrix} 3 & 2 & 1 \\ 5 & 4 & -1 \end{bmatrix} = A.$$

由此例可知,任意矩阵 A 与单位矩阵 E 相乘(右乘或左乘),仍为矩阵 A。

五、转置矩阵

定义 5.5 将 $m\times n$ 矩阵 A 的行与列互换得到的 $n\times m$ 矩阵,称为矩阵 A 的**转置矩阵**,记做 A^T,即若

$$A = \begin{bmatrix} a_{11} & a_{12} & \cdots & a_{1n} \\ a_{21} & a_{22} & \cdots & a_{2n} \\ \vdots & \vdots & & \vdots \\ a_{m1} & a_{m2} & \cdots & a_{mn} \end{bmatrix},$$

则

$$A^T = \begin{bmatrix} a_{11} & a_{21} & \cdots & a_{m1} \\ a_{12} & a_{22} & \cdots & a_{m2} \\ \vdots & \vdots & & \vdots \\ a_{1n} & a_{2n} & \cdots & a_{mn} \end{bmatrix}.$$

例如,若矩阵 $A = \begin{bmatrix} 1 & 2 & -9 \\ 0 & 7 & 4 \end{bmatrix}_{2\times 3}$,则 $A^T = \begin{bmatrix} 1 & 0 \\ 2 & 7 \\ -9 & 4 \end{bmatrix}_{3\times 2}$.

矩阵的转置满足以下运算规律:

(1) $(A^T)^T = A$;

(2) $(A+B)^T = A^T + B^T$;

(3) $(kA)^T = kA^T$ (k 是常数);

(4) $(AB)^T = B^T A^T$.

例 11 设矩阵 $A = \begin{bmatrix} 1 & 0 & 3 \\ 2 & 1 & 0 \end{bmatrix}$, $B = \begin{bmatrix} 4 & 1 \\ -1 & 1 \\ 2 & 0 \end{bmatrix}$, 求 $(AB)^T$ 和 $B^T A^T$.

解 因为 $AB = \begin{bmatrix} 1 & 0 & 3 \\ 2 & 1 & 0 \end{bmatrix} \begin{bmatrix} 4 & 1 \\ -1 & 1 \\ 2 & 0 \end{bmatrix} = \begin{bmatrix} 10 & 1 \\ 7 & 3 \end{bmatrix}$, 所以

$$(AB)^T = \begin{bmatrix} 10 & 1 \\ 7 & 3 \end{bmatrix}^T = \begin{bmatrix} 10 & 7 \\ 1 & 3 \end{bmatrix}.$$

由已知有

$$B^T A^T = \begin{bmatrix} 4 & 1 \\ -1 & 1 \\ 2 & 0 \end{bmatrix}^T \begin{bmatrix} 1 & 0 & 3 \\ 2 & 1 & 0 \end{bmatrix}^T = \begin{bmatrix} 4 & -1 & 2 \\ 1 & 1 & 0 \end{bmatrix} \begin{bmatrix} 1 & 2 \\ 0 & 1 \\ 3 & 0 \end{bmatrix} = \begin{bmatrix} 10 & 7 \\ 1 & 3 \end{bmatrix}.$$

本例验证了

$$(AB)^T = B^T A^T.$$

习 题 5.2

A 组

1. 填空题:

(1) 设 $A = (a_{ij})_{3 \times 6}$, $B = (b_{ij})_{m \times n}$.

① 当 $m = \underline{\qquad}$, $n = \underline{\qquad}$ 时, $A + B$ 有意义, $A + B$ 是 $\underline{\qquad}$ 行 $\underline{\qquad}$ 列矩阵;

② 当 $m = \underline{\qquad}$, $n = \underline{\qquad}$ 时, AB 有意义, AB 是 $\underline{\qquad}$ 行 $\underline{\qquad}$ 列矩阵;

③ 当 $m = \underline{\qquad}$, $n = \underline{\qquad}$ 时, BA 有意义, BA 是 $\underline{\qquad}$ 行 $\underline{\qquad}$ 列矩阵;

④ 当 $m = \underline{\qquad}$, $n = \underline{\qquad}$ 时, $B^T A$ 有意义, $B^T A$ 是 $\underline{\qquad}$ 行 $\underline{\qquad}$ 列矩阵.

(2) $\begin{bmatrix} 3 & 2 & -1 \\ 1 & 0 & 4 \\ -2 & -3 & 5 \end{bmatrix} + \begin{bmatrix} 6 & -3 & -1 \\ -1 & -1 & 2 \\ 5 & 4 & 1 \end{bmatrix} = \underline{\qquad}$.

(3) $2 \begin{bmatrix} 1 & 2 \\ 0 & 1 \end{bmatrix} + 3 \begin{bmatrix} 2 & -2 \\ 0 & 3 \end{bmatrix} = \underline{\qquad}$.

(4) 若 $A = \begin{bmatrix} -1 & 8 & -3 \\ 2 & 5 & -6 \end{bmatrix}$, 则 $-A = \underline{\qquad}$.

§5.2 矩阵的运算

(5) $\begin{bmatrix} 1 \\ 2 \\ 3 \end{bmatrix}[1,2,3]=$ _____ .   (6) $[1,2,3]\begin{bmatrix} 1 \\ 2 \\ 3 \end{bmatrix}=$ _____ .

(7) 若 $A=\begin{bmatrix} -1 & 3 & 6 \\ 4 & -2 & 5 \end{bmatrix}$，则 $A^{T}=$ _____ .

(8) 若 $(AB)^{T}=\begin{bmatrix} 3 & 5 \\ -2 & 4 \\ 6 & -1 \end{bmatrix}$，则 $B^{T}A^{T}=$ _____ .

2. 设矩阵

$$A=\begin{bmatrix} 1 & 2 & 1 & 2 \\ 2 & 1 & 2 & 1 \\ 1 & 2 & 3 & 4 \end{bmatrix}, \quad B=\begin{bmatrix} 4 & 3 & 2 & 1 \\ -2 & 1 & -2 & 1 \\ 0 & -1 & 0 & -1 \end{bmatrix}.$$

(1) 求 $2A+3B$； (2) 求 $3A-B$；
(3) 若 X 满足 $A+X=B$，求 X； (4) 若 Y 满足 $(2A-Y)+2(B-Y)=O$，求 Y.

3. 计算下列矩阵的乘积：

(1) $\begin{bmatrix} 1 & 1 \\ -1 & -1 \end{bmatrix}\begin{bmatrix} 1 & -1 \\ -1 & 1 \end{bmatrix}$；

(2) $\begin{bmatrix} 1 & -1 \\ -1 & 1 \end{bmatrix}\begin{bmatrix} 1 & 1 \\ -1 & -1 \end{bmatrix}$；

(3) $\begin{bmatrix} 2 & -1 \\ -4 & 0 \\ 3 & 1 \end{bmatrix}\begin{bmatrix} 7 & -9 \\ -8 & 10 \end{bmatrix}$；

(4) $\begin{bmatrix} 2 & 4 \\ 1 & 3 \end{bmatrix}\begin{bmatrix} 1 & 2 & 4 \\ 0 & 3 & 5 \end{bmatrix}$；

(5) $\begin{bmatrix} a_{11} & a_{12} & a_{13} \\ a_{21} & a_{22} & a_{23} \\ a_{31} & a_{32} & a_{33} \end{bmatrix}\begin{bmatrix} x_{1} \\ x_{2} \\ x_{3} \end{bmatrix}$；

(6) $[1,-1,2]\begin{bmatrix} -1 & 2 & 0 \\ 0 & 1 & 1 \\ 3 & 0 & -1 \end{bmatrix}\begin{bmatrix} 2 \\ -1 \\ -2 \end{bmatrix}$.

4. 计算下列方阵的幂：

(1) $\begin{bmatrix} 1 & 1 \\ -1 & -1 \end{bmatrix}^{3}$；

(2) $\begin{bmatrix} a & 0 & 0 \\ 0 & b & 0 \\ 0 & 0 & c \end{bmatrix}^{3}$.

5. 设矩阵 $A=\begin{bmatrix} 1 & 0 & 1 \\ 2 & 3 & -3 \end{bmatrix}$，$B=\begin{bmatrix} 1 & 4 \\ 2 & -1 \end{bmatrix}$，求 BA，$AA^{T}-2B$，$(A^{T}B)^{T}$.

6. 某保健品含有三种营养成分，其成分如表 5-3 所示. 现有甲种保健品 30 kg，乙种保健品 20 kg，求三种营养成分的数量.

表 5-3

含量百分比 \ 成分	A	B	C
保健品			
甲	0.8	0.1	0.1
乙	0.4	0.3	0.3

第五章 矩阵与线性方程组

B 组

1. 若矩阵 $A=(a_{ij})_{3\times 6}$，$C=(c_{ij})_{4\times 6}$，且 ABC 有意义，则 B 是 _____ 行 _____ 列矩阵，ABC 是 _____ 行 _____ 列矩阵.

2. 已知矩阵 $A=\begin{bmatrix}1 & 3\\ 2 & -1\end{bmatrix}$，$B=\begin{bmatrix}3 & 0\\ 1 & 2\end{bmatrix}$，求 $2A+AB-3B$.

3. 设矩阵
$$A=\begin{bmatrix}3 & 1 & 0\\ -1 & 2 & 1\\ 3 & 4 & 2\end{bmatrix},\quad B=\begin{bmatrix}1 & -1 & 0\\ 2 & -2 & 5\\ 3 & 4 & 1\end{bmatrix},$$
求 A^2-B^2，$(A-B)(A+B)$. 问：A^2-B^2 与 $(A-B)(A+B)$ 是否相等？为什么？

4. 设 m 次多项式 $f(x)=a_0x^m+a_1x^{m-1}+\cdots+a_m$. 定义
$$f(A)=a_0A^m+a_1A^{m-1}+\cdots+a_mE,$$
称之为方阵 A 的 m 次多项式. 令
$$A=\begin{bmatrix}3 & -2\\ -1 & 4\end{bmatrix},\quad f(x)=x^2-3x+5,$$
计算 $f(A)$.

5. 已知矩阵
$$B=\begin{bmatrix}0 & 3 & 0\\ -6 & 1 & 4\\ 0 & 0 & 6\end{bmatrix},\quad C=\begin{bmatrix}1 & 0 & 1\\ 2 & \frac{2}{3} & \frac{2}{3}\\ 1 & 1 & 1\end{bmatrix},$$
求矩阵 X,Y，使得 $\begin{cases}X-Y=B,\\ 2X+Y=3C.\end{cases}$

§5.3 矩阵的初等行变换

【本节学习目标】 了解阶梯形矩阵、简化阶梯形矩阵、矩阵初等行变换的定义；能熟练地用初等行变换将矩阵化为阶梯形矩阵和简化阶梯形矩阵.

一、阶梯形矩阵和简化阶梯形矩阵

满足下列两个条件的非零矩阵称为**阶梯形矩阵**：
(1) 若有零行(元全为零的行)，一定在矩阵的最下方；
(2) 各非零行的第一个非零元所在列中，该元下方的元(若有的话)都为 0.
例如，下列矩阵都是阶梯形矩阵：

§5.3 矩阵的初等行变换

$$\begin{bmatrix} 1 & -2 & -3 \\ 0 & 4 & -1 \\ 0 & 0 & 1 \end{bmatrix}, \begin{bmatrix} 4 & 0 & 0 & 0 \\ 0 & 2 & 0 & 0 \\ 0 & 0 & 6 & -4 \end{bmatrix}, \begin{bmatrix} 0 & 1 & 2 & 3 \\ 0 & 0 & -1 & 5 \\ 0 & 0 & 0 & \frac{1}{2} \\ 0 & 0 & 0 & 0 \end{bmatrix}.$$

若阶梯形矩阵还满足下列两个条件,则称之为**简化阶梯形矩阵**:
(1) 各非零行的第一个非零元均为 1;
(2) 各非零行的第一个非零元所在列的其他元全为零.
例如,下列矩阵都是简化阶梯形矩阵:

$$\begin{bmatrix} 1 & 2 & 0 & 0 & 0 \\ 0 & 0 & 1 & 0 & 2 \\ 0 & 0 & 0 & 1 & 3 \\ 0 & 0 & 0 & 0 & 0 \end{bmatrix}, \begin{bmatrix} 1 & 0 & 0 \\ 0 & 1 & 0 \\ 0 & 0 & 1 \end{bmatrix}.$$

二、矩阵的初等行变换

矩阵的下列变换称为矩阵的**初等行变换**:
(1) 交换矩阵的第 i 行与第 j 行的位置,记做 $r_i \leftrightarrow r_j$;
(2) 用非零数 k 乘以矩阵的第 i 行,记做 kr_i;
(3) 把矩阵第 i 行的 l 倍加到第 j 行上,记做 $lr_i + r_j$.

例 1 设矩阵 $A = \begin{bmatrix} 4 & -5 & 1 \\ 2 & 5 & 4 \\ -1 & 3 & -2 \\ 6 & 8 & -4 \end{bmatrix}$,对矩阵 A 施行下列初等行变换:

(1) 交换 A 的第 2 行与第 4 行;
(2) 用数 2 乘以 A 的第 3 行;
(3) 将 A 的第 1 行的 3 倍加到第 3 行上.

解 (1) $A = \begin{bmatrix} 4 & -5 & 1 \\ 2 & 5 & 4 \\ -1 & 3 & -2 \\ 6 & 8 & -4 \end{bmatrix} \xrightarrow{r_2 \leftrightarrow r_4} \begin{bmatrix} 4 & -5 & 1 \\ 6 & 8 & -4 \\ -1 & 3 & -2 \\ 2 & 5 & 4 \end{bmatrix}.$

(2) $A = \begin{bmatrix} 4 & -5 & 1 \\ 2 & 5 & 4 \\ -1 & 3 & -2 \\ 6 & 8 & -4 \end{bmatrix} \xrightarrow{2r_3} \begin{bmatrix} 4 & -5 & 1 \\ 2 & 5 & 4 \\ 2\times(-1) & 2\times 3 & 2\times(-2) \\ 6 & 8 & -4 \end{bmatrix} = \begin{bmatrix} 4 & -5 & 1 \\ 2 & 5 & 4 \\ -2 & 6 & -4 \\ 6 & 8 & -4 \end{bmatrix}.$

(3) $A = \begin{bmatrix} 4 & -5 & 1 \\ 2 & 5 & 4 \\ -1 & 3 & -2 \\ 6 & 8 & -4 \end{bmatrix} \xrightarrow{3r_1+r_3} \begin{bmatrix} 4 & -5 & 1 \\ 2 & 5 & 4 \\ 3\times 4+(-1) & 3\times(-5)+3 & 3\times 1+(-2) \\ 6 & 8 & -4 \end{bmatrix}$

$= \begin{bmatrix} 4 & -5 & 1 \\ 2 & 5 & 4 \\ 11 & -12 & 1 \\ 6 & 8 & -4 \end{bmatrix}.$

任意一个矩阵经过有限次初等行变换总能化成阶梯形矩阵,进而再经过有限次初等行变换化成简化阶梯形矩阵. 将矩阵 A 化为简化阶梯形的**一般程序**是:

(1) 将矩阵 A 化为阶梯形矩阵.

先将第 1 行的第一个元(假设不是 1)化为 1,并将其下方元全化为 0;再将第 2 行从左至右第一个非零元的下方元全化为 0;直至把矩阵化为阶梯形矩阵.

(2) 将阶梯形矩阵化为简化阶梯形矩阵.

从非零行最后一行起,将该非零行第一个非零元化为 1,并将其上方的元全化为 0;再将倒数第二个非零行的第一个非零元化为 1,并将其上方的元全化为 0;直至把矩阵化为简化阶梯形矩阵.

例 2 用初等行变换将矩阵 $A = \begin{bmatrix} -2 & 1 & 1 \\ 1 & -2 & 1 \\ 1 & 1 & -2 \end{bmatrix}$ 化为阶梯形矩阵.

解 $A = \begin{bmatrix} -2 & 1 & 1 \\ 1 & -2 & 1 \\ 1 & 1 & -2 \end{bmatrix} \xrightarrow{r_1 \leftrightarrow r_3} \begin{bmatrix} 1 & 1 & -2 \\ 1 & -2 & 1 \\ -2 & 1 & 1 \end{bmatrix} \xrightarrow[2r_1+r_3]{-r_1+r_2} \begin{bmatrix} 1 & 1 & -2 \\ 0 & -3 & 3 \\ 0 & 3 & -3 \end{bmatrix}$

$\xrightarrow{r_2+r_3} \begin{bmatrix} 1 & 1 & -2 \\ 0 & -3 & 3 \\ 0 & 0 & 0 \end{bmatrix}.$

这就是阶梯形矩阵.

例 3 设矩阵 $A = \begin{bmatrix} 1 & -1 & 5 & -1 & 0 \\ 1 & 1 & -2 & 3 & 2 \\ 3 & -1 & 8 & 1 & 2 \\ 1 & 3 & -9 & 7 & 8 \end{bmatrix}$,用初等行变换将 A 化成简化阶梯形矩阵.

解 $A = \begin{bmatrix} 1 & -1 & 5 & -1 & 0 \\ 1 & 1 & -2 & 3 & 2 \\ 3 & -1 & 8 & 1 & 2 \\ 1 & 3 & -9 & 7 & 8 \end{bmatrix} \xrightarrow[-r_1+r_4]{\substack{-r_1+r_2 \\ -3r_1+r_3}} \begin{bmatrix} 1 & -1 & 5 & -1 & 0 \\ 0 & 2 & -7 & 4 & 2 \\ 0 & 2 & -7 & 4 & 2 \\ 0 & 4 & -14 & 8 & 8 \end{bmatrix}$

$\xrightarrow[-2r_2+r_4]{-r_2+r_3} \begin{bmatrix} 1 & -1 & 5 & -1 & 0 \\ 0 & 2 & -7 & 4 & 2 \\ 0 & 0 & 0 & 0 & 0 \\ 0 & 0 & 0 & 0 & 4 \end{bmatrix} \xrightarrow{r_3 \leftrightarrow r_4} \begin{bmatrix} 1 & -1 & 5 & -1 & 0 \\ 0 & 2 & -7 & 4 & 2 \\ 0 & 0 & 0 & 0 & 4 \\ 0 & 0 & 0 & 0 & 0 \end{bmatrix}.$

这时矩阵已是阶梯形矩阵,下面将其化为简化阶梯形矩阵:

$A \to \begin{bmatrix} 1 & -1 & 5 & -1 & 0 \\ 0 & 2 & -7 & 4 & 2 \\ 0 & 0 & 0 & 0 & 4 \\ 0 & 0 & 0 & 0 & 0 \end{bmatrix} \xrightarrow[\frac{1}{4}r_3]{\frac{1}{2}r_2} \begin{bmatrix} 1 & -1 & 5 & -1 & 0 \\ 0 & 1 & -\frac{7}{2} & 2 & 1 \\ 0 & 0 & 0 & 0 & 1 \\ 0 & 0 & 0 & 0 & 0 \end{bmatrix}$

$\xrightarrow{r_2+r_1} \begin{bmatrix} 1 & 0 & \frac{3}{2} & 1 & 1 \\ 0 & 1 & -\frac{7}{2} & 2 & 1 \\ 0 & 0 & 0 & 0 & 1 \\ 0 & 0 & 0 & 0 & 0 \end{bmatrix} \xrightarrow[-r_3+r_2]{-r_3+r_1} \begin{bmatrix} 1 & 0 & \frac{3}{2} & 1 & 0 \\ 0 & 1 & -\frac{7}{2} & 2 & 0 \\ 0 & 0 & 0 & 0 & 1 \\ 0 & 0 & 0 & 0 & 0 \end{bmatrix}.$

该矩阵为简化阶梯形矩阵.

在此需指出,矩阵 A 的阶梯形矩阵不唯一,而其简化阶梯形矩阵却是唯一的.

应用初等行变换把矩阵化成阶梯形矩阵和简化阶梯形矩阵,在以下讨论矩阵的秩和讨论线性方程组时,有重要作用.

习 题 5.3

A 组

1. 用初等行变换将下列矩阵化为阶梯形矩阵:

(1) $A = [1, 2]$;   (2) $A = \begin{bmatrix} 1 \\ 2 \end{bmatrix}$;   (3) $A = \begin{bmatrix} 2 & 4 \\ 4 & 8 \end{bmatrix}$;

(4) $A = \begin{bmatrix} 1 & 0 & 1 \\ 1 & -1 & 0 \\ 0 & 1 & 2 \end{bmatrix}$;   (5) $A = \begin{bmatrix} 0 & 2 & -1 \\ 1 & 1 & 2 \\ -1 & -1 & -1 \end{bmatrix}$;   (6) $A = \begin{bmatrix} 2 & 1 & 2 & 3 \\ 4 & 1 & 3 & 5 \\ 2 & 0 & 1 & 2 \end{bmatrix}$.

2. 用初等行变换将下列矩阵化为简化阶梯形矩阵：

(1) $A=\begin{bmatrix} \frac{1}{2} & \frac{2}{3} \\ \frac{2}{3} & \frac{8}{9} \end{bmatrix}$； (2) $A=\begin{bmatrix} 1 & 0 & 1 \\ 2 & 1 & 0 \\ -3 & 2 & -5 \end{bmatrix}$； (3) $A=\begin{bmatrix} 1 & -1 & 2 \\ 3 & -3 & 1 \end{bmatrix}$； (4) $A=\begin{bmatrix} 1 & 3 \\ -1 & -3 \\ 2 & 1 \end{bmatrix}$.

B 组

1. 设矩阵 $A=\begin{bmatrix} 1 & 3 & 2 & 7 \\ 2 & -4 & 4 & 6 \\ 1 & -1 & 5 & -2 \end{bmatrix}$，问矩阵 A 经过怎样的初等行变换可得到下列矩阵：

(1) $B=\begin{bmatrix} 1 & -1 & 5 & -2 \\ 2 & -4 & 4 & 6 \\ 1 & 3 & 2 & 7 \end{bmatrix}$； (2) $C=\begin{bmatrix} 1 & 3 & 2 & 7 \\ 1 & -2 & 2 & 3 \\ 1 & -1 & 5 & -2 \end{bmatrix}$； (3) $D=\begin{bmatrix} 1 & 3 & 2 & 7 \\ 2 & -4 & 4 & 6 \\ 0 & -4 & 3 & -9 \end{bmatrix}$.

2. 用初等行变换将下列矩阵化为简化阶梯形矩阵：

(1) $A=\begin{bmatrix} 1 & 0 & 0 & 1 \\ 2 & 2 & 0 & -2 \\ 3 & 4 & 0 & -5 \\ 1 & 3 & 6 & 5 \end{bmatrix}$； (2) $A=\begin{bmatrix} 1 & -1 & 2 & 1 & 0 \\ 2 & -2 & 4 & 2 & 0 \\ 3 & 0 & 6 & -1 & 1 \\ 0 & 3 & 0 & 0 & 1 \end{bmatrix}$.

§5.4 矩阵的秩与逆矩阵

【本节学习目标】 了解矩阵的秩的概念；掌握用初等行变换求矩阵的秩的方法；理解逆矩阵的概念，掌握用初等行变换求逆矩阵的方法；能利用逆矩阵解简单的矩阵方程.

一、矩阵的秩

在研究矩阵有关问题中，矩阵的秩是一个重要概念.

阶梯形矩阵 A 的非零行的行数称为**矩阵的秩**，记做秩(A)或 R(A).

例如，矩阵 $\begin{bmatrix} 1 & 6 \\ 0 & 0 \end{bmatrix}$ 的秩是 1；矩阵 $\begin{bmatrix} 2 & 1 & -5 & 3 \\ 0 & 0 & 0 & 4 \\ 0 & 0 & 0 & 0 \end{bmatrix}$ 的秩是 2.

对任意矩阵的秩，我们给出如下结论：

矩阵 $A=(a_{ij})$ 经过初等行变换不改变它的秩.

该结论说明，要求任意矩阵的秩，只需通过初等行变换，把矩阵化成阶梯形矩阵，这个阶梯形矩阵中非零行的行数就是原矩阵的秩.

例1 求矩阵 $A=\begin{bmatrix} 1 & 2 & -3 \\ -1 & -1 & 1 \\ 2 & -3 & 1 \end{bmatrix}$ 的秩.

解 把矩阵化成阶梯形矩阵：

$$A=\begin{bmatrix} 1 & 2 & -3 \\ -1 & -1 & 1 \\ 2 & -3 & 1 \end{bmatrix} \xrightarrow[-2r_1+r_3]{r_1+r_2} \begin{bmatrix} 1 & 2 & -3 \\ 0 & 1 & -2 \\ 0 & -7 & 7 \end{bmatrix} \xrightarrow{7r_2+r_3} \begin{bmatrix} 1 & 2 & -3 \\ 0 & 1 & -2 \\ 0 & 0 & -7 \end{bmatrix}.$$

显然 $R(A)=3$.

二、逆矩阵

我们知道，一个非零数 a，其倒数 a^{-1} 可以用等式 $aa^{-1}=a^{-1}a=1$ 来刻画. 相仿地，我们给出矩阵 A 的逆矩阵的概念.

定义 5.6 设 A 是 n 阶方阵，若存在 n 阶方阵 B，使得

$$AB=BA=E,$$

则称矩阵 A 是**可逆**的，并称 B 是 A 的**逆矩阵**，记做 $B=A^{-1}$.

例如，单位矩阵 E 是可逆的. 事实上，因为 $EE=E$，所以单位矩阵的逆矩阵是它本身.

又如，矩阵 $A=\begin{bmatrix} 1 & 1 \\ 1 & 2 \end{bmatrix}$ 是可逆的. 事实上，因为存在矩阵 $B=\begin{bmatrix} 2 & -1 \\ -1 & 1 \end{bmatrix}$，使得

$$\begin{bmatrix} 1 & 1 \\ 1 & 2 \end{bmatrix}\begin{bmatrix} 2 & -1 \\ -1 & 1 \end{bmatrix}=\begin{bmatrix} 2 & -1 \\ -1 & 1 \end{bmatrix}\begin{bmatrix} 1 & 1 \\ 1 & 2 \end{bmatrix}=\begin{bmatrix} 1 & 0 \\ 0 & 1 \end{bmatrix},$$

所以

$$A^{-1}=\begin{bmatrix} 1 & 1 \\ 1 & 2 \end{bmatrix}^{-1}=\begin{bmatrix} 2 & -1 \\ -1 & 1 \end{bmatrix}.$$

可以证明可逆矩阵具有以下性质：

(1) 若矩阵 A 可逆，则 A 的逆矩阵是唯一的；

(2) 若矩阵 A 可逆，则 A 的逆矩阵也可逆，且 $(A^{-1})^{-1}=A$；

(3) 若矩阵 A 可逆，$k\neq 0$，则 kA 也可逆，且 $(kA)^{-1}=\frac{1}{k}A^{-1}$；

(4) 若 A,B 为同阶可逆矩阵，则乘积 AB 可逆，且 $(AB)^{-1}=B^{-1}A^{-1}$；

(5) 若矩阵 A 可逆，则 A 的转置矩阵也可逆，且 $(A^T)^{-1}=(A^{-1})^T$.

一般地，用定义求可逆矩阵的逆矩阵是不方便的. 下面我们介绍用初等行变换的方法求逆矩阵.

对 n 阶方阵 $A_n = (a_{ij})$，首先用 A_n 和 n 阶单位矩阵 E_n 作如下的 $n \times 2n$ 矩阵：

$$\begin{bmatrix} a_{11} & a_{12} & \cdots & a_{1n} & 1 & 0 & \cdots & 0 \\ a_{21} & a_{22} & \cdots & a_{2n} & 0 & 1 & \cdots & 0 \\ \vdots & \vdots & & \vdots & \vdots & \vdots & & \vdots \\ a_{n1} & a_{n2} & \cdots & a_{nn} & 0 & 0 & \cdots & 1 \end{bmatrix}, \quad 简记做 \quad [A \ E],$$

即在矩阵 A 的右侧写上与它同阶的单位矩阵 E；然后对矩阵 $[A \ E]$ 作初等行变换，把左侧的矩阵 A 化成 E，这时右侧就是 A 的逆矩阵 A^{-1}，即

$$[A \ E] \xrightarrow{\text{初等行变换}} [E \ A^{-1}].$$

例 2 求矩阵 $A = \begin{bmatrix} 2 & 5 \\ 1 & 3 \end{bmatrix}$ 的逆矩阵.

解 作 2×4 矩阵 $[A \ E]$，并对其施以初等行变换：

$$[A \ E] = \begin{bmatrix} 2 & 5 & 1 & 0 \\ 1 & 3 & 0 & 1 \end{bmatrix} \xrightarrow{r_1 \leftrightarrow r_2} \begin{bmatrix} 1 & 3 & 0 & 1 \\ 2 & 5 & 1 & 0 \end{bmatrix} \xrightarrow{-2r_1 + r_2} \begin{bmatrix} 1 & 3 & 0 & 1 \\ 0 & -1 & 1 & -2 \end{bmatrix}$$

$$\xrightarrow{-r_2} \begin{bmatrix} 1 & 3 & 0 & 1 \\ 0 & 1 & -1 & 2 \end{bmatrix} \xrightarrow{-3r_2 + r_1} \begin{bmatrix} 1 & 0 & 3 & -5 \\ 0 & 1 & -1 & 2 \end{bmatrix}.$$

故

$$A^{-1} = \begin{bmatrix} 3 & -5 \\ -1 & 2 \end{bmatrix}.$$

例 3 设矩阵 $A = \begin{bmatrix} 1 & -3 & 0 \\ 0 & 2 & 2 \\ 1 & -1 & 3 \end{bmatrix}$，求 A^{-1}.

解 作 3×6 矩阵 $[A \ E]$，并对其施以初等行变换：

$$[A \ E] = \begin{bmatrix} 1 & -3 & 0 & 1 & 0 & 0 \\ 0 & 2 & 2 & 0 & 1 & 0 \\ 1 & -1 & 3 & 0 & 0 & 1 \end{bmatrix} \xrightarrow{-r_1 + r_3} \begin{bmatrix} 1 & -3 & 0 & 1 & 0 & 0 \\ 0 & 2 & 2 & 0 & 1 & 0 \\ 0 & 2 & 3 & -1 & 0 & 1 \end{bmatrix}$$

$$\xrightarrow{\frac{1}{2}r_2} \begin{bmatrix} 1 & -3 & 0 & 1 & 0 & 0 \\ 0 & 1 & 1 & 0 & \frac{1}{2} & 0 \\ 0 & 2 & 3 & -1 & 0 & 1 \end{bmatrix} \xrightarrow[-2r_2 + r_3]{3r_2 + r_1} \begin{bmatrix} 1 & 0 & 3 & 1 & \frac{3}{2} & 0 \\ 0 & 1 & 1 & 0 & \frac{1}{2} & 0 \\ 0 & 0 & 1 & -1 & -1 & 1 \end{bmatrix}$$

$$\xrightarrow[-r_3 + r_2]{-3r_3 + r_1} \begin{bmatrix} 1 & 0 & 0 & 4 & \frac{9}{2} & -3 \\ 0 & 1 & 0 & 1 & \frac{3}{2} & -1 \\ 0 & 0 & 1 & -1 & -1 & 1 \end{bmatrix}.$$

故
$$A^{-1} = \begin{bmatrix} 4 & \frac{9}{2} & -3 \\ 1 & \frac{3}{2} & -1 \\ -1 & -1 & 1 \end{bmatrix}.$$

应用初等行变换求逆矩阵时,不需要判断矩阵 A 是否可逆,只需对 $[A\ E]$ 施行初等行变换,若 A 不能化成 E,即可得出 A 不可逆.

例 4 解矩阵方程 $AX = B$,其中 $A = \begin{bmatrix} 2 & 5 \\ 1 & 3 \end{bmatrix}$ 可逆,$B = \begin{bmatrix} 4 & -6 \\ 2 & 1 \end{bmatrix}$.

解法 1 因 A 可逆,在矩阵方程 $AX = B$ 两端左乘 A^{-1},得
$$A^{-1}(AX) = A^{-1}B, \quad 即 \quad (A^{-1}A)X = A^{-1}B,$$
则 $X = A^{-1}B$. 由此,先求 A^{-1},再求乘积 $A^{-1}B$ 即可. 可以求得(见例 2)
$$A^{-1} = \begin{bmatrix} 3 & -5 \\ -1 & 2 \end{bmatrix},$$
于是
$$X = A^{-1}B = \begin{bmatrix} 3 & -5 \\ -1 & 2 \end{bmatrix} \begin{bmatrix} 4 & -6 \\ 2 & 1 \end{bmatrix} = \begin{bmatrix} 2 & -23 \\ 0 & 8 \end{bmatrix}.$$

解法 2 在矩阵 A 可逆的前提下,可以用初等行变换的方法求解矩阵方程 $AX = B$:在矩阵 A 的右侧写上矩阵 B,然后对矩阵 $[A\ B]$ 作初等行变换,把左侧矩阵 A 化为 E,这时右侧就是 $X = A^{-1}B$,即
$$[A\ B] \xrightarrow{\text{初等行变换}} [E\ A^{-1}B].$$

因
$$[A\ B] = \begin{bmatrix} 2 & 5 & 4 & -6 \\ 1 & 3 & 2 & 1 \end{bmatrix} \xrightarrow{r_1 \leftrightarrow r_2} \begin{bmatrix} 1 & 3 & 2 & 1 \\ 2 & 5 & 4 & -6 \end{bmatrix} \xrightarrow{-2r_1 + r_2} \begin{bmatrix} 1 & 3 & 2 & 1 \\ 0 & -1 & 0 & -8 \end{bmatrix}$$
$$\xrightarrow{-r_2} \begin{bmatrix} 1 & 3 & 2 & 1 \\ 0 & 1 & 0 & 8 \end{bmatrix} \xrightarrow{-3r_2 + r_1} \begin{bmatrix} 1 & 0 & 2 & -23 \\ 0 & 1 & 0 & 8 \end{bmatrix} = [E\ A^{-1}B],$$

故
$$X = A^{-1}B = \begin{bmatrix} 2 & -23 \\ 0 & 8 \end{bmatrix}.$$

习 题 5.4

A 组

1. 求下列矩阵的秩:

(1) $\begin{bmatrix} 2 & 1 \\ 4 & 2 \end{bmatrix}$;

(2) $\begin{bmatrix} 2 & 3 \\ 1 & -1 \\ -1 & 2 \end{bmatrix}$;

(3) $\begin{bmatrix} 1 & 3 & 5 & -1 \\ 2 & -1 & -3 & 4 \\ 5 & 1 & -1 & 7 \\ 7 & 7 & 9 & 1 \end{bmatrix}$.

第五章 矩阵与线性方程组

2. 设 $AB=AC$,问：在什么条件下 $B=C$?

3. 判断下列命题是否成立,不成立的能否举出反例：

(1) $k \neq 0$, $(kA)^{-1}=kA^{-1}$;

(2) 若 A,B 为同阶可逆矩阵,则 $(AB)^{-1}=A^{-1}B^{-1}$;

(3) 若 A 可逆,则 $(A^{-1})^T=(A^T)^{-1}$.

4. 设逆矩阵 $A^{-1}=\begin{bmatrix} 2 & 3 \\ 1 & 2 \end{bmatrix}$,求 A, $(4A)^{-1}$.

5. 求下列矩阵的逆矩阵：

(1) $\begin{bmatrix} 1 & 1 \\ 2 & 1 \end{bmatrix}$;

(2) $\begin{bmatrix} 2 & 0 & 1 \\ 1 & -2 & -1 \\ -1 & 3 & 2 \end{bmatrix}$;

(3) $\begin{bmatrix} 2 & -1 & 1 \\ 4 & -2 & 1 \\ -3 & 2 & -1 \end{bmatrix}$;

(4) $\begin{bmatrix} 1 & 2 & 3 & 4 \\ 2 & 3 & 1 & 2 \\ 1 & 1 & 1 & -1 \\ 1 & 0 & -2 & -6 \end{bmatrix}$.

6. 设矩阵 $A=\begin{bmatrix} 5 & -2 \\ -3 & 1 \end{bmatrix}$,求 $(A^{-1})^T$, $(A^T)^{-1}$.

7. 解下列矩阵方程：

(1) $\begin{bmatrix} 1 & 1 \\ 2 & 1 \end{bmatrix} X = \begin{bmatrix} 3 \\ 5 \end{bmatrix}$;

(2) $\begin{bmatrix} 1 & 1 & -1 \\ 2 & 1 & 0 \\ 1 & -1 & 1 \end{bmatrix} X = \begin{bmatrix} 1 & 1 & 3 \\ 4 & 3 & 2 \\ 1 & 2 & 5 \end{bmatrix}$.

B 组

1. 对于各个不同的 λ 值,矩阵 $\begin{bmatrix} 1 & \lambda & -1 & 2 \\ 2 & -1 & \lambda & 5 \\ 1 & 10 & -6 & 1 \end{bmatrix}$ 的秩等于多少？

2. 设矩阵 $A=\begin{bmatrix} 1 & -1 \\ 2 & 3 \end{bmatrix}$, $B=A^2-3A+2E$,求 B^{-1}.

3. 若 n 阶方阵 A 满足方程 $A^2+2A+3E=O$,求 A^{-1}.

4. 利用逆矩阵解矩阵方程 $XA=B$,其中

$$A=\begin{bmatrix} 5 & -2 \\ -3 & 1 \end{bmatrix}, \quad B=\begin{bmatrix} -1 & 2 \\ 0 & -2 \end{bmatrix}.$$

5. 利用逆矩阵解线性方程组

$$\begin{cases} 2x_1 + x_3 = 1, \\ x_1 - 2x_2 - x_3 = 2, \\ -x_1 + 3x_2 + 2x_3 = 3. \end{cases}$$

§5.5 线性方程组的解法

【本节学习目标】 掌握非齐次线性方程组和齐次线性方程组解的判定定理；会用矩阵的初等行变换求线性方程组的解.

一、用消元法解线性方程组

消元法的基本思想是把方程组中的一部分方程变成未知量较少的方程. 这是通过对方程组进行同解变形来实现的. 先看例题.

例 1 用消元法解线性方程组

$$\begin{cases} x_1 + 3x_2 + x_3 = 5, \\ 2x_1 + x_2 + x_3 = 2, \\ x_1 + x_2 + 5x_3 = -7. \end{cases}$$

分析 我们已经知道，该方程组的系数矩阵 A，未知量矩阵 X 和常数项矩阵 b 分别是

$$A = \begin{bmatrix} 1 & 3 & 1 \\ 2 & 1 & 1 \\ 1 & 1 & 5 \end{bmatrix}, \quad X = \begin{bmatrix} x_1 \\ x_2 \\ x_3 \end{bmatrix}, \quad b = \begin{bmatrix} 5 \\ 2 \\ -7 \end{bmatrix}.$$

在系数矩阵 A 的右侧写上常数项矩阵，得到的矩阵称为方程组的**增广矩阵**，记做 $\widetilde{A}$，即

$$\widetilde{A} = \begin{bmatrix} 1 & 3 & 1 & 5 \\ 2 & 1 & 1 & 2 \\ 1 & 1 & 5 & -7 \end{bmatrix}.$$

对方程组进行同解变形，实际上就是对方程组的系数和常数项进行变换，而这恰是对方程组的增广矩阵 $\widetilde{A}$ 进行初等行变换.

解 消元法解线性方程组与增广矩阵 $\widetilde{A}$ 的初等行变换对照观察：

用消元法解方程组

$$\begin{cases} x_1 + 3x_2 + x_3 = 5, & \text{①} \\ 2x_1 + x_2 + x_3 = 2, & \text{②} \\ x_1 + x_2 + 5x_3 = -7 & \text{③} \end{cases}$$

$\begin{array}{c} -2 \times \text{①加于②} \\ -1 \times \text{①加于③} \end{array} \Bigg\downarrow$

对增广矩阵 $\widetilde{A}$ 作初等行变换

$$\widetilde{A} = \begin{bmatrix} 1 & 3 & 1 & 5 \\ 2 & 1 & 1 & 2 \\ 1 & 1 & 5 & -7 \end{bmatrix}$$

$\begin{array}{c} -2r_1 + r_2 \\ -r_1 + r_3 \end{array} \Bigg\downarrow$

$$\begin{cases} x_1+3x_2+x_3=5, & ① \\ -5x_2-x_3=-8, & ④ \\ -2x_2+4x_3=-12 & ⑤ \end{cases}$$

$$\begin{bmatrix} 1 & 3 & 1 & 5 \\ 0 & -5 & -1 & -8 \\ 0 & -2 & 4 & -12 \end{bmatrix}$$

$\Big\downarrow \begin{array}{l} -\dfrac{1}{2}\times ⑤ \\ ④与⑤交换 \end{array}$ $\Big\downarrow \begin{array}{l} -\dfrac{1}{2}r_3 \\ r_2\leftrightarrow r_3 \end{array}$

$$\begin{cases} x_1+3x_2+x_3=5, & ① \\ x_2-2x_3=6, & ⑥ \\ -5x_2-x_3=-8 & ④ \end{cases}$$

$$\begin{bmatrix} 1 & 3 & 1 & 5 \\ 0 & 1 & -2 & 6 \\ 0 & -5 & -1 & -8 \end{bmatrix}$$

$\Big\downarrow 5\times ⑥加于④$ $\Big\downarrow 5r_2+r_3$

$$\begin{cases} x_1+3x_2+x_3=5, & ① \\ x_2-2x_3=6, & ⑥ \\ -11x_3=22 & ⑦ \end{cases}$$

$$\begin{bmatrix} 1 & 3 & 1 & 5 \\ 0 & 1 & -2 & 6 \\ 0 & 0 & -11 & 22 \end{bmatrix}$$

（以上是消元过程，得到阶梯形方程组，以下是回代过程）

（这是阶梯形矩阵）

$\Big\downarrow -\dfrac{1}{11}\times ⑦$ $\Big\downarrow -\dfrac{1}{11}r_3$

$$\begin{cases} x_1+3x_2+x_3=5, & ① \\ x_2-2x_3=6, & ⑥ \\ x_3=-2 & ⑧ \end{cases}$$

$$\begin{bmatrix} 1 & 3 & 1 & 5 \\ 0 & 1 & -2 & 6 \\ 0 & 0 & 1 & -2 \end{bmatrix}$$

$\Big\downarrow \begin{array}{l} 2\times ⑧加于⑥ \\ -1\times ⑧加于① \end{array}$ $\Big\downarrow \begin{array}{l} 2r_3+r_2 \\ -r_3+r_1 \end{array}$

$$\begin{cases} x_1+3x_2=7, & ⑨ \\ x_2=2, & ⑩ \\ x_3=-2 & ⑧ \end{cases}$$

$$\begin{bmatrix} 1 & 3 & 0 & 7 \\ 0 & 1 & 0 & 2 \\ 0 & 0 & 1 & -2 \end{bmatrix}$$

$\Big\downarrow -3\times ⑩加于⑨$ $\Big\downarrow -3r_2+r_1$

$$\begin{cases} x_1 \phantom{{}+x_2+x_3} = 1, \\ \phantom{x_1+{}} x_2 \phantom{{}+x_3} = 2, \\ \phantom{x_1+x_2+{}} x_3 = -2 \end{cases}$$

（得到方程组的解）

$$\begin{bmatrix} 1 & 0 & 0 & 1 \\ 0 & 1 & 0 & 2 \\ 0 & 0 & 1 & -2 \end{bmatrix}$$

（这是简化阶梯形矩阵）

由以上计算可知：

消元法解线性方程组的**解题程序**是：

（1）消元过程：通过对方程组的系数和常数项进行算术运算，将其化为阶梯形方程组；

（2）回代过程：由阶梯形方程组逐次求出各未知量的值．

对增广矩阵 $\widetilde{A}$ 进行初等行变换的**程序**是：

（1）用初等行变换将 $\widetilde{A}$ 化为阶梯形矩阵；

（2）用初等行变换将阶梯形矩阵化为简化阶梯形矩阵．

通过例 1 中用消元法解线性方程组与对增广矩阵 $\widetilde{A}$ 作初等行变换的对比可知，若系数矩阵 A 可逆，将矩阵 $\widetilde{A}=[A\ b]$ 作初等行变换，当左侧矩阵 A 化为 E 时，右侧一列就是方程组的唯一解．

例 2 解线性方程组

$$\begin{cases} x_1+5x_2-x_3-x_4=-1, \\ x_1-2x_2+x_3+3x_4=3, \\ 3x_1+8x_2-x_3+x_4=1, \\ x_1-9x_2+3x_3+7x_4=7. \end{cases}$$

解 对方程组的增广矩阵 $\widetilde{A}$ 作初等行变换：

$$\widetilde{A}=\begin{bmatrix} 1 & 5 & -1 & -1 & -1 \\ 1 & -2 & 1 & 3 & 3 \\ 3 & 8 & -1 & 1 & 1 \\ 1 & -9 & 3 & 7 & 7 \end{bmatrix} \xrightarrow[\substack{-r_1+r_2\\-3r_1+r_3\\-r_1+r_4}]{} \begin{bmatrix} 1 & 5 & -1 & -1 & -1 \\ 0 & -7 & 2 & 4 & 4 \\ 0 & -7 & 2 & 4 & 4 \\ 0 & -14 & 4 & 8 & 8 \end{bmatrix}$$

$$\xrightarrow[\substack{-r_2+r_3\\-2r_2+r_4}]{} \begin{bmatrix} 1 & 5 & -1 & -1 & -1 \\ 0 & -7 & 2 & 4 & 4 \\ 0 & 0 & 0 & 0 & 0 \\ 0 & 0 & 0 & 0 & 0 \end{bmatrix} \xrightarrow[\substack{-\frac{1}{7}r_2\\-5r_2+r_1}]{} \begin{bmatrix} 1 & 0 & \frac{3}{7} & \frac{13}{7} & \frac{13}{7} \\ 0 & 1 & -\frac{2}{7} & -\frac{4}{7} & -\frac{4}{7} \\ 0 & 0 & 0 & 0 & 0 \\ 0 & 0 & 0 & 0 & 0 \end{bmatrix}.$$

于是得到同解方程组（删去最后两个零行对应的方程 $0=0$，这是多余方程）

$$\begin{cases} x_1 + \frac{3}{7}x_3 + \frac{13}{7}x_4 = \frac{13}{7}, \\ x_2 - \frac{2}{7}x_3 - \frac{4}{7}x_4 = -\frac{4}{7} \end{cases} \quad \text{或} \quad \begin{cases} x_1 = \frac{13}{7} - \frac{3}{7}x_3 - \frac{13}{7}x_4, \\ x_2 = -\frac{4}{7} + \frac{2}{7}x_3 + \frac{4}{7}x_4. \end{cases}$$

任给未知量 x_3, x_4 的一组值，就能确定出 x_1, x_2 的值，也就确定出方程组的一组解．这说明方程组有无穷多组解．称 x_3, x_4 为**自由未知量**．若取 $x_3 = C_1$，$x_4 = C_2$，则原方程组的解是

$$\begin{cases} x_1 = \frac{13}{7} - \frac{3}{7}C_1 - \frac{13}{7}C_2, \\ x_2 = -\frac{4}{7} + \frac{2}{7}C_1 + \frac{4}{7}C_2, \end{cases}$$

其中 C_1, C_2 是任意常数．这是**无穷多组解**，这种解的表达式称为方程组的**一般解**．

例3 解线性方程组

$$\begin{cases} x_1 - x_2 + 3x_3 - x_4 = 1, \\ 2x_1 - x_2 - x_3 + 4x_4 = 2, \\ 3x_1 - 2x_2 + 2x_3 + 3x_4 = 3, \\ x_1 - 4x_3 + 5x_4 = -1. \end{cases}$$

解 对方程组的增广矩阵 $\tilde{A}$ 作初等行变换：

$$\tilde{A} = \begin{bmatrix} 1 & -1 & 3 & -1 & 1 \\ 2 & -1 & -1 & 4 & 2 \\ 3 & -2 & 2 & 3 & 3 \\ 1 & 0 & -4 & 5 & -1 \end{bmatrix} \xrightarrow[\substack{-3r_1+r_3 \\ -r_1+r_4}]{-2r_1+r_2} \begin{bmatrix} 1 & -1 & 3 & -1 & 1 \\ 0 & 1 & -7 & 6 & 0 \\ 0 & 1 & -7 & 6 & 0 \\ 0 & 1 & -7 & 6 & -2 \end{bmatrix}$$

$$\xrightarrow[\substack{-r_2+r_3 \\ -r_2+r_4}]{r_2+r_1} \begin{bmatrix} 1 & 0 & -4 & 5 & 1 \\ 0 & 1 & -7 & 6 & 0 \\ 0 & 0 & 0 & 0 & 0 \\ 0 & 0 & 0 & 0 & -2 \end{bmatrix}.$$

于是原方程组的同解方程组是

$$\begin{cases} x_1 - 4x_3 + 5x_4 = 1, \\ x_2 - 7x_3 + 6x_4 = 0, \\ 0 = -2. \end{cases}$$

最后一个方程是矛盾方程，显然此方程组无解，从而原方程组无解．

由上述三例可知，线性方程组可能有唯一解，也可能有无穷多组解，还可能无解．那么如何判断方程组是否有解？若方程组有解，它有多少解？

观察上述三个线性方程组的系数矩阵 A 的秩，增广矩阵 $\tilde{A}$ 的秩，未知量的个数 n 与方程组解的情况，我们会发现：

例 1 中，$R(\boldsymbol{A}) = R(\widetilde{\boldsymbol{A}}) = 3$（未知量的个数），方程组有唯一解；

例 2 中，$R(\boldsymbol{A}) = R(\widetilde{\boldsymbol{A}}) = 2 < 4$（未知量的个数），方程组有无穷多组解；

例 3 中，$R(\boldsymbol{A}) = 2 \neq R(\widetilde{\boldsymbol{A}}) = 3$，出现矛盾方程，方程组无解.

由上述分析有下述关于线性方程组解的判定定理.

二、线性方程组解的判定定理

n 个未知量 m 个方程的线性方程组

$$\begin{cases} a_{11}x_1 + a_{12}x_2 + \cdots + a_{1n}x_n = b_1, \\ a_{21}x_1 + a_{22}x_2 + \cdots + a_{2n}x_n = b_2, \\ \cdots\cdots \\ a_{m1}x_1 + a_{m2}x_2 + \cdots + a_{mn}x_n = b_m, \end{cases} \quad (5.1)$$

若常数项 $b_1, b_2, \cdots, b_m$ 不全为零，称为**非齐次线性方程组**；否则，称为**齐次线性方程组**. 非齐次线性方程组的系数矩阵、未知量矩阵、常数项矩阵和增广矩阵分别是

$$\boldsymbol{A} = \begin{bmatrix} a_{11} & a_{12} & \cdots & a_{1n} \\ a_{21} & a_{22} & \cdots & a_{2n} \\ \vdots & \vdots & & \vdots \\ a_{m1} & a_{m2} & \cdots & a_{mn} \end{bmatrix}, \quad \boldsymbol{X} = \begin{bmatrix} x_1 \\ x_2 \\ \vdots \\ x_n \end{bmatrix}, \quad \boldsymbol{b} = \begin{bmatrix} b_1 \\ b_2 \\ \vdots \\ b_m \end{bmatrix},$$

$$\widetilde{\boldsymbol{A}} = \begin{bmatrix} a_{11} & a_{12} & \cdots & a_{1n} & b_1 \\ a_{21} & a_{22} & \cdots & a_{2n} & b_2 \\ \vdots & \vdots & & \vdots & \vdots \\ a_{m1} & a_{m2} & \cdots & a_{mn} & b_m \end{bmatrix}.$$

定理 5.1（非齐次线性方程组解的判定定理） 非齐次线性方程组(5.1)**有解的充分必要条件**是其系数矩阵 $\boldsymbol{A}$ 与增广矩阵 $\widetilde{\boldsymbol{A}}$ 的**秩相等**，即 $R(\boldsymbol{A}) = r = R(\widetilde{\boldsymbol{A}})$.

(1) 当 $r = n$（未知量的个数）时，有唯一解；

(2) 当 $r < n$ 时，有无穷多组解，这时自由未知量的个数是 $n - r$ 个.

例 4 当 c, d 取何值时，下述线性方程组有解？在有解时，求出它的解.

$$\begin{cases} x_1 + x_2 + x_3 + x_4 + x_5 = 1, \\ 3x_1 + 2x_2 + x_3 + x_4 - 3x_5 = c, \\ x_2 + 2x_3 + 2x_4 + 6x_5 = 3, \\ 5x_1 + 4x_2 + 3x_3 + 3x_4 - x_5 = d. \end{cases}$$

解 $\widetilde{\boldsymbol{A}} = \begin{bmatrix} 1 & 1 & 1 & 1 & 1 & 1 \\ 3 & 2 & 1 & 1 & -3 & c \\ 0 & 1 & 2 & 2 & 6 & 3 \\ 5 & 4 & 3 & 3 & -1 & d \end{bmatrix} \xrightarrow{\text{初等行变换}} \begin{bmatrix} 1 & 0 & -1 & -1 & -5 & -2 \\ 0 & 1 & 2 & 2 & 6 & 3 \\ 0 & 0 & 0 & 0 & 0 & c \\ 0 & 0 & 0 & 0 & 0 & d-2 \end{bmatrix}.$

第五章 矩阵与线性方程组

由定理 5.1 可知,当 $c=0$,且 $d-2=0$,即 $c=0$,且 $d=2$ 时,$R(A)=R(\widetilde{A})=2<5$(未知量的个数),方程组有无穷多组解. 由简化阶梯形矩阵得到同解方程组

$$\begin{cases} x_1 = -2 + x_3 + x_4 + 5x_5, \\ x_2 = 3 - 2x_3 - 2x_4 - 6x_5, \end{cases}$$

其中 x_3, x_4, x_5 为自由未知量. 取 $x_3=C_1, x_4=C_2, x_5=C_3$,则原方程组的一般解为

$$\begin{cases} x_1 = -2 + C_1 + C_2 + 5C_3, \\ x_2 = 3 - 2C_1 - 2C_2 - 6C_3, \end{cases}$$

其中 C_1, C_2, C_3 为任意常数.

下面把上述结论应用到齐次线性方程组

$$\begin{cases} a_{11}x_1 + a_{12}x_2 + \cdots + a_{1n}x_n = 0, \\ a_{21}x_1 + a_{22}x_2 + \cdots + a_{2n}x_n = 0, \\ \cdots \cdots \\ a_{m1}x_1 + a_{m2}x_2 + \cdots + a_{mn}x_n = 0. \end{cases} \quad (5.2)$$

齐次线性方程组(5.2)的矩阵表示为

$$AX = O.$$

由于增广矩阵 $\widetilde{A}=[A \ O]$,故 $R(A)=R(\widetilde{A})$. 这说明齐次线性方程组 $AX=O$ 必有解. 显然,它至少有一个零解. 但我们更关心 $AX=O$ 在什么条件下有非零解. 容易得到:

定理 5.2(齐次线性方程组解的判定定理) 齐次线性方程组(5.2)一定有解,并且

(1) 当 $R(A)=n$(未知量的个数)时,只有零解;

(2) 当 $R(A)<n$ 时,有非零解.

例 5 解线性方程组

$$\begin{cases} x_1 - 2x_2 + 3x_3 - 4x_4 = 0, \\ x_2 - x_3 + x_4 = 0, \\ x_1 + 3x_2 - 3x_4 = 0, \\ -7x_2 + 3x_3 + x_4 = 0. \end{cases}$$

解 $A = \begin{bmatrix} 1 & -2 & 3 & -4 \\ 0 & 1 & -1 & 1 \\ 1 & 3 & 0 & -3 \\ 0 & -7 & 3 & 1 \end{bmatrix} \xrightarrow{\text{初等行变换}} \begin{bmatrix} 1 & 0 & 0 & 0 \\ 0 & 1 & 0 & -1 \\ 0 & 0 & 1 & -2 \\ 0 & 0 & 0 & 0 \end{bmatrix}.$

若取 $x_4=C$,则方程组的一般解为

$$\begin{cases} x_1 = 0, \\ x_2 = C, \quad (C \text{ 为任意常数}). \\ x_3 = 2C \end{cases}$$

习 题 5.5

A 组

1. 解下列非齐次线性方程组：

(1) $\begin{cases} x_1 + x_2 - 2x_3 = -3, \\ 5x_1 - 2x_2 + 7x_3 = 22, \\ 2x_1 - 5x_2 + 4x_3 = 4; \end{cases}$

(2) $\begin{cases} 2x_1 - 3x_2 + 5x_3 + 7x_4 = 1, \\ 4x_1 - 6x_2 + 2x_3 + 3x_4 = 2, \\ 2x_1 - 3x_2 - 11x_3 - 15x_4 = 1; \end{cases}$

(3) $\begin{cases} x_1 - 2x_2 + 3x_3 - 4x_4 = 4, \\ x_2 - x_3 + x_4 = -3, \\ x_1 + 3x_2 - 3x_4 = 1, \\ -7x_2 + 3x_3 + x_4 = -3; \end{cases}$

(4) $\begin{cases} x_1 - x_2 - 3x_3 + x_4 - 3x_5 = 2, \\ x_1 + 2x_2 - 3x_3 - 3x_4 + 2x_5 = -1, \\ 2x_1 - 3x_2 + 4x_3 - 5x_4 + 2x_5 = 2, \\ 9x_1 - 9x_2 + 3x_3 - 16x_4 + 2x_5 = 25. \end{cases}$

2. 解下列齐次线性方程组：

(1) $\begin{cases} x_1 + x_2 + 2x_3 = 0, \\ x_1 + 2x_2 + x_3 = 0, \\ 2x_1 + x_2 + x_3 = 0; \end{cases}$

(2) $\begin{cases} x_1 - x_2 + 5x_3 - x_4 = 0, \\ x_1 + x_2 - 2x_3 + 3x_4 = 0, \\ 3x_1 - x_2 + 8x_3 + x_4 = 0, \\ x_1 + 3x_2 - 9x_3 + 7x_4 = 0. \end{cases}$

B 组

1. 已知方程组 $\begin{bmatrix} 1 & 2 & 1 \\ 2 & 3 & a+2 \\ 1 & a & -2 \end{bmatrix} \begin{bmatrix} x_1 \\ x_2 \\ x_3 \end{bmatrix} = \begin{bmatrix} 1 \\ 3 \\ 0 \end{bmatrix}$ 无解，求 a.

2. 已知方程组 $\begin{bmatrix} a & 1 & 1 \\ 1 & a & 1 \\ 1 & 1 & a \end{bmatrix} \begin{bmatrix} x_1 \\ x_2 \\ x_3 \end{bmatrix} = \begin{bmatrix} 1 \\ 1 \\ -2 \end{bmatrix}$ 有无穷多组解，求 a.

3. 问：λ 为何值时，线性方程组 $\begin{cases} x_1 + x_3 = \lambda, \\ 4x_1 + x_2 + 2x_3 = \lambda + 2, \\ 6x_1 + x_2 + 4x_3 = 2\lambda + 3 \end{cases}$ 有解？求出其一般解.

总 习 题 五

1. 填空题：

(1) 设 $A = 5$，则 $A^{-1} = $ _____ ；

(2) 设 $A = \begin{bmatrix} a_1 & 0 & \cdots & 0 \\ 0 & a_2 & \cdots & 0 \\ \vdots & \vdots & \ddots & \vdots \\ 0 & 0 & \cdots & a_n \end{bmatrix}$，$a_i \neq 0$ $(i=1,2,\cdots,n)$，则 $A^{-1} = $ _____ ；

第五章 矩阵与线性方程组

(3) 设 $\begin{bmatrix} -2 & 1 \\ 4 & -2 \end{bmatrix} X = \begin{bmatrix} 0 \\ 0 \end{bmatrix}$,则 $X = $ _____.

2. 单项选择题:

(1) 下列矩阵中,必为方阵的是( );
(A) 零矩阵   (B) 可逆矩阵   (C) 转置矩阵   (D) 线性方程组的系数矩阵

(2) 设非齐次线性方程组 $AX = b$ 有唯一解,A 为 $m \times n$ 矩阵,则必有( );
(A) $m = n$ (B) $R(A) = m$ (C) $R(A) = n$ (D) $R(A) < n$

(3) 满足 $\begin{bmatrix} a_{11} & a_{12} & a_{13} \\ a_{21} & a_{22} & a_{23} \\ a_{31} & a_{32} & a_{33} \end{bmatrix} A = \begin{bmatrix} a_{11} - 3a_{13} & a_{12} & a_{13} \\ a_{21} - 3a_{23} & a_{22} & a_{23} \\ a_{31} - 3a_{33} & a_{32} & a_{33} \end{bmatrix}$ 的矩阵 A 为( );

(A) $\begin{bmatrix} 1 & 0 & 0 \\ 0 & 1 & 0 \\ -3 & 0 & 1 \end{bmatrix}$ (B) $\begin{bmatrix} 1 & 0 & -3 \\ 0 & 1 & 0 \\ 0 & 0 & 1 \end{bmatrix}$ (C) $\begin{bmatrix} 1 & -3 & 0 \\ 0 & 1 & 0 \\ 0 & 0 & 1 \end{bmatrix}$ (D) $\begin{bmatrix} 1 & 0 & 0 \\ 0 & 1 & 0 \\ 0 & -3 & 1 \end{bmatrix}$

(4) 若 A 为 3 行 4 列矩阵,B 为 4 行 3 列矩阵,则 $A^T B^T$ 为( );
(A) 4 行 4 列矩阵   (B) 3 行 4 列矩阵   (C) 4 行 3 列矩阵   (D) 3 行 3 列矩阵

(5) 若方程组 $\begin{cases} x_1 + 3x_2 - x_3 = 1, \\ (\lambda + 2)x_2 + x_3 = 2, \\ (\lambda - 1)(\lambda + 2)x_3 = (\lambda - 1)(\lambda + 3) \end{cases}$ 有无穷多组解,则( ).

(A) $\lambda = 1$ (B) $\lambda = -2$ (C) $\lambda = -3$ (D) λ 为任意常数

3. 设矩阵 $A = \begin{bmatrix} 1 & 2 & 1 \\ 2 & 1 & 3 \end{bmatrix}$,$B = \begin{bmatrix} 4 & 3 & 2 \\ -2 & 1 & -2 \end{bmatrix}$.

(1) 求 $3A - 2B$;   (2) 若 X 满足 $A^T + X^T = B^T$,求 X.

4. 计算下列矩阵乘积:

(1) $\begin{bmatrix} 1 & 2 & 3 \\ -2 & 1 & 2 \end{bmatrix} \begin{bmatrix} 1 & 2 & 0 \\ 0 & 1 & 1 \\ 3 & 0 & -1 \end{bmatrix}$;   (2) $\begin{bmatrix} 4 & 3 & 1 \\ 1 & -2 & 3 \\ 5 & 7 & 0 \end{bmatrix} \begin{bmatrix} 7 \\ 2 \\ 1 \end{bmatrix}$.

5. 求下列矩阵的秩:

(1) $\begin{bmatrix} 0 & 1 & 1 & -1 & 2 \\ 0 & 2 & -2 & -2 & 0 \\ 0 & -1 & -1 & 1 & 1 \\ 1 & 1 & 0 & 1 & -1 \end{bmatrix}$;   (2) $\begin{bmatrix} 1 & 0 & 0 & 1 & 4 \\ 0 & 1 & 0 & 2 & 5 \\ 0 & 0 & 1 & 3 & 6 \\ 1 & 2 & 3 & 14 & 32 \\ 4 & 5 & 6 & 32 & 77 \end{bmatrix}$.

6. 设矩阵 $A = \begin{bmatrix} 2 & 5 \\ 1 & 3 \end{bmatrix}$,$B = \begin{bmatrix} -1 & 1 \\ 3 & -2 \end{bmatrix}$,求:

(1) $(AB)^{-1}$;   (2) $B^{-1} A^{-1}$.

总习题五

7. 解下列矩阵方程：

(1) $\begin{bmatrix} 1 & 2 \\ 3 & 4 \end{bmatrix} X = \begin{bmatrix} 3 & 5 \\ 5 & 9 \end{bmatrix}$；

(2) $X \begin{bmatrix} 5 & 3 & 1 \\ 1 & -3 & -2 \\ -5 & 2 & 1 \end{bmatrix} = \begin{bmatrix} -8 & 3 & 0 \\ -5 & 9 & 0 \\ -2 & 15 & 0 \end{bmatrix}$；

(3) $\begin{bmatrix} 2 & -3 & 1 \\ 4 & -5 & 2 \\ 5 & -7 & 3 \end{bmatrix} X \begin{bmatrix} 9 & 7 & 6 \\ 1 & 1 & 2 \\ 1 & 1 & 1 \end{bmatrix} = \begin{bmatrix} 2 & 0 & -2 \\ 18 & 12 & 9 \\ 23 & 15 & 11 \end{bmatrix}$.

8. 求矩阵 X，使其满足 $AX = A + 2X$，其中 $A = \begin{bmatrix} 3 & 0 & 1 \\ 1 & 1 & 0 \\ 0 & 1 & 4 \end{bmatrix}$.

9. 解下列线性方程组：

(1) $\begin{cases} x_1 + 2x_2 + x_3 = 2, \\ 3x_1 + 2x_2 + 2x_3 = 10, \\ x_1 + x_2 + 2x_3 = 0; \end{cases}$

(2) $\begin{cases} x_1 + 5x_2 - x_3 - x_4 = -1, \\ x_1 - 2x_2 + x_3 + 3x_4 = 3, \\ 3x_1 + 8x_2 - x_3 + x_4 = 1, \\ x_1 - 9x_2 + 3x_3 + 7x_4 = 7. \end{cases}$

10. 解下列线性方程组：

(1) $\begin{cases} x_1 + 2x_2 + 4x_3 - 3x_4 = 0, \\ 3x_1 + 5x_2 + 6x_3 - 4x_4 = 0, \\ 4x_1 + 5x_2 - 2x_3 + 3x_4 = 0, \\ 3x_1 + 8x_2 + 24x_3 - 19x_4 = 0; \end{cases}$

(2) $\begin{cases} x_1 - x_3 = 0, \\ x_2 - x_4 = 0, \\ -x_1 + x_3 - x_5 = 0, \\ -x_2 + x_4 - x_6 = 0, \\ -x_3 + x_5 = 0, \\ -x_4 + x_6 = 0. \end{cases}$

11. 设线性方程组

$$\begin{cases} x_1 + x_2 + 2x_3 + 3x_4 = 1, \\ x_1 + 3x_2 + 6x_3 + x_4 = 3, \\ 3x_1 - x_2 - ax_3 + 15x_4 = 3, \\ x_1 - 5x_2 - 10x_3 + 12x_4 = b, \end{cases}$$

当 a, b 取何值时，方程组无解？有唯一解？有无穷多组解？在有无穷多组解时，求出它的一般解.

第六章 概率初步

> 概率论与数理统计是研究随机现象统计规律的一门学科. 由于随机现象的普遍性, 使得概率论与数理统计具有极其广泛的应用. 本章将介绍概率论的初步知识.

§6.1 随机事件

【本节学习目标】 了解随机现象、随机试验的概念; 理解随机事件、基本事件、必然事件、不可能事件的概念; 理解并掌握随机事件之间的关系与运算.

一、随机事件

1. 随机现象

现实世界中, 有一些现象在一定的条件下必然出现或必然不出现. 例如, 在一个标准大气压下, 水温降到 0°C 以下必然会结冰, 加热未到 100°C 时一定不会沸腾; 苹果抓不住必然往下掉; 积压流动资金必然会损失利息; 等等. 我们把在一定条件下可以预言必然发生或必然不发生的现象称为**确定性现象**或**必然现象**.

现实世界中, 也有另一些现象, 这些现象与确定性现象不同, 它们在一定的条件下, 有时出现或不出现. 例如, 一个篮球运动员站在罚球位置投篮, 在相同的条件下投篮多次, 有时投中, 有时投不中; 投资某一股票, 可能赚钱, 可能保本, 也可能亏本; 购买体育彩票, 可能中奖, 也可能不中奖; 某公司新产品推向市场, 可能受消费者欢迎, 也可能不受消费者欢迎; 等等. 我们把在一定条件下不能预言发生或不发生的现象称为**随机现象**或**偶然现象**.

我们所说的随机现象的不确定性, 是针对一次观察或试验而言的. 若在相同的条件下, 对同一现象观察多次, 就会发现其中含有某些规律性. 例如, 在相同条件下多次抛掷一枚均匀硬币, 正、反面(我们规定标明

§6.1 随机事件

币值的一面为反面)出现的机会分别约占一半. 这种在大量重复观察中所显现的规律性称为随机现象的**统计规律**.

必然性与偶然性是对立统一的,偶然现象内含必然的规律性;反过来,被断定为必然性的现象,是由纯粹的偶然性构成的.

2. 随机试验

为了寻求随机现象的统计规律,就要对其进行大量重复观察. 我们把一次观察称为一次**随机试验**,简称为**试验**,用字母 E 表示.

例1 掷一颗质地均匀的骰子,观察出现的点数.

例2 在 10 件合格产品中,有 3 件一等品. 现从中任取 4 件,观察所得到的一等品件数.

例3 观察某网站单位时间内收到的点击次数.

例4 对一只显像管做试验,观察其使用寿命.

以上各例都是随机试验. 由这些随机试验可以看出,随机试验具有以下三个**特点**:

(1) **重复性**　试验在相同的条件下可重复进行;

(2) **随机性**　每次试验前,无法预知究竟出现哪一个结果;

(3) **确定性**　虽然每次试验的可能结果不止一个,但事先能明确所有可能结果.

3. 随机事件

随机试验的每一个可能发生的结果称为**随机事件**,简称为**事件**,常用大写字母 $A, B, C, \cdots$ 表示. 不能再分解的随机事件称为**基本事件**.

在例2中,所取出的 4 件产品中,"没有一等品""恰有 1 件一等品""恰有 2 件一等品""恰有 3 件一等品",这些随机事件都是基本事件. 在这一试验中,有且仅有这 4 个基本事件. 在所取出的 4 件产品中,"至多有 2 件一等品""有奇数件一等品",这两个随机事件都不是基本事件,其中"至多有 2 件一等品"可分解为三个基本事件:"没有一等品""恰有 1 件一等品"和"恰有 2 件一等品";而"有奇数件一等品"可分解为两个基本事件:"恰有 1 件一等品"和"恰有 3 件一等品".

在每一次试验中,一定会发生的事件称为**必然事件**,常用 Ω 表示;在每一次试验中,不可能发生的事件称为**不可能事件**,常用 $\varnothing$ 表示.

在例2中,所取出的 4 件产品中,"一等品数不多于 3 件"是必然事件,"一等品数多于 3 件"是不可能事件.

必然事件和不可能事件都属于确定性现象,但为了研究问题方便,我们仍然把它们当做随机事件,是随机事件的两个特殊情形.

一个随机试验 E 的基本事件的全体所构成的集合,称为该随机试验的**样本空间**. 由于任何一次试验必然出现所有基本事件之一,也就是一定有样本空间中的一个基本事件出现,因此样本空间作为一个事件是必然事件,也用 Ω 表示.

在例1中,基本事件共有 6 个:"出现 1 点""出现 2 点""出现 3 点""出现 4 点""出现

5点"和"出现6点".若以1,2,3,4,5,6分别表示上述6个基本事件,则该试验的样本空间可记做 $\Omega=\{1,2,3,4,5,6\}$.

在例2中,基本事件共有4个.若以 A_0,A_1,A_2,A_3 分别表示在取出的4件产品中"没有一等品""恰有1件一等品""恰有2件一等品""恰有3件一等品",则该试验的样本空间为 $\Omega=\{A_0,A_1,A_2,A_3\}$.若采取简记法,以0,1,2,3分别表示上述4个基本事件,则该试验的样本空间为 $\Omega=\{0,1,2,3\}$.

在例3中,在单位时间内,网站收到的点击次数可能是 $0,1,2,\cdots$ 次,因此该试验的基本事件个数是可列个.若以 $0,1,2,\cdots$ 分别表示上述可列个基本事件,则该试验的样本空间为 $\Omega=\{0,1,2,\cdots\}$.

在例4中,若以 t(单位:h)表示显像管的使用寿命,显然应有 $t\geq 0$,这样该试验的样本空间为 $\Omega=\{t|t\geq 0\}$.

二、事件之间的关系与运算

从集合论的观点看,样本空间 Ω 相当于全集,每一个事件 A 是 Ω 的子集.为直观起见,用平面上的矩形区域表示样本空间 Ω,该区域中的一个子区域表示事件 A,我们可以借助图形(称为文氏图)来讨论事件之间的关系与运算.

1. 包含与相等

(1) **包含** 若事件 A 发生必然导致事件 B 发生,则称事件 A **包含于**事件 B(或事件 B **包含**事件 A),记做 $A\subset B$(或 $B\supset A$),如图6-1所示.

例5 在检查某种进口钢材时,要求它的强度和硬度都合格才算质量合格.今从一批进口钢材中随机截取一段,进行测试,设事件 $A=\{$强度合格$\}$,$B=\{$硬度合格$\}$,$C=\{$质量合格$\}$,则
$$C\subset A,\quad C\subset B.$$

显然,对于任一事件 A,有 $\varnothing\subset A\subset\Omega$.

(2) **相等** 若事件 A 包含于事件 B,且事件 B 包含于事件 A,即 $A\subset B$ 和 $B\subset A$ 同时成立,则称事件 A 与事件 B **相等**,记做 $A=B$.

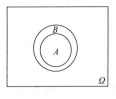

图 6-1

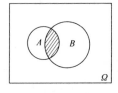

图 6-2

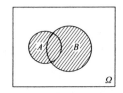

图 6-3

2. 事件的积(交)

由事件 A 与 B 同时发生构成的事件,称为事件 A 与 B 的**积**(或**交**),记做 AB(或

$A \cap B$),如图 6-2 阴影部分所示.

在例 5 中,$C=\{$质量合格$\}=\{$强度和硬度都合格$\}$,从而有 $C=AB$.

对任意事件 A,有
$$AA = A, \quad A\Omega = A, \quad A\varnothing = \varnothing.$$

3. 事件的和(并)

由事件 A 与 B 至少有一个发生构成的事件,称为事件 A 与 B 的**和**(或**并**),记做 $A+B$(或 $A \cup B$),如图 6-3 阴影部分所示.

在例 5 中,$A+B=\{$强度和硬度至少有一项合格$\}$,显然有
$$A \subset A+B, \quad B \subset A+B, \quad AB \subset A+B$$
对任意事件 A,有
$$A+A = A, \quad A+\Omega = \Omega, \quad A+\varnothing = A.$$

说明 事件的积与和的概念均可推广到有限多个事件的情形.

4. 事件的差

由事件 A 发生而 B 不发生构成的事件,称为事件 A 与 B 的**差**,记做 $A-B$,如图 6-4 阴影部分所示.

在例 5 中,$A-B=\{$强度合格而硬度不合格$\}$,$B-A=\{$硬度合格而强度不合格$\}$.

对任意事件 A,有
$$A-B \subset A, \quad B-A \subset B.$$

5. 互斥事件(互不相容事件)

若事件 A 与 B 不能同时发生,即 $AB=\varnothing$,则称事件 A 与 B **互斥**(或**互不相容**),如图 6-5 所示.

若 n 个事件 $A_1, A_2, \cdots, A_n$ 中,任意两个不同的事件都是互斥的,即这 n 个事件**两两互斥**(或**两两互不相容**),则称这 n 个事件**互斥**(或**互不相容**).

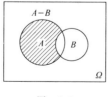

图 6-4

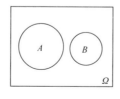

图 6-5

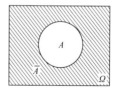

图 6-6

6. 逆事件(对立事件)

对于事件 A,称 A 不发生的事件为 A 的**逆事件**(或**对立事件**),记做 $\overline{A}$,如图 6-6 阴影部分所示.实际上,事件 A 的逆事件是必然事件 Ω 与事件 A 的差,即 $\overline{A}=\Omega-A$.

对任意事件 A,有

$$A+\overline{A}=\Omega, \quad A\overline{A}=\varnothing, \quad \overline{\overline{A}}=A.$$

根据逆事件的定义,对任意两个事件 A,B,满足**对偶律**:

$$\overline{A+B}=\overline{A}\,\overline{B}, \quad \overline{AB}=\overline{A}+\overline{B}.$$

在例 5 中,$\overline{C}=\{$质量不合格$\}$,$\overline{A}=\{$强度不合格$\}$,$\overline{B}=\{$硬度不合格$\}$,且
$\overline{C}=\overline{A}+\overline{B}=\overline{AB}, \quad A-B=A\overline{B}, \quad B-A=B\overline{A}, \quad C=AB=B-\overline{A}=A-\overline{B}.$

说明 对立与互斥是不同的两个概念,对立必互斥,但互斥不一定对立.例如,掷一枚硬币的试验中,含有两个基本事件:{出现正面}与{出现反面},它们之间是互斥的,也是对立的;掷一颗骰子的试验中,含有 6 个基本事件,每两个基本事件之间都是互斥的,但不是对立的,而{出现偶数点}与{出现奇数点}之间是互斥的,也是对立的.

例 6 对市场上的某种产品抽查两次,设 A 表示第 1 次抽到合格品,B 表示第 2 次抽到合格品.对于事件 $A+B$,AB,$\overline{A}B$,$\overline{A}\,\overline{B}$,$\overline{A}+\overline{B}$,

(1) 说明各事件的意义;   (2) 说明哪两个事件是对立的.

解 (1) $A+B$ 表示在两次抽查中至少一次抽到合格品,即第 1 次抽到合格品,或者第 2 次抽到合格品,或者两次都抽到合格品;

AB 表示两次都抽到合格品;

$\overline{A}B$ 表示第 1 次未抽到合格品而第 2 次抽到合格品;

$\overline{A}\,\overline{B}$ 表示两次都未抽到合格品;

$\overline{A}+\overline{B}$ 表示两次中至少一次未抽到合格品,即第 1 次未抽到合格品,或者第 2 次未抽到合格品,或者两次都未抽到合格品.

(2) 因 $\overline{A+B}=\overline{A}\,\overline{B}$,而 $\overline{A+B}$ 是 $A+B$ 的对立事件,故 $A+B$ 与 $\overline{A}\,\overline{B}$ 是对立事件.

又因 $\overline{AB}=\overline{A}+\overline{B}$,而 $\overline{AB}$ 是 AB 的对立事件,故 AB 与 $\overline{A}+\overline{B}$ 是对立事件.

例 7 某人连续购买了两期彩票,$A_i=\{$第 i 期中奖$\}$($i=1,2$),试用事件 A_1,A_2 及其运算表示下列事件:

(1) $A=\{$至少有一期中奖$\}$;   (2) $B=\{$两期都中奖$\}$;

(3) $C=\{$两期中恰有一期中奖$\}$;   (4) $D=\{$两期都未中奖$\}$;

(5) $F=\{$两期中最多一期中奖$\}$.

指出事件 A 与 B,A 与 C,A 与 D,B 与 C,B 与 F 各是什么关系.

解 (1) $A=\{$至少有一期中奖$\}$表示事件 A_1,A_2 中至少有一个发生,于是 $A=A_1+A_2$.

(2) $B=\{$两期都中奖$\}$表示 A_1,A_2 同时发生,于是 $B=A_1A_2$.

(3) $C=\{$两期中恰有一期中奖$\}$表示 A_1 发生而 A_2 不发生,或者 A_1 不发生而 A_2 发生,于是

$$C=A_1\overline{A_2}+\overline{A_1}A_2.$$

(4) $D=\{$两期都未中奖$\}$ 表示 $\overline{A}_1,\overline{A}_2$ 同时发生，于是 $D=\overline{A}_1\overline{A}_2=\overline{A_1+A_2}$.

(5) $F=\{$两期中最多一期中奖$\}$ 表示 A_1 发生而 A_2 不发生，或者 A_1 不发生而 A_2 发生，或者 $\overline{A}_1,\overline{A}_2$ 同时发生，于是

$$F = A_1\overline{A}_2 + \overline{A}_1 A_2 + \overline{A}_1\overline{A}_2 = \overline{A_1 A_2} = \overline{A}_1 + \overline{A}_2.$$

从以上分析可知，$A \supset B$，$A \supset C$，A 与 D 互为逆事件，B 与 C 互斥，B 与 F 互为逆事件.

习 题 6.1

A 组

1. 指出下列现象哪些是确定性现象，哪些是随机现象：
(1) 下一期体育彩票中奖的 7 个号码是 05-10-15-20-25-30-35；
(2) 明天太阳从东边升起；
(3) 用机器包装袋奶，按要求每袋 500g，从中任取一袋，称得其重量不足 500g；
(4) 某百货商店下周日的销售额为 100 万元；
(5) 下一个股市交易日，某上市公司股票的收盘价；
(6) 某地区某年的降雨量；
(7) 有 10000 人参加某保险公司的人寿保险，一年中参加人寿保险者死亡人数超过 20 人；
(8) 小华射击一次命中 11 环；
(9) 小明同时抛掷 5 枚硬币，有 3 枚硬币出现正面；
(10) 小军明天通过手机将收到 5 条短信息.

2. 设 100 件产品中有 5 件次品. 从中任取 3 件，记事件 $A=\{$至少有 1 件次品$\}$，$B=\{$最多有 2 件次品$\}$，$C=\{$至少有 2 件次品$\}$，试指出事件 $\overline{A},\overline{B},\overline{C}$ 的含义.

3. 甲、乙两人对同一目标各射击一次. 若以 A 表示甲击中，B 表示乙击中，试指出事件 $A+B$，AB，$\overline{A}B$，$\overline{A}\overline{B}$，$\overline{A}+\overline{B}$ 的含义.

4. 设 A,B,C 为三个事件，试将下列事件用 A,B,C 的运算式子来表示：
(1) A,B 发生，但 C 不发生；　　(2) A,B,C 都发生；　　(3) A,B,C 中至少有一个发生；
(4) A,B,C 恰有两个发生；　　(5) A,B,C 中至少有两个发生.

B 组

1. 写出下列随机试验对应的样本空间：
(1) 掷两颗骰子，观察出现的点数之和；
(2) 100 件产品中有 5 件次品，95 件正品，从中任取 4 件产品，观察取得的次品数；
(3) 考查某城市某个月内交通事故发生的次数；
(4) 测试某种灯泡的使用寿命，并以 t（单位：h）表示寿命.

2. 一个工人生产了 n 个零件，以事件 $A_i(1 \leqslant i \leqslant n)$ 表示他生产的第 i 个零件是合格品，试用 A_i 及其运算表示下列事件：

(1) 没有一个零件是不合格的；   (2) 至少有一个零件是不合格的；

(3) 仅有一个零件是不合格的.

§6.2 随机事件的概率

【本节学习目标】 理解概率的古典定义及统计定义；掌握概率的性质；会求比较简单的古典概型的概率.

一、概率的古典定义

1. 概率的含义

在现实生活、生产和经济活动中，人们最关心的是随机事件发生可能性的大小. 例如，电视台新制作的某节目收视率是多少？中国足球队进入世界杯决赛的可能性有多大？某生产企业，其产品的合格率如何？等等.

随机事件的发生虽然是不确定的，但每个随机事件发生的可能性大小是有区别的，是可以设法度量的. 以上的收视率、比赛出线率、合格率以及日常遇到的降水概率、命中率、中奖率、市场占有率等，尽管其语言描述不同，但它们都是用一个 0 与 1 之间的数值（也称比率）来表示随机事件发生可能性的大小. 这种用来度量随机事件 A 发生的可能性大小的比率称为随机事件 A 的**概率**，记做 $P(A)$.

2. 概率的古典定义

概率的古典定义起源于 17 世纪欧洲盛行的抛硬币、掷骰子、摸球等赌博游戏，该定义只能在一类特定的随机试验中使用. 这类随机试验的**特点**是：

(1) **有限性** 基本事件总数有限；

(2) **等可能性** 每个基本事件发生的可能性相等.

称满足上述特点的试验模型为**古典概型**. 下面给出概率的古典定义.

定义 6.1 在古典概型中，若基本事件总数为 n，事件 A 包含的基本事件数为 m，则**事件 A 的概率**定义为

$$P(A) = \frac{\text{事件 } A \text{ 包含的基本事件数}}{\text{基本事件的总数}} = \frac{m}{n}. \qquad (6.1)$$

由该定义知，概率具有下述**性质**：

(1) 对于任一事件 A，有 $0 \leqslant P(A) \leqslant 1$；

(2) $P(\Omega) = 1$，$P(\varnothing) = 0$.

概率的古典定义是建立在样本空间所含基本事件总数的有限性和基本事件发生的等可能性的假设条件之上的. 计算事件 A 的概率 $P(A)$ 时，要弄清基本事件总数 n 是多少，事件 A 包含哪些基本事件，其个数 m 是多少. 计算 n 和 m 时，经常要用到排列、组合的知识.

§6.2 随机事件的概率

例1 掷三枚质地均匀的硬币,观察出现正、反面的个数,求:

(1) 只出现一个正面的概率; (2) 至少出现两个正面的概率;

(3) 最多出现两个正面的概率; (4) 全部出现反面的概率.

解 掷三枚质地均匀的硬币,其基本事件可用 (x,y,z) 表示,其中 x,y,z 分别可取 0 或 1,当取 0 时,表示出现反面;当取 1 时,表示出现正面.于是,该试验含有 8 个基本事件,其样本空间是

$$\Omega = \{(0,0,0),(1,0,0),(0,1,0),(0,0,1),(1,1,0),(1,0,1),(0,1,1),(1,1,1)\}.$$

由于三枚硬币质地均匀,因此可认为每个基本事件出现是等可能的.所以本试验模型是古典概型.

(1) 设 $A=\{$只出现一个正面$\}=\{(1,0,0),(0,1,0),(0,0,1)\}$,则 $P(A)=\dfrac{3}{8}$;

(2) 设 $B=\{$至少出现两个正面$\}=\{(1,1,0),(1,0,1),(0,1,1),(1,1,1)\}$,则

$$P(B)=\frac{4}{8}=\frac{1}{2};$$

(3) 设 $C=\{$最多出现两个正面$\}=\{(0,0,0),(1,0,0),(0,1,0),(0,0,1),(1,1,0),(1,0,1),(0,1,1)\}$,则 $P(C)=\dfrac{7}{8}$;

(4) 设 $D=\{$全部出现反面$\}=\{(0,0,0)\}$,则 $P(D)=\dfrac{1}{8}$.

例2 一批产品共 20 件,其中有 3 件次品,17 件正品.从这 20 件产品中任取 2 件,求:

(1) 2 件都是次品的概率; (2) 2 件都是正品的概率;

(3) 恰有 1 件次品的概率.

解 从 20 件产品中抽取 2 件,所有可能的取法有 C_{20}^2 种,每一种取法机会均等,可视为古典概型.

(1) 设 $A=\{2$ 件都是次品$\}$,应从 3 件次品中任取 2 件,即 A 有 C_3^2 种取法,故

$$P(A)=\frac{C_3^2}{C_{20}^2}=\frac{\dfrac{3\times 2}{2!}}{\dfrac{20\times 19}{2!}}=\frac{3}{190}.$$

(2) 设 $B=\{2$ 件都是正品$\}$,应从 17 件正品中任取 2 件,即 B 有 C_{17}^2 种取法,故

$$P(B)=\frac{C_{17}^2}{C_{20}^2}=\frac{\dfrac{17\times 16}{2!}}{\dfrac{20\times 19}{2!}}=\frac{68}{95}.$$

(3) 设 $C=\{$恰有 1 件次品$\}$,应从 3 件次品中任取 1 件,从 17 件正品中任取 1 件,即 C 有 $C_3^1 C_{17}^1$ 种取法,故

$$P(C) = \frac{C_3^1 C_{17}^1}{C_{20}^2} = \frac{3 \times 17}{\dfrac{20 \times 19}{2!}} = \frac{51}{190}.$$

二、概率的统计定义

随机试验并不仅限于古典概型一类,若随机试验不是古典概型,概率这一概念仍反映随机事件发生可能性的大小.为了得到实际工作中所需要的随机事件的概率,往往采用对随机事件进行大量重复观察的方法.

在同一条件下,设事件 A 在 n 次重复试验中发生了 m 次,则称比值 $\dfrac{m}{n}$ 为事件 A 发生的**频率**,记做 $f(A)$,即

$$f(A) = \frac{m}{n}.$$

若当试验次数 n 很大时,事件 A 发生的频率 $f(A)$ 稳定地在某一数值 p ($0 \leqslant p \leqslant 1$)附近摆动,则称 p 为事件 A 的**概率**,记做

$$P(A) = p.$$

这正是在许多实际问题中,为了获得所需要的随机事件的概率,常常采用对随机事件进行大次数观察的方法,用频率估计概率的基本原理.例如,某种疾病的死亡率,某种新药的有效率,某一时段的交通事故率,某类种子的发芽率,婴儿出生的性别比率,等等,都是由这一方法得到的.

习 题 6.2

A 组

1. 掷一颗质地均匀的骰子,观察出现的点数,求:
(1) 出现奇数点的概率; (2) 出现点数小于 5 的概率.

2. 有奖储蓄每 1000 张券中设一等奖 10 个(每 100 个连号中开 1 个奖),二等奖 100 个(每 10 个连号中开 1 个奖).假定一张券不能同时中两种奖,求购买一张券中奖的概率.

3. 一套文集共 5 卷,任意放在书架的一层,求首卷、末卷恰在两端的概率.

4. 一副扑克牌 54 张,从中任取 2 张,求:
(1) 2 张都是红桃的概率; (2) 1 张红桃,1 张黑桃的概率.

5. 设 10 件产品中有 4 件次品.从该 10 件产品中任抽 5 件产品,求恰有 2 件次品的概率.

6. 摇奖机里有 10 个质地相同的乒乓球,其中 7 个橘红色,3 个白色.现从中任取 2 个,求这 2 个乒乓球颜色不同的概率.

7. 货架上有外观相同的商品 15 件,其中 12 件来自甲产地,3 件来自乙产地,它们混放在一起.现从 15 件商品中随机抽取 2 件,求这 2 件来自同一产地的概率.

B 组

1. 某油漆公司发出 17 桶油漆,其中白色 10 桶,绿色 4 桶,红色 3 桶.在搬运过程中所有标签脱落,交货人随意将这些标签重新贴上.问:一个订货 4 桶白漆,3 桶绿漆,2 桶红漆的顾客,按所订颜色如数得到订货的概率是多少?

2. 表 6-1 是 100000 个男子活到某一年岁 X 的人数.若以 A,B,C 分别表示一个新生婴儿活到 40,50,60 岁的事件,试由表 6-1 估计 $P(A), P(B), P(C)$.

表 6-1

年岁 X	0	10	20	30	40	50	60	70	80	90	100
活到 X 岁的人数	100000	95838	94320	93160	92890	83260	75456	62928	21890	2930	80

§6.3 概率的加法公式与事件的独立性

【本节学习目标】 掌握任意两个事件、两个互斥事件概率的加法公式;理解事件独立的意义,掌握事件独立的乘法公式.

一、概率的加法公式

1. 任意两个事件概率的加法公式

对于任意两个事件 A 与 B,有

$$P(A+B) = P(A) + P(B) - P(AB). \tag{6.2}$$

我们借助文氏图来说明上述公式.用图 6-7 中矩形的面积表示 $P(\Omega)$,因 Ω 是必然事件,故 $P(\Omega)=1$,即矩形的面积是 1.图 6-7 中阴影部分的面积为 $P(A+B)$,它应该等于 A 的面积 $P(A)$ 与 B 的面积 $P(B)$ 之和减去重复计算了一次的 AB 的面积 $P(AB)$,即

$$P(A+B) = P(A) + P(B) - P(AB).$$

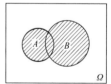

图 6-7

例 1 某人选购了两只股票.根据专家预测,在未来的一段时间内,第一只股票能赚钱的概率为 $\frac{2}{3}$,第二只股票能赚钱的概率为 $\frac{3}{4}$,两只股票都能赚钱的概率为 $\frac{3}{5}$.求此人购买的这两只股票中,至少有一只能赚钱的概率.

解 设 $A=\{$第一只股票能赚钱$\}$,$B=\{$第二只股票能赚钱$\}$,则 $\{$两只股票都能赚钱$\}=AB$,$\{$至少有一只股票能赚钱$\}=A+B$.依题设,本题是求 $P(A+B)$.

因 $P(A)=\frac{2}{3}$,$P(B)=\frac{3}{4}$,$P(AB)=\frac{3}{5}$,故由公式 (6.2) 得

$$P(A+B) = P(A) + P(B) - P(AB) = \frac{2}{3} + \frac{3}{4} - \frac{3}{5} = \frac{49}{60} = 0.8167,$$

即至少有一只股票能赚钱的概率为 0.8167.

2. 互斥事件及逆事件概率的加法公式

由任意两个事件概率的加法公式可得以下推论:

推论 1(两个互斥事件概率的加法公式) 若事件 A 与 B 互斥,则
$$P(A+B) = P(A) + P(B). \tag{6.3}$$

推论 2(n 个互斥事件概率的加法公式) 若 n 个事件 $A_1, A_2, \cdots, A_n$ 两两互斥,则
$$P(A_1 + A_2 + \cdots + A_n) = P(A_1) + P(A_2) + \cdots + P(A_n). \tag{6.4}$$

推论 3(逆事件的概率公式) 若 $\overline{A}$ 是事件 A 的逆事件,则
$$P(\overline{A}) = 1 - P(A). \tag{6.5}$$

例 2 一批产品共 100 件,其中一等品有 78 件,二等品有 16 件,其余为次品.若一、二等品为合格品,现从这批产品中任取一件,求它为合格品的概率.

解法 1 直接用概率的古典定义计算.

从 100 件产品中任取一件,共有 100 种取法.设 $A = \{$任取一件为合格品$\}$,应从 $78 + 16 = 94$ 件中任取一件,共有 94 种取法,故由概率的古典定义(6.1)式得所求概率为
$$P(A) = \frac{94}{100} = 0.94.$$

解法 2 用互斥事件概率的加法公式计算.

设 $A_1 = \{$任取一件为一等品$\}$,$A_2 = \{$任取一件为二等品$\}$,于是
$$A_1 + A_2 = \{\text{任取一件为合格品}\}.$$

由于 A_1 与 A_2 互斥,且 $P(A_1) = \frac{78}{100}$,$P(A_2) = \frac{16}{100}$,由两个互斥事件概率的加法公式(6.3)得所求概率为
$$P(A_1 + A_2) = P(A_1) + P(A_2) = \frac{78}{100} + \frac{16}{100} = 0.94.$$

解法 3 用逆事件的概率公式计算.

设 $A = \{$任取一件为合格品$\}$,则 $\overline{A} = \{$任取一件为次品$\}$.因为 100 件产品中有 $100 - (78+16) = 6$ 件次品,所以 $P(\overline{A}) = \frac{6}{100} = 0.06$.由逆事件的概率公式(6.5)得所求概率为
$$P(A) = 1 - P(\overline{A}) = 0.94.$$

二、事件的独立性

两个事件 A 与 B,若其中任何一个事件发生的概率不受另一个事件发生与否的影响,则称事件 A 与 B **相互独立**,简称为 A 与 B **独立**.此时,事件 A 与 B 同时发生(A 与 B 的积 AB)的概率为
$$P(AB) = P(A)P(B). \tag{6.6}$$

§6.3 概率的加法公式与事件的独立性

我们也把(6.6)式作为两个事件 A 与 B 相互独立的定义.

在实际问题中,两个事件是否独立,一般是根据问题的实际意义来判断的. 例如,甲、乙两人各自向一目标射击一次,若 $A=\{$甲击中目标$\}$, $B=\{$乙击中目标$\}$, 由于甲击中目标与否不影响乙击中目标的概率,同样乙击中目标与否也不影响甲击中目标的概率,故事件 A 与 B 独立.

由事件 A 与 B 独立可得如下**结论**:

若 A,B 为两个事件,则四对事件 A 与 B, $\bar{A}$ 与 B, A 与 $\bar{B}$, $\bar{A}$ 与 $\bar{B}$ 中只要有一对独立,其余三对也独立.

例如,若事件 A 与 B 独立,则可推出以下各式成立:

(1) $P(\bar{A}B) = P(\bar{A})P(B) = (1-P(A))P(B)$;
(2) $P(A\bar{B}) = P(A)P(\bar{B}) = P(A)(1-P(B))$;
(3) $P(\bar{A}\bar{B}) = P(\bar{A})P(\bar{B}) = (1-P(A))(1-P(B))$.

显然,若事件 A 与 B 独立,因 $\overline{A+B}=\bar{A}\bar{B}$,则有

$$P(A+B) = 1 - P(\bar{A})P(\bar{B}). \tag{6.7}$$

例 3 甲、乙两射手各自独立地向某一目标射击一次,若命中率分别为 0.7 和 0.8,求:

(1) 两人都命中的概率;   (2) 甲、乙恰有一人命中的概率;
(3) 至少有一人命中的概率.

解 设 $A=\{$甲射手命中目标$\}$, $B=\{$乙射手命中目标$\}$, 则 $P(A)=0.7$, $P(B)=0.8$. 因甲、乙两射手独立射击,故事件 A 与 B 相互独立.

(1) 两人都命中表示事件 A 与 B 都发生,即 $\{$两人都命中$\}=AB$, 故由公式(6.6)得所求概率为

$$P(AB) = P(A)P(B) = 0.7 \times 0.8 = 0.56.$$

(2) 甲、乙恰有一人命中表示事件 A 发生而事件 B 不发生,或者事件 A 不发生而事件 B 发生,即 $\{$甲、乙恰有一人命中$\}=A\bar{B}+\bar{A}B$, 且 $A\bar{B}$ 与 $\bar{A}B$ 互斥,于是所求概率为

$$P(A\bar{B}+\bar{A}B) = P(A\bar{B}) + P(\bar{A}B) = P(A)P(\bar{B}) + P(\bar{A})P(B)$$
$$= 0.7 \times (1-0.8) + (1-0.7) \times 0.8 = 0.38.$$

(3) 至少有一人命中表示事件 A 与 B 至少有一个发生,即 $\{$至少有一人命中$\}=A+B$, 于是由任意两个事件概率的加法公式(6.2)和公式(6.6)得所求概率为

$$P(A+B) = P(A) + P(B) - P(AB) = P(A) + P(B) - P(A)P(B)$$
$$= 0.7 + 0.8 - 0.7 \times 0.8 = 0.94.$$

说明 例3(3)也可由公式(6.7)得到:

$$P(A+B) = 1 - P(\bar{A})P(\bar{B}) = 1 - (1-0.7)(1-0.8) = 0.94.$$

例 4 某种产品的生产工艺分为两道独立的工序,这两道工序的次品率分别为 1% 和 4%, 求这种产品的次品率.

第六章 概率初步

分析 由于该产品需经过两道工序生产，要想得到合格产品，两道工序必须都出合格品．换言之，若最终产品是次品，说明两道工序中至少有一道工序出了次品．因此，若设 $A=$ {第一道工序出次品}，$B=$ {第二道工序出次品}，则 $A+B=$ {生产出的产品为次品}，题中所求为 $P(A+B)$．

解 依题设和分析，两道工序独立工作，故事件 A 与 B 相互独立，且 $P(A)=0.01$，$P(B)=0.04$．于是由公式(6.7)有

$$P(A+B) = 1 - P(\overline{A})P(\overline{B}) = 1 - (1-0.01)(1-0.04) = 0.0496,$$

即这种产品的次品率为 4.96%．

两个事件的独立性概念可以推广到有限个事件的情形，即若事件 $A_1, A_2, \cdots, A_n$ 中任意一个事件发生的概率都不受其他一个或几个事件发生与否影响，则称事件 $A_1, A_2, \cdots, A_n$ **相互独立**．此时，有

$$P(A_1 A_2 \cdots A_n) = P(A_1)P(A_2) \cdots P(A_n), \tag{6.8}$$

$$P(A_1 + A_2 + \cdots + A_n) = 1 - P(\overline{A}_1)P(\overline{A}_2) \cdots P(\overline{A}_n). \tag{6.9}$$

例 5 若每个人血清中含有肝炎病毒的概率为 0.4%，混合 100 个互不相干的人的血清，求此血清中含有肝炎病毒的概率．

分析 只要 100 个人的血清中有一人的血清含有肝炎病毒，混合 100 个人的血清中便含有肝炎病毒．若设 $A_i=$ {第 i 个人的血清中含有肝炎病毒}$(i=1,2,\cdots,100)$，则所求的概率为 $P(A_1+A_2+\cdots+A_{100})$．

解 依题设和分析，$A_1, A_2, \cdots, A_{100}$ 相互独立，且 $P(A_i)=0.004$ $(i=1,2,\cdots,100)$，于是由公式(6.9)得

$$\begin{aligned}P(A_1+A_2+\cdots+A_n) &= 1 - P(\overline{A}_1)P(\overline{A}_2)\cdots P(\overline{A}_n) \\ &= 1 - \underbrace{(1-0.004)(1-0.004)\cdots(1-0.004)}_{100\text{项}} \\ &= 1 - (1-0.004)^{100} = 1 - (0.996)^{100} \approx 0.3302,\end{aligned}$$

即此血清中含有肝炎病毒的概率为 33.02%．

习 题 6.3

A 组

1. 某贸易公司与甲、乙两厂签有某种物资的长期供货协议．根据过去资料统计，甲厂能按时供货的概率为 0.85；乙厂能按时供货的概率为 0.78；甲、乙两厂都能按时供货的概率为 0.65．问：至少有一厂能按时供货的概率是多少？

2. 对某林区树木按胸径大小进行统计，平均每 100 株树中，胸径为 $20\sim 30$ cm 的有 58 株，胸径大于 25 cm 的有 38 株，胸径为 $25\sim 30$ cm 的有 12 株．若规定胸径在 20 cm 以上者均可采伐，求该林区树木可以采伐的概率．

3. 汽车修理厂的经理发现,汽车使用 5 年后,需要更换轮胎的概率为 0.6,需要换闸的概率为 0.1,二者都需要更换的概率为 0.02.求汽车需要更换轮胎或换闸的概率.

4. 统计资料表明,某市有 80% 的住户有电视机,有 60% 的住户有电冰箱,有 50% 的住户既有电视机又有电冰箱.若从该市住户中任选一户,没有这两件家用电器的概率是多少?

5. 现有 50 件产品,其中有 46 件合格品,4 件次品.从中任取 3 件,求其中有次品的概率.

6. 打靶中,若命中 10 环的概率为 0.4,命中 9 环的概率为 0.45,求最多命中 8 环的概率.

7. 从厂外打电话给某工厂的车间要由该厂的总机中转.若总机打通的概率是 0.6,车间分机占线的概率是 0.3,假定两者独立,求从该厂外向车间打电话能打通的概率.

8. 一个自动报警器由雷达和计算机两部分组成,两部分有任何一个失灵,这个报警器就失灵.已知使用 100 h 后,雷达失灵的概率为 0.1,计算机失灵的概率为 0.3.若两部分失灵与否相互独立,求这个报警器使用 100 h 后失灵的概率.

9. 某车间有甲、乙两台车床独立工作,已知甲机床停机的概率为 0.06,乙机床停机的概率为 0.07,求甲、乙两机床至少有一台停机的概率.

B 组

1. 某学生将要进行数学和英语毕业考试,他估计通过数学考试的概率为 0.7,通过英语考试的概率为 0.6,至少通过其中一门考试的概率为 0.8.问他两门考试都通过的概率.

2. 设在任一时刻三台机床正常工作的概率分别为 0.9,0.8 和 0.85.若三台机床工作相互独立,求在任一时刻,
(1) 三台机床都正常工作的概率;　　　(2) 三台机床中至少有一台正常工作的概率.

3. 某航空公司上午 10 时左右从北京飞往上海、广州、重庆各有一个航班,已知三个航班满座的概率分别为 0.8,0.9,0.7.若三个航班相互独立,求:
(1) 三个航班都满座的概率;　　　(2) 至少有一个航班满座的概率.

4. 某彩票每周开奖一次,每次提供十万分之一中大奖的机会.若你每周买一张彩票,坚持了 10 年(每年 52 周),你从未中过一次大奖的概率是多少?

§6.4 随机变量的概念

【本节学习目标】 了解随机变量的概念及分类.

一、随机变量的概念

有些随机试验,其结果直接表现为数量.如 §6.1 的例 1,这里我们记做试验 E_1:掷一颗质地均匀的骰子,若用字母 X 表示出现的点数,则 X 所有可能取值为 1,2,3,4,5,6.在每次投掷之前,我们知道 X 应取这 6 个数中的一个,但不能确定它究竟取哪一个,而只有依据投掷的结果,得到 X 的唯一取值,即它的取值具有随机性.另外,在投掷之前,由于这是一颗质地均匀的骰子,我们是知道 X 取每一个数值的概率的,即 $P(X=i)=\dfrac{1}{6}(i=1,2,3,4,5,6)$.我们把具有上述特性的变量 X 称为随机变量.

第六章 概率初步

再如§6.1 的例 4,这里我们记做试验 E_2:测试显像管的使用寿命,若用 X 表示显像管的使用寿命(单位:h),则 X 可在区间 $[0,+\infty)$ 上取不同的值.在每次测试之前,我们不能确定该显像管的使用寿命究竟是多少,当测试结果确定后,X 的取值也就确定了,即 X 是在区间 $[0,+\infty)$ 上取值的变量,且取哪一个值是随机的.另外,以后我们将说明,X 在 $[0,+\infty)$ 上某一个部分区间上取值的概率是确定的.这样的变量 X 也称为随机变量.

也有些随机试验,其结果并不直接表现为数量.例如,试验 E_3:掷一枚质地均匀的硬币,观察正、反面出现的情况,其结果为出现正面或反面,并不是数量.但若我们规定,"$X=1$"表示出现正面,其概率为 0.5,即可记做 $P(X=1)=0.5$;"$X=0$"表示出现反面,其概率也为 0.5,即可记做 $P(X=0)=0.5$.这样,X 就能表示掷一枚质地均匀硬币的试验结果,它是一个变量,它的取值具有随机性,而取每一个值的概率是确定的.所以说变量 X 是一个随机变量.

总之,无论随机试验的结果是否直接表现为数量,我们总可以将其数量化,从而能更深入地研究随机现象.为此,我们引入随机变量的概念.

一个变量,若满足

(1) **取值的随机性** 它所取的不同数值要由随机试验的结果而定;

(2) **概率的确定性** 它取某一个值或在某一区间内取值的概率是确定的,

则称这样的变量为**随机变量**,用大写英文字母 $X,Y,Z,\cdots$(或希腊字母 $\xi,\eta,\zeta,\cdots$)表示.

引入随机变量后,可以将随机事件数量化.例如,上述试验 E_1 中,事件{至少出现 4 点}可用{$X \geq 4$}表示,事件{出现的点数小于 5}可用{$X<5$}表示;试验 E_2 中,事件{显像管的使用寿命至少为 1000 h}可用{$X \geq 1000$}表示,事件{显像管的使用寿命在 5000~10000 h 之间}可用{$5000<X \leq 10000$}表示.这样,对随机事件的研究完全可以转化为对随机变量的研究.

二、随机变量的分类

随机变量按其取值情况分为两大类:离散型和非离散型.在非离散型随机变量中,最常见的是连续型随机变量.我们只讨论**离散型**和**连续型随机变量**.

只有有限个或可列个取值的随机变量称为**离散型随机变量**.例如,上述试验 E_1 和 E_3 中的随机变量便是离散型随机变量.另外,在§6.1 的例 3 中,若设某网站单位时间内收到的点击次数为 X,由于 X 的可能取值为 $0,1,2,\cdots$(可列个),故 X 为离散型随机变量.

连续型随机变量一般在某一个或若干个有限或无限区间上取值,其具体的概念将在§6.6 中介绍.上述试验 E_2 中的随机变量就是连续型随机变量.

习 题 6.4

A 组

1. 在下列随机试验中,引入随机变量表示试验结果.

(1) 在即将举行的足球比赛中,某足球队参加 10 场比赛,考查可能踢赢几场;

(2) 观察乘客到某公共汽车站候车需要多长时间;
(3) 同时掷两颗骰子,考查所出现的点数之和;
(4) 某小区有 1000 个家庭,考查其中有多少个家庭拥有电脑;
(5) 测量某物体的长度时所产生的误差;
(6) 对某厂生产的电视机进行测试,考查电视机的使用寿命.

2. 掷一颗质地均匀的骰子,若用随机变量 X 表示出现的点数,则 $P(X<2)=$ _____, $P(X\geqslant 4)=$ _____, $P(3<X\leqslant 5)=$ _____.

B 组

1. 在 10 件产品中,有 6 件一等品,4 件二等品. 现从中任取 3 件,若用随机变量 X 表示任取的 3 件产品中所含的二等品的件数,则 $P(X=0)=$ _____, $P(X=1)=$ _____, $P(X=2)=$ _____, $P(X=3)=$ _____.

2. 电话局的报时台以 1 min 为报时单位时,超过 30 s 进为 1 min,不足 30 s 则略去不计. 若以随机变量 X 表示报时的误差,试写出 X 的取值区间.

§6.5 离散型随机变量的概率分布

【本节学习目标】 掌握离散型随机变量的概率分布及其性质;掌握二项分布和泊松分布.

一、离散型随机变量的概率分布

定义 6.2 设 X 为离散型随机变量,其所有可能取值为 $x_1, x_2, \cdots$,且其相应的概率分别为 $p_1, p_2, \cdots$,记做

$$P(X=x_i)=p_i, \quad i=1,2,\cdots, \quad (6.10)$$

则称(6.10)式为离散型随机变量 X 的**概率分布**或**分布列**,简称为**分布**. X 的分布列(6.10)也可以用如下列表形式表示:

X	x_1	x_2	$\cdots$
P	p_1	p_2	$\cdots$

由分布列的定义,易知分布列具有如下**性质**:
(1) $p_i \geqslant 0$, $i=1,2,\cdots$;
(2) $\sum_i p_i = 1$.

例 1 设离散型随机变量 X 的分布列为

X	0	1	2	3
P	0.15	0.2	p	0.32

求：(1) p 的值； (2) $P(X<2)$； (3) $P(X\geq 2)$；
(4) $P(0<X\leq 2)$； (5) $P(0\leq X<3)$； (6) $P(1\leq X\leq 3)$.

解 (1) 由分布列的性质知，$p\geq 0$，且 p 满足下式：
$$0.15+0.2+p+0.32=1.$$
由此可解得 $p=0.33$，于是 X 的分布列为

X	0	1	2	3
P	0.15	0.2	0.33	0.32

(2) $P(X<2)=P(X=0)+P(X=1)=0.15+0.2=0.35.$

(3) $P(X\geq 2)=P(X=2)+P(X=3)=0.33+0.32=0.65.$

(4) $P(0<X\leq 2)=P(X=1)+P(X=2)=0.2+0.33=0.53.$

(5) $P(0\leq X<3)=P(X=0)+P(X=1)+P(X=2)=0.15+0.2+0.33=0.68.$

(6) $P(1\leq X\leq 3)=P(X=1)+P(X=2)+P(X=3)=0.2+0.33+0.32=0.85.$

例 2 某房间有 4 扇同样大小的窗子，只有一扇是开着的. 有一只小鸟从开着的窗子飞入了房间，它只能从开着的窗子飞出去. 小鸟在房间里飞来飞去，试图飞出房间. 假定它没有记忆，它飞向各扇窗子是随机的，且每一次试飞是独立的. 若以 X 表示小鸟为了飞出房间试飞的次数，求 X 的分布列.

解 小鸟要飞出房间，至少要试飞 1 次，故小鸟为了飞出房间试飞的次数 X 的所有可能取值为正整数 $1,2,\cdots$.

设 $A=\{$小鸟飞出房间$\}$，则 $\overline{A}=\{$小鸟未飞出房间$\}$. 由于小鸟要在 4 扇同样大小的窗子中选择那一扇开着的窗子，才能飞出房间，故由概率的古典定义有
$$P(A)=\frac{1}{4}, \quad P(\overline{A})=\frac{3}{4}.$$

若小鸟要试飞 k 次才飞出房间(即 $X=k$)，则前 $k-1$ 次小鸟均未飞出房间，最后一次飞出了房间，即前 $k-1$ 次 $\overline{A}$ 发生，最后一次 A 发生，从而由多个事件相互独立的公式(6.8)得 X 的分布列为
$$P(X=k)=P(\underbrace{\overline{A}\,\overline{A}\cdots\overline{A}}_{k-1\,\uparrow}A)=\left(\frac{3}{4}\right)^{k-1}\cdot\frac{1}{4}, \quad k=1,2,\cdots.$$

一般地，设一个试验成功的概率为 p $(0<p<1)$，不断进行独立重复试验，直至第一次成功为止，X 表示试验的次数，则 X 的分布列为
$$P(X=k)=(1-p)^{k-1}p, \quad k=1,2,\cdots.$$

例 3 掷一枚质地均匀的硬币，若 $\{X=1\}$ 表示出现正面，$\{X=0\}$ 表示出现反面，则
$$P(X=1)=0.5, \quad P(X=0)=0.5,$$
用分布列的形式表示为

§6.5 离散型随机变量的概率分布

X	0	1
P	0.5	0.5

该 X 的分布称为两点分布(或 0-1 分布).

一般地,一个试验若只有两种可能结果:A 发生与 $\overline{A}$ 发生,且 $P(A)=p$,$P(\overline{A})=1-p$ ($0<p<1$),则我们可以定义如下随机变量 X:

$X=1$ 表示事件 A 发生, $X=0$ 表示事件 $\overline{A}$ 发生.

显然,随机变量 X 的分布列为

X	0	1
P	$1-p$	p

这时,称随机变量 X 服从参数为 p 的**两点分布**(或 **0-1 分布**).

例如,产品的"合格"与"不合格",射击试验的"中靶"与"脱靶",投篮时的"投中"与"投不中",比赛的"赢"与"输",摸奖时的"中奖"与"不中奖",新生儿的性别"男"与"女",明天"下雨"与"不下雨",种子的"发芽"与"不发芽"等都可以用服从两点分布的随机变量来描述.

二、二项分布与泊松分布

1. n 重伯努利试验及二项分布

有一随机试验,在相同的条件下可以重复进行 n 次,且每次试验都是独立的;每次试验的可能结果有对立的两个:事件 A 发生与不发生,且每次试验事件 A 发生的概率都为 p ($0<p<1$),不发生的概率都为 $1-p$. 我们称这样的 n 次试验为 n 重**伯努利**(Bernoulli)**试验**.

例 4 在相同的条件下某篮球运动员投篮 3 次,每次之间休息两分钟,每次投篮只有两个可能结果:"投中"与"投不中",并且每次投中的概率都是 p. 那么事件{3 次投篮,恰有 2 次投中}的概率是多少?

解 本例是 3 重伯努利试验. 设 $A_i=\{$第 i 次投篮投中$\}$,$\overline{A}_i=\{$第 i 次投篮投不中$\}$ ($i=1,2,3$),则 $P(A_i)=p$, $P(\overline{A}_i)=1-p$ ($i=1,2,3$).

设 $B=\{3$ 次投篮,恰有 2 次投中$\}$,则事件 B 包含如下 $C_3^2=3$ 种情况:$A_1A_2\overline{A}_3$ 或 $A_1\overline{A}_2A_3$ 或 $\overline{A}_1A_2A_3$,且它们两两互斥,故

$$B = A_1A_2\overline{A}_3 + A_1\overline{A}_2A_3 + \overline{A}_1A_2A_3.$$

由于 A_1,A_2,A_3 相互独立,故第一种情况 $A_1A_2\overline{A}_3$(即前 2 次投中,第 3 次投不中)的概率为

$$P(A_1A_2\overline{A}_3) = P(A_1)P(A_2)P(\overline{A}_3) = p^2(1-p),$$

而其余两种情况 $A_1\overline{A}_2A_3$ 和 $\overline{A}_1A_2A_3$ 的概率也均为 $p^2(1-p)$. 由此得

$$P(B) = P(A_1A_2\overline{A}_3) + P(A_1\overline{A}_2A_3) + P(\overline{A}_1A_2A_3) = C_3^2 p^2(1-p).$$

在此例中,若设 X 为"3 次投篮,投中的次数",则 X 的所有可能取值为 $0,1,2,3$. 事件

$B=\{3次投篮,恰有2次投中\}$ 可用 $\{X=2\}$ 表示,于是有

$$P(X=2)=C_3^2 p^2(1-p)=C_3^2 p^2(1-p)^{3-2}.$$

类似地,$\{3次投篮,0次投中\}$(即$\{X=0\}$),$\{3次投篮,1次投中\}$(即$\{X=1\}$),$\{3次投篮,3次投中\}$(即$\{X=3\}$)的概率分别为

$$P(X=0)=C_3^0 p^0(1-p)^{3-0},$$
$$P(X=1)=C_3^1 p^1(1-p)^{3-1},$$
$$P(X=3)=C_3^3 p^3(1-p)^{3-3}.$$

这样,由以上各式,在3重伯努利试验(投篮)中,事件A(A表示投中)恰好发生k次的概率可表示为

$$P(X=k)=C_3^k p^k(1-p)^{3-k},\quad k=0,1,2,3.$$

这时,我们称X服从参数为$3,p$的二项分布.

一般地,若随机变量X的概率分布为

$$P(X=k)=C_n^k p^k(1-p)^{n-k},\quad k=0,1,2,\cdots,n, \qquad (6.11)$$

其中$0<p<1$,则称随机变量X服从参数为n,p的**二项分布**,记做$X\sim B(n,p)$.

设随机变量X表示在n重伯努利试验中事件A发生的次数,p是事件A在每次试验中发生的概率,则$\{$在n重伯努利试验中,事件A恰好发生k次$\}$的概率可用(6.11)式表示.由此可知,二项分布是用来描述n重伯努利试验的.

特别地,当$n=1$时,二项分布就是两点分布.

例5 某写字楼装有6个同类型的供水设备.调查表明,在任意时刻每个设备被使用的概率为0.1.问:在同一时刻,

(1) 恰有2个设备被使用的概率是多少?

(2) 至少有4个设备被使用的概率是多少?

(3) 至少有1个设备被使用的概率是多少?

解 由于在任意时刻每个供水设备要么被使用,要么不被使用,每个设备被使用的概率都为0.1,不被使用的概率都为0.9,且该写字楼装有6个同类型的供水设备,因此该问题可看做6重伯努利试验.若以X表示这6个同类型的供水设备中在同一时刻被使用的个数,依题设,有$X\sim B(6,0.1)$,即

$$P(X=k)=C_6^k\times 0.1^k\times 0.9^{6-k},\quad k=0,1,2,3,4,5,6.$$

(1) 恰有2个设备被使用的概率为

$$P(X=2)=C_6^2\times 0.1^2\times 0.9^4\approx 0.0984.$$

(2) 至少有4个设备被使用的概率为

$$P(X\geq 4)=P(X=4)+P(X=5)+P(X=6)$$
$$=C_6^4\times 0.1^4\times 0.9^2+C_6^5\times 0.1^5\times 0.9+C_6^6\times 0.1^6$$

$$= 0.001215 + 0.000054 + 0.000001 \approx 0.0013.$$

(3) 至少有 1 个设备被使用的概率为

$$P(X \geqslant 1) = 1 - P(X = 0) = 1 - 0.9^6 \approx 0.4686.$$

例 6 设某批产品的不合格率为 $p = 0.05$. 现从中做有放回抽样 5 次，每次取 1 件进行检验，试求抽出的 5 件产品中，

(1) 全是合格品的概率； (2) 至多有 1 件不合格的概率.

解 设 X 为抽出的 5 件产品中的不合格品数. 由于做有放回抽样 5 次，每次取 1 件进行检验，检验的结果只有两个：合格与不合格，且产品的不合格率 $p = 0.05$ 在 5 次试验中保持不变，因此 $X \sim B(5, 0.05)$，即

$$P(X = k) = C_5^k \times 0.05^k \times 0.95^{5-k}, \quad k = 0, 1, 2, 3, 4, 5.$$

(1) {全是合格品}可用{$X = 0$}表示，于是所求概率为

$$P(X = 0) = C_5^0 \times 0.05^0 \times 0.95^5 \approx 0.7738.$$

(2) {至多有 1 件不合格}可用{$X \leqslant 1$}表示，由互斥事件概率的加法公式(6.3)得所求概率为

$$P(X \leqslant 1) = P(X = 0) + P(X = 1)$$
$$= C_5^0 \times 0.05^0 \times 0.95^5 + C_5^1 \times 0.05^1 \times 0.95^4 \approx 0.9774.$$

说明 该题设"做有放回抽样 5 次，每次取 1 件进行检验"，意旨产品的不合格率 $p = 0.05$ 在 5 次抽样中保持不变，从而利用二项分布计算. 在实际工作中，若一批产品的数量较大，而抽检产品的数量较小，不放回抽样问题可近似看成有放回(回置式)抽样问题.

2. 泊松分布

若随机变量 X 的概率分布为

$$P(X = k) = \frac{\lambda^k}{k!} e^{-\lambda}, \quad k = 0, 1, 2, \cdots,$$

其中 $\lambda > 0$ 是常数，则称随机变量 X 服从参数为 λ 的**泊松**(Poisson)**分布**，记做 $X \sim P(\lambda)$.

泊松分布常常用来描述在一定时间或区域内某一事件出现次数的分布：

(1) 在一段时间内来到某公共服务设施接受服务的人数，如某电话交换台接到呼唤的次数、到某医院就诊的病人数、到某公共汽车站候车的人数等；

(2) 在一段时间内事故、错误及其他灾害性事件发生的次数，如某地区一段时间内发生的交通事故数、一段时间内某放射性物质放射出的粒子数等；

(3) 一页上排版的错字数、一定长度的布上的疵点数等.

由于泊松分布应用广泛，为了避免重复计算，一般可通过查泊松概率分布表(附表 1)得到结果.

例 7 设某网站每分钟收到的点击次数 X 服从参数为 $\lambda = 5$ 的泊松分布，试求某一分钟没有收到点击的概率和恰好收到 5 次点击的概率.

解 依题设有 $X \sim P(5)$，故

第六章 概率初步

$$P(X=k) = \frac{5^k}{k!}e^{-5}, \quad k = 0,1,2,\cdots.$$

于是,由附表 1 知,某一分钟没有收到点击的概率为

$$P(X=0) = \frac{5^0}{0!}e^{-5} \approx 0.006738,$$

恰好收到 5 次点击的概率为

$$P(X=5) = \frac{5^5}{5!}e^{-5} \approx 0.175467.$$

可以证明,在二项分布中,当 n 很大,p 很小时,取 $\lambda = np$,则可用参数为 λ 的泊松分布近似代替二项分布,即有如下近似公式:

$$P(X=k) = C_n^k p^k (1-p)^{n-k} \approx \frac{\lambda^k}{k!}e^{-\lambda}. \tag{6.12}$$

在实际问题中,当 $n \geqslant 50$,$np < 5$ 时,便可用公式(6.12)进行近似计算.

例 8 设有 2000 家商店参加了某保险公司设立的火灾保险. 每年 1 月 1 日参保商店向该保险公司支付 1500 元的火灾保险费;在发生火灾时,参保商店可向保险公司领取 20 万元. 若在一年中,商店发生火灾的概率为 0.002,求未来一年内,

(1) 有 5 家商店发生火灾的概率;

(2) 保险公司获利不少于 200 万元的概率.

解 设 X 为未来一年内发生火灾的商店数,依题设有 $X \sim B(2000, 0.002)$,即

$$P(X=k) = C_{2000}^k \times 0.002^k \times 0.998^{2000-k}, \quad k = 0,1,2,\cdots,2000.$$

(1) $P(X=5) = C_{2000}^5 \times 0.002^5 \times 0.998^{1995} \approx 0.1564.$

(2) 设 $B = \{$未来一年内保险公司获利不少于 200 万元$\}$,则 B 发生意味着

$$2000 \times 1500 - 200000X \geqslant 2000000,$$

即 $X \leqslant 5$. 于是

$P(B) = P(X \leqslant 5)$

$= P(X=0) + P(X=1) + P(X=2) + P(X=3) + P(X=4) + P(X=5)$

$\approx 0.01824 + 0.07312 + 0.14645 + 0.19546 + 0.19556 + 0.15644$

$\approx 0.7853.$

此结果表明,未来一年内保险公司获利不少于 200 万元的概率为 0.7853.

在该问题中,由于 $n=2000$ 很大,$p=0.002$ 很小,$np=4<5$,所以可用公式(6.12)进行近似计算. 取 $\lambda = np = 4$,则由附表 1 有

(1) $P(X=5) = \frac{4^5}{5!}e^{-4} \approx 0.156293.$

(2) $P(X \leqslant 5) = P(X=0) + P(X=1) + P(X=2) + P(X=3) + P(X=4) + P(X=5)$

$$\approx 0.018316 + 0.073263 + 0.146525 + 0.195367 + 0.195367 + 0.156283$$
$$= 0.785121.$$

从计算结果可以看到,当 n 很大,而 p 很小,$\lambda = np < 5$ 时,用泊松分布近似代替二项分布所产生的误差较小.

习 题 6.5

A 组

1. 设某离散型随机变量 X 的分布列为

X	0	1	2	3
P	p	0.3	0.1	0.25

求 p 的值,并求 $P(X=1)$,$P(X \leq 2)$,$P(X>1)$ 及 $P(1 \leq X < 3)$.

2. 在 10 件同类型产品中,有 3 件次品. 现任取 2 件,用 X 表示"这 2 件中的次品数",试写出 X 的分布列.

3. 同时掷两颗均匀的骰子,以 X 表示两颗骰子所出现的点数之和,试写出 X 的分布列.

4. 已知一批产品次品率为 10%. 每次抽取 1 件,有放回地抽取 6 次,求恰有 3 件是次品的概率.

5. 某处有 5 个公用电话亭. 调查结果显示,在任一时刻每部电话被使用的概率为 0.1. 求在同一时刻,

(1) 恰有 2 部电话被使用的概率;   (2) 至少有 3 部电话被使用的概率;

(3) 电话都没有被使用的概率.

6. 假定每小时进入某停车场的汽车数服从参数为 5 的泊松分布,试求在给定的一小时内,

(1) 没有汽车进入该停车场的概率;   (2) 有 5 辆以上汽车进入该停车场的概率.

7. 某无线寻呼台每分钟内收到寻呼的次数服从参数为 3 的泊松分布,试求在一分钟内,

(1) 恰好收到 3 次寻呼的概率;   (2) 收到 3 至 6 次寻呼的概率.

B 组

1. 某糖果柜台有 4 名售货员. 根据经验,每名售货员在一小时内只用秤 15 min,问:该柜台配置几台秤较为合理?

2. 设一年内某种人寿保险者中每人死亡的概率为 0.0002,若有 1 万人参加了此种保险,试求一年内参加此种保险者死亡人数不超过 3 人的概率.

3. 设一小时内进入某图书馆的读者人数服从泊松分布,已知一小时内无人进入该图书馆的概率为 0.03,求一小时内至少有 2 位读者进入该图书馆的概率.

§6.6 连续型随机变量的概率密度

【本节学习目标】 了解概率密度函数的概念;掌握概率密度函数的性质;理解均匀分布及指数分布.

第六章 概率初步

一、连续型随机变量的概率密度

对于连续型随机变量 X 来说,由于它可以取某一区间内的任意实数,因此不考查 X 在此区间内某一点取值的概率.只有确知它在此区间内某一部分区间上取值的概率时,才能掌握其取值的概率分布情况.如 §6.4 试验 E_2 中,X 表示显像管的使用寿命(单位:h),我们可以考查 X 在区间 $[1000,+\infty)$ 上(即显像管的使用寿命至少为 1000 h)的概率,即计算 $P(X \geqslant 1000)$;还可以考查 X 在区间 $(5000,10000]$ 上(即显像管的使用寿命在 5000~10000 h 之间)的概率,即计算 $P(5000 < X \leqslant 10000)$.

定义 6.3 对于随机变量 X,若存在一个非负可积函数 $f(x)$ $(-\infty < x < +\infty)$,使得对任意实数 a,b $(a<b)$,有

$$P(a < X \leqslant b) = \int_a^b f(x) \mathrm{d}x,$$

则称 X 为**连续型随机变量**,并称 $f(x)$ 为随机变量 X 的**概率密度函数**,简称为**概率密度**或**密度函数**.

在直角坐标系下,概率密度 $f(x)$ 的图形称为随机变量 X 的**密度曲线**.由定积分的几何意义可知,X 在区间 $(a,b]$ 上取值的概率 $P(a<X \leqslant b)$ 正是该区间上以密度曲线为曲边的曲边梯形的面积(图 6-8).

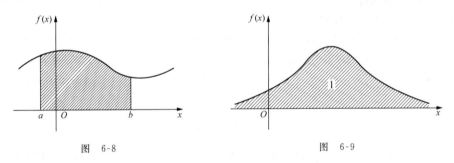

图 6-8   图 6-9

这里必须注意,概率密度 $f(x)$ 在某一点的值,并不表示随机变量 X 在此点的概率,而是表示 X 在此点概率分布的密集程度,即 X 在此点附近一个单位长度上的概率.

由概率密度的定义易知 $f(x)$ 具有如下**性质**:

(1) $f(x) \geqslant 0$,$x \in (-\infty, +\infty)$;

(2) $\int_{-\infty}^{+\infty} f(x) \mathrm{d}x = 1$.

性质(2)说明,介于密度曲线 $y=f(x)$ 与 x 轴之间的平面图形的面积等于 1(图 6-9).

另外,由概率密度的定义还知:

(1) 连续型随机变量 X 取任何一个固定值 a 的概率都为零,即

$$P(X=a) = 0;$$

(2) $P(a<X<b)=P(a<X\leqslant b)=P(a\leqslant X<b)=P(a\leqslant X\leqslant b)=\int_a^b f(x)\mathrm{d}x.$

由此可见,计算连续型随机变量 X 在某一区间的概率时,可以不必区分开区间、闭区间、半开半闭区间.

例1 设连续型随机变量 X 的概率密度为

$$f(x)=\begin{cases} ax, & 0<x<1, \\ 0, & 其他. \end{cases}$$

(1) 确定常数 a; (2) 求 $P(-1<X<0.5)$; (3) 求 $P(X\leqslant 0.8)$.

解 (1) 由概率密度的性质 $\int_{-\infty}^{+\infty} f(x)\mathrm{d}x=1$ 有

$$\int_{-\infty}^0 0\mathrm{d}x+\int_0^1 ax\mathrm{d}x+\int_1^{+\infty} 0\mathrm{d}x=\int_0^1 ax\mathrm{d}x=1,$$

即 $a\dfrac{x^2}{2}\Big|_0^1=\dfrac{a}{2}=1$,解得 $a=2$.

(2) $P(-1<X<0.5)=\int_{-1}^{0.5} f(x)\mathrm{d}x=\int_{-1}^0 0\mathrm{d}x+\int_0^{0.5} 2x\mathrm{d}x=x^2\Big|_0^{0.5}=0.25.$

(3) $P(X\leqslant 0.8)=\int_{-\infty}^{0.8} f(x)\mathrm{d}x=\int_{-\infty}^0 0\mathrm{d}x+\int_0^{0.8} 2x\mathrm{d}x=x^2\Big|_0^{0.8}=0.64.$

二、均匀分布与指数分布

1. 均匀分布

若连续型随机变量 X 的概率密度为

$$f(x)=\begin{cases} \dfrac{1}{b-a}, & a\leqslant x\leqslant b, \\ 0, & 其他, \end{cases}$$

则称随机变量 X 服从区间 $[a,b]$ 上的**均匀分布**,记做 $X\sim U(a,b)$.此时,X 只能在区间 $[a,b]$ 上取值,且落在区间 $[a,b]$ 中任意等长度的部分区间的可能性是相同的.

例2 设国际市场对我国某种出口商品的年需求量(单位:t)服从区间 $[2000,4000]$ 上的均匀分布,求在未来一年内,国际市场对我国该种出口商品的需求量

(1) 恰好为 3000 t 的概率;

(2) 小于 2500 t 的概率;

(3) 在 2500~3800 t 之间的概率.

解 设国际市场对我国该种出口商品的年需求量为 X,则由题设有 $X\sim U(2000,4000)$,即 X 的概率密度为

$$f(x)=\begin{cases} \dfrac{1}{4000-2000}, & 2000\leqslant x\leqslant 4000, \\ 0, & 其他. \end{cases}$$

(1) 由于 X 是一个连续型随机变量,故需求量恰好为 $3000\,\mathrm{t}$ 的概率为
$$P(X=3000)=0.$$
(2) 需求量小于 $2500\,\mathrm{t}$ 的概率为
$$P(X<2500)=\int_{-\infty}^{2500}f(x)\mathrm{d}x=\int_{2000}^{2500}\frac{1}{4000-2000}\mathrm{d}x=0.25.$$
(3) 需求量在 $2500\sim 3800\,\mathrm{t}$ 之间的概率为
$$P(2500<X\leqslant 3800)=\int_{2500}^{3800}f(x)\mathrm{d}x=\int_{2500}^{3800}\frac{1}{4000-2000}\mathrm{d}x=0.65.$$

例 3 在某公共汽车的起点站每隔 $10\,\mathrm{min}$ 发出一辆汽车. 设一个乘客在任一时刻到达车站是等可能的, 求:

(1) 乘客候车时间 X 的概率密度;

(2) 乘客候车时间超过 $8\,\mathrm{min}$ 的概率.

解 (1) 由题设知, 乘客候车时间 X 的取值必落在区间 $[0,10]$ 内, 而且在该区间内任意一点有相同的概率密度, 或者说, X 落在区间 $[0,10]$ 之内任意等长度的部分区间的可能性是相同的, 所以 X 服从 $[0,10]$ 上的均匀分布, 即 $X\sim U(0,10)$, 其概率密度为
$$f(x)=\begin{cases}\dfrac{1}{10}, & 0\leqslant x\leqslant 10,\\ 0, & \text{其他}.\end{cases}$$

(2) 乘客候车时间超过 $8\,\mathrm{min}$ 的概率为
$$P(X>8)=\int_{8}^{+\infty}f(x)\mathrm{d}x=\int_{8}^{10}\frac{1}{10}\mathrm{d}x=0.2.$$

2. 指数分布

若连续型随机变量 X 的概率密度为
$$f(x)=\begin{cases}\lambda\mathrm{e}^{-\lambda x}, & x\geqslant 0,\\ 0, & x<0,\end{cases}$$

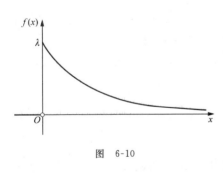

图 6-10

其中 $\lambda>0$ 是常数, 则称随机变量 X 服从参数为 λ 的**指数分布**, 记做 $X\sim e(\lambda)$.

指数分布的密度曲线如图 6-10 所示.

指数分布常常用来描述产品寿命或维修时间的分布, 例如某些消耗性产品(如电子元件、灯泡等)的寿命、机器发生故障而进行维修的时间、随机服务系统中的服务时间等.

例 4 设顾客在某银行的窗口等待服务的时间 X(单位: min)服从参数为 $\lambda=\dfrac{1}{5}$ 的指数分布, 求某顾客在窗口等待服务的时间不超过 $10\,\mathrm{min}$ 的概率.

解 由题设知,顾客等待服务的时间 X 的概率密度为

$$f(x) = \begin{cases} \dfrac{1}{5}\mathrm{e}^{-x/5}, & x \geqslant 0, \\ 0, & x < 0. \end{cases}$$

于是,该顾客等待服务的时间不超过 10 min 的概率为

$$P(X \leqslant 10) = \int_{-\infty}^{10} f(x)\mathrm{d}x = \int_0^{10} \dfrac{1}{5}\mathrm{e}^{-x/5}\mathrm{d}x = -\mathrm{e}^{-x/5}\Big|_0^{10} = 1 - \mathrm{e}^{-2} \approx 0.8647.$$

习 题 6.6

A 组

1. 下列函数哪些不能作为某连续型随机变量的概率密度?

(1) $f(x) = \begin{cases} \sin x, & 0 \leqslant x \leqslant \dfrac{\pi}{2}, \\ 0, & \text{其他}; \end{cases}$ 　　(2) $f(x) = \begin{cases} \sin x, & 0 \leqslant x \leqslant \pi, \\ 0, & \text{其他}; \end{cases}$

(3) $f(x) = \begin{cases} x, & 0 \leqslant x < 1, \\ 0, & \text{其他}; \end{cases}$ 　　(4) $f(x) = \begin{cases} 1, & 0 \leqslant x < 1, \\ 0, & \text{其他}. \end{cases}$

2. 设连续型随机变量 X 的概率密度为

$$f(x) = \begin{cases} ax^2, & 0 < x < 1, \\ 0, & \text{其他}. \end{cases}$$

(1) 确定常数 a;　　(2) 求 $P(-1 < X < 0.2)$;　　(3) 求 $P(X \leqslant 0.4)$.

3. 某厂生产的滚珠的直径额定尺寸为 10 mm,允许范围为 9.8~10.3 mm. 若滚珠直径在允许范围内服从均匀分布,任取该厂生产的一粒滚珠,求:

(1) 该滚珠直径恰好为 10 mm 的概率;　　(2) 该滚珠直径小于 10 mm 的概率;

(3) 该滚珠直径在 9.9~10.2 mm 之间的概率.

4. 假定一次电话的通话时间 X(单位:min)服从参数为 $\lambda = 4$ 的指数分布,求打一次电话所用时间不超过 1 min 的概率.

5. 设某商店从早晨开始营业起到第一个顾客到达的等待时间 X(单位:min)的概率密度为

$$f(x) = \begin{cases} 0.4\mathrm{e}^{-0.4x}, & x \geqslant 0, \\ 0, & x < 0, \end{cases}$$

求:(1) 最多等待 3 min 的概率;　　(2) 至少等待 4 min 的概率;

(3) 要等待 3~4 min 的概率;　　(4) 恰好等待 2.54 min 的概率.

6. 某空调厂对空调的主要部件压缩机进行检验,发现其寿命(单位:年)服从参数为 0.08 的指数分布.

(1) 求某顾客所购该厂生产的空调其压缩机寿命超过 10 年的概率;

(2) 在厂家承诺的 3 年保修期内将有多少比例的压缩机需免费修理?

B 组

1. 设某种型号的电子元件的寿命(单位:h)具有以下的概率密度:

$$f(x) = \begin{cases} \dfrac{1000}{x^2}, & x > 1000, \\ 0, & x \leqslant 0. \end{cases}$$

现有一大批此种电子元件(设各电子元件损坏与否相互独立),求:

(1) 任取一个,其寿命大于 1500 h 的概率;

(2) 任取 5 个,其中至少有 2 个寿命大于 1500 h 的概率.

2. 设每人每次打电话的时间 X(单位:min)服从参数为 1 的指数分布,求 5 人所打的电话中,恰有 2 人通话时间超过 3 min 的概率(设每个人打电话相互独立).

§6.7 正态分布

【本节学习目标】 了解标准正态分布及一般正态分布的概率密度函数;掌握标准正态分布及一般正态分布的概率计算.

一、标准正态分布

正态分布是概率论与数理统计的理论和应用中最重要、最常用的分布.许多随机现象,如测量误差,人的身高、体重、智商,一个地区的年降雨量,某城市每日的用水量、用电量和用气量,射击时弹着点与靶心的距离等,都可以用正态分布或近似正态分布来描述.

下面先介绍标准正态分布.

1. 标准正态分布的概率密度

若随机变量 X 的概率密度是

$$\varphi(x) = \frac{1}{\sqrt{2\pi}} e^{-x^2/2} \quad (-\infty < x < +\infty),$$

则称随机变量 X 服从**标准正态分布**,记做 $X \sim N(0,1)$. 标准正态分布的概率密度 $\varphi(x)$ 的图形如图 6-11 所示,该曲线关于 y 轴对称.

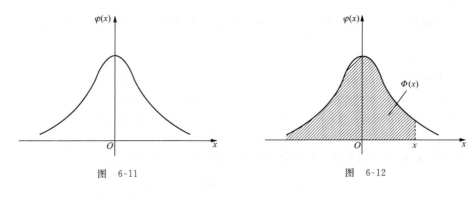

图 6-11   图 6-12

§ 6.7 正态分布

若记
$$\Phi(x) = P(X \leqslant x) = \int_{-\infty}^{x} \frac{1}{\sqrt{2\pi}} e^{-t^2/2} dt \quad (-\infty < x < +\infty), \qquad (6.13)$$

则 $\Phi(x)$ 表示服从标准正态分布的随机变量 X 在区间 $(-\infty, x]$ 上取值的概率. 为了计算方便, 书中附表 2(标准正态分布表)已给出了 $x \geqslant 0$ 时 $\Phi(x)$ 的值, 其几何意义是图 6-12 中阴影部分的面积.

2. 标准正态分布的概率计算

设随机变量 $X \sim N(0,1)$, 由 (6.13) 式及附表 2, 可计算出随机变量 X 在任一区间上取值的概率.

设 $a \geqslant 0$, 且 $a < b$, 则

(1) $P(X < b) = P(X \leqslant b) = \Phi(b)$.

(2) $P(X \geqslant a) = P(X > a) = 1 - P(X \leqslant a) = 1 - \Phi(a)$.

(3) $P(a < X \leqslant b) = P(X \leqslant b) - P(X \leqslant a) = \Phi(b) - \Phi(a)$.

(4) 附表 2 中 x 的范围为 $[0,5)$, 因此, 当 $x \in [0,5)$ 时, 可直接查表; 对于 $x \geqslant 5$, 取 $\Phi(x) \approx 1$.

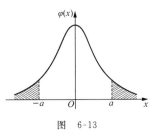

图 6-13

(5) 当 $a > 0$ 时, 由图 6-13 有 $\Phi(-a) = 1 - \Phi(a)$.

(6) $P(|X| < b) = P(|X| \leqslant b) = \Phi(b) - \Phi(-b) = 2\Phi(b) - 1$.

例 1 设随机变量 $X \sim N(0,1)$, 查表求:

(1) $P(X < 1.38)$;   (2) $P(1.38 \leqslant X < 2.57)$;   (3) $P(X \geqslant 2.57)$;

(4) $P(X < -1)$;   (5) $P(X \geqslant -0.04)$;   (6) $P(|X| < 1.65)$.

解 查标准正态分布表(附表 2), 得

(1) $P(X < 1.38) = \Phi(1.38) = 0.91621$;

(2) $P(1.38 \leqslant X < 2.57) = \Phi(2.57) - \Phi(1.38) = 0.994915 - 0.91621 = 0.078705$;

(3) $P(X \geqslant 2.57) = 1 - P(X < 2.57) = 1 - \Phi(2.57) = 1 - 0.994915 = 0.005085$;

(4) $P(X < -1) = \Phi(-1) = 1 - \Phi(1) = 1 - 0.8413 = 0.1587$;

(5) $P(X \geqslant -0.04) = 1 - \Phi(-0.04) = \Phi(0.04) = 0.5160$;

(6) $P(|X| < 1.65) = 2\Phi(1.65) - 1 = 2 \times 0.95053 - 1 = 0.90106$.

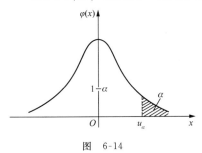

图 6-14

例 2 设随机变量 $X \sim N(0,1)$.

(1) 求 $P(X \leqslant 1.96)$;

(2) 求 u_α, 使得 $P(X \leqslant u_\alpha) = 0.975$.

解 (1) 只要查标准正态分布表, 就可得到所求的概率. 由附表 2 得

$$P(X \leqslant 1.96) = \Phi(1.96) = 0.975.$$

(2) 该问题是已知概率的值为 0.975, 求未知数 u_α, 使

得事件$\{X \leqslant u_\alpha\}$的概率为0.975.我们称u_α为标准正态分布的**上α分位数**(也称为**上α分位点**).上α分位数u_α把标准正态分布密度曲线下的面积(该面积为1)分成左右两块,左侧的面积为0.975(一般记做$1-\alpha$);右侧的面积为$1-0.975=0.025$(一般记做α).所以u_α满足(图6-14)

$$\Phi(u_\alpha) = 1 - \alpha.$$

我们可反查标准正态分布表,即从附表2所给出的概率值中找到概率0.975,此时所对应的值就是上分位数$u_{0.025}=1.96$,即$u_{0.025}=1.96$满足

$$\Phi(u_{0.025}) = P(X \leqslant u_{0.025}) = P(X \leqslant 1.96) = 0.975.$$

再如,对于$\alpha=0.015$,由于$P(X \leqslant 2.17)=1-0.015=0.985$,所以$u_{0.015}=2.17$.

二、正态分布

1. 正态分布的概率密度

若随机变量X的概率密度是

$$f(x) = \frac{1}{\sqrt{2\pi}\sigma} e^{-\frac{(x-\mu)^2}{2\sigma^2}} \quad (-\infty < x < +\infty),$$

其中μ,σ $(\sigma>0)$都是常数,则称随机变量X服从参数为μ,σ的**正态分布**,记做$X \sim N(\mu,\sigma^2)$.

正态分布概率密度$f(x)$的图形称为正态曲线,该曲线呈"中间高,两头低,关于$x=\mu$对称"的特征(图6-15).

显然,标准正态分布正是正态分布中$\mu=0,\sigma=1$时的特殊情形.

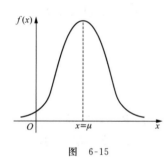

图 6-15

2. 一般正态分布的概率计算

关于正态分布$N(\mu,\sigma^2)$的概率均可化为标准正态分布$N(0,1)$来计算.可以证明:

若 $X \sim N(\mu,\sigma^2)$, 则 $\dfrac{X-\mu}{\sigma} \sim N(0,1).$

于是,若$X \sim N(\mu,\sigma^2)$,则有

$$P(X \leqslant x) = P\left(\frac{X-\mu}{\sigma} \leqslant \frac{x-\mu}{\sigma}\right) = \Phi\left(\frac{x-\mu}{\sigma}\right), \tag{6.14}$$

$$P(X > x) = 1 - P(X \leqslant x) = 1 - \Phi\left(\frac{x-\mu}{\sigma}\right), \tag{6.15}$$

$$P(a \leqslant X \leqslant b) = \Phi\left(\frac{b-\mu}{\sigma}\right) - \Phi\left(\frac{a-\mu}{\sigma}\right). \tag{6.16}$$

例3 设随机变量$X \sim N(-2,4^2)$,求$P(X \leqslant -4.2)$,$P(3<X<5)$,$P(|X|>1.5)$.

解 依题设知$\mu=-2,\sigma=4$.由(6.14)式得

$$P(X \leqslant -4.2) = \Phi\left(\frac{-4.2-(-2)}{4}\right) = \Phi(-0.55) = 1-\Phi(0.55)$$

$$= 1 - 0.7088 = 0.2912.$$

由(6.16)式得

$$P(3 < X < 5) = \Phi\left(\frac{5-(-2)}{4}\right) - \Phi\left(\frac{3-(-2)}{4}\right) = \Phi(1.75) - \Phi(1.25)$$
$$= 0.95994 - 0.8944 = 0.06554.$$

由(6.15)式和(6.16)式得

$$P(|X| > 1.5) = 1 - P(|X| \leqslant 1.5)$$
$$= 1 - \left[\Phi\left(\frac{1.5-(-2)}{4}\right) - \Phi\left(\frac{-1.5-(-2)}{4}\right)\right]$$
$$= 1 - \Phi(0.875) + \Phi(0.125) = 1 - 0.8092 + 0.54975$$
$$= 0.74055.$$

例 4 设某产品的长度 X（单位：mm）服从参数 $\mu=50, \sigma=0.75$ 的正态分布. 若规定长度在 50 ± 1.5 mm 之间为合格品，求合格品的概率.

解 依题设有 $X \sim N(50, 0.75^2)$. 由公式(6.16)得合格品的概率为

$$P(50-1.5 < X \leqslant 50+1.5) = \Phi\left(\frac{50+1.5-50}{0.75}\right) - \Phi\left(\frac{50-1.5-50}{0.75}\right)$$
$$= \Phi(2) - \Phi(-2) = 2\Phi(2) - 1$$
$$= 2 \times 0.97725 - 1 = 0.9545.$$

例 5 设随机变量 $X \sim N(\mu, \sigma^2)$，求 X 的取值落在区间 $(\mu-\sigma, \mu+\sigma)$, $(\mu-2\sigma, \mu+2\sigma)$ 和 $(\mu-3\sigma, \mu+3\sigma)$ 内的概率.

解 由公式(6.16)得

$$p(\mu-k\sigma < X < \mu+k\sigma) = \Phi\left(\frac{\mu+k\sigma-\mu}{\sigma}\right) - \Phi\left(\frac{\mu-k\sigma-\mu}{\sigma}\right)$$
$$= \Phi(k) - \Phi(-k) = 2\Phi(k) - 1.$$

查附表 2 并计算，得

当 $k=1$ 时，$P(\mu-\sigma < X < \mu+\sigma) = 2\Phi(1) - 1 = 2 \times 0.8413 - 1 = 0.6826$；

当 $k=2$ 时，$P(\mu-2\sigma < X < \mu+2\sigma) = 2\Phi(2) - 1 = 2 \times 0.97725 - 1 = 0.9545$；

当 $k=3$ 时，$P(\mu-3\sigma < X < \mu+3\sigma) = 2\Phi(3) - 1 = 2 \times 0.99865 - 1 = 0.9973$.

可见，X 的取值几乎全落在区间 $(\mu-3\sigma, \mu+3\sigma)$ 内（约 99.73%）. 这在统计学上称做"3σ 原则". 显然，事件 $\{|X-\mu| \geqslant 3\sigma\}$ 的概率是很小的，只有 0.27%.

习 题 6.7

A 组

1. 设随机变量 $X \sim N(0,1)$，查表求：

(1) $P(X < 2.01)$；　　　　(2) $P(0.05 \leqslant X < 1.74)$；　　　　(3) $P(|X| \leqslant 1.6)$；

(4) $P(X<-0.85)$;　　(5) $P(X\leqslant 2.83)$;　　(6) $P(|X|\geqslant 2.5)$;

(7) $P(X<0)$;　　(8) $P(X=0)$.

2. 设随机变量 $X\sim N(2,9)$,求:

(1) $P(X\leqslant 5)$;　　(2) $P(X>5.5)$;　　(3) $P(-1<X<1)$;　　(4) $P(X>-1)$;

(5) $P(X<0)$;　　(6) $P(X=0)$;　　(7) $P(X\geqslant 0)$.

3. 设某校学生体重(单位:kg)的分布近似服从参数为 $\mu=53,\sigma=7$ 的正态分布,试求该校学生体重在 $50\sim 65$ kg 之间的概率.

4. 已知某台机器生产的螺栓长度(单位:cm)服从参数为 $\mu=10.05,\sigma=0.06$ 的正态分布.若规定螺栓长度在 10.05 ± 0.12 mm 之间为合格品,求任抽一螺栓,它为不合格品的概率.

5. 假定某地区成年男性的身高(单位:cm) $X\sim N(170,7.69^2)$,求该地区成年男性的身高超过 175 cm 的概率.

B　组

1. 设随机变量 $X\sim N(108,9)$.

(1) 求 $P(101.1<X<115.8)$;　　(2) 求常数 a,使得 $P(X<a)=0.9$.

2. 公共汽车车门的高度是按照本地区成年男子与车门顶碰头的机会小于 0.01 而设计的.设某地区成年男子的身高(单位:cm) $X\sim N(170,36)$,问:车门高度应设计多高?

§6.8　随机变量的数字特征

【本节学习目标】　掌握数学期望的定义,能熟练计算离散型随机变量的数学期望;掌握方差的定义,会计算离散型随机变量的方差.

一、数学期望

数学期望简称为期望,又称为均值,是用来描述随机变量分布的中心位置的特征量,表示随机变量平均取什么值.

1. 离散型随机变量的数学期望

在实际问题中,常常需要计算平均值.例如,在股市上,某人买入某上市公司股票的价格及相应数量如表 6-2 所示.

表 6-2

价格/(元/股)	14.5	15.5	16.5
数量/股	6000	3000	1000

若按

$$\frac{(14.5+15.5+16.5)\text{元}}{3\text{股}}=15.5\text{元/股}$$

计算此人买入该股票的平均价格,是不符合实际的,因为此人在 14.5 元/股的低价位上买入股票的数量较多,在 16.5 元/股的高价位上买入股票的数量较少. 此人买入该股票的平均价格应是买入的 6000＋3000＋1000＝10000 股股票所出的总价钱与 10000 股之比,即

$$\frac{(14.5 \times 6000 + 15.5 \times 3000 + 16.5 \times 1000) \text{元}}{(6000 + 3000 + 1000) \text{股}}$$

$$= (14.5 \times 0.6 + 15.5 \times 0.3 + 16.5 \times 0.1) \text{元}/\text{股} = 15 \text{元}/\text{股}.$$

若将此人买入该股票的价格理解为随机变量 X,则上式即

$$14.5 \times 0.6 + 15.5 \times 0.3 + 16.5 \times 0.1,$$

正是随机变量 X 的所有可能取值与其相应的概率乘积之和.

将这种计算平均值的方法一般化,便有如下数学期望的定义.

定义 6.4 离散型随机变量 X 的所有可能取值 $x_i(i=1,2,\cdots,n)$ 与其相应的概率 p_i 的乘积之和,称为 X 的**数学期望**(简称为**期望**)或**均值**,记做 $E(X)$,即

$$E(X) = x_1 p_1 + x_2 p_2 + \cdots + x_n p_n = \sum_{i=1}^{n} x_i p_i. \tag{6.17}$$

说明 当离散型随机变量 X 的取值为可列个时,随机变量 X 的所有可能取值 x_i 与其相应的概率 p_i 的乘积之和也称 X 的数学期望. 这是无穷多个数的和,是无穷级数问题. 由于本书不讲无穷级数知识,故定义 6.4 只讲随机变量 X 取值为有限个的情形. 对于本书前面讲述的服从参数为 λ 的泊松分布,随机变量 X 的取值为可列个,可以计算得其数学期望为

$$E(X) = \lambda.$$

数学期望 $E(X)$ 是一个确定的常量,它是 X 的所有可能取值以各自的相应概率为权(即占的比重)的加权平均.

例如,对于两点分布

X	0	1
P	$1-p$	p

由(6.17)式可求得数学期望

$$E(X) = 0 \times (1-p) + 1 \times p = p.$$

同样可以计算出：若随机变量 X 服从二项分布,即 $X \sim B(n,p)$,则 $E(X) = np$.

例 1 某出租汽车公司拥有 500 辆出租汽车. 若每天每辆出租汽车发生交通事故的概率为 0.01,试求该出租汽车公司一天中平均有几辆出租汽车发生交通事故.

解 设 X 表示该出租汽车公司一天中发生交通事故的出租汽车辆数. 由于每辆出租汽车一天中要么发生交通事故,要么不发生交通事故,且每辆出租汽车发生交通事故的概率都为 0.01,故 $X \sim B(500, 0.01)$. 于是,该出租汽车公司一天中发生交通事故的出租汽车平均有

$$E(X) = np \text{ 辆} = 500 \times 0.01 \text{ 辆} = 5 \text{ 辆}.$$

例 2 一批产品分为一、二、三等品和废品四个等级,相应的比例分别为 $60\%, 20\%, 10\%$ 和 10%. 若各等级产品的产值分别为 $6, 4.8, 4$ 和 0 元,求这批产品的平均产值.

解 设这批产品的产值为 X,它是随机变量.由题设知,X 的概率分布为

X	6	4.8	4	0
P	0.6	0.2	0.1	0.1

于是,这批产品的平均产值为
$$E(X) = (6 \times 0.6 + 4.8 \times 0.2 + 4 \times 0.1 + 0 \times 0.1) \text{元} = 4.96 \text{元}.$$

2. 连续型随机变量的数学期望

定义 6.5 对于连续型随机变量 X,用随机变量 X 的取值 x 与其概率密度 $f(x)$ 的乘积之广义积分定义其**数学期望** $E(X)$,即
$$E(X) = \int_{-\infty}^{+\infty} xf(x)\mathrm{d}x.$$

例如,对于服从区间 $[a,b]$ 上的均匀分布的随机变量 X,即 $X \sim U(a,b)$,由于 X 的概率密度为
$$f(x) = \begin{cases} \dfrac{1}{b-a}, & a \leqslant x \leqslant b, \\ 0, & \text{其他,} \end{cases}$$

所以 X 的数学期望为
$$E(X) = \int_{-\infty}^{+\infty} xf(x)\mathrm{d}x = \int_a^b x\,\frac{1}{b-a}\mathrm{d}x = \frac{1}{b-a}\,\frac{x^2}{2}\bigg|_a^b = \frac{a+b}{2}.$$

同样可以计算出:
(1) 若随机变量 X 服从参数为 λ 的指数分布,即 $X \sim e(\lambda)$,则
$$E(X) = \frac{1}{\lambda};$$
(2) 若随机变量 X 服从参数为 μ, σ 的正态分布,即 $X \sim N(\mu, \sigma^2)$,则
$$E(X) = \mu.$$

二、方差

例 3 甲、乙两台自动机床生产同一种零件,生产 1000 件产品所出现的次品数分别用 X 和 Y 表示.经过一段时间的考查,知 X 和 Y 的分布列分别如下:

X	0	1	2	3	4
P	0.1	0.2	0.4	0.2	0.1

Y	0	1	2	3	4
P	0.2	0.2	0.2	0.2	0.2

试比较甲、乙两台机床的优劣.

分析 若只从 X 和 Y 的分布列来看,很难得到孰优孰劣.现分别计算其数学期望:
$$E(X) = (0\times 0.1+1\times 0.2+2\times 0.4+3\times 0.2+4\times 0.1) \text{件} = 2 \text{件},$$
$$E(Y) = (0\times 0.2+1\times 0.2+2\times 0.2+3\times 0.2+4\times 0.2) \text{件} = 2 \text{件}.$$

结果表明,每生产 1000 件产品,甲、乙两台机床都平均出 2 件次品.那么这两台机床生产的零件的质量是否完全相同?

通过对题设数据进一步分析会发现:甲机床出 2 件(平均值)次品的概率为 0.4,次品数为 2 件及 2 件左右(1,2,3 件)的概率为 0.8,即次品数的分布比较集中,质量比较稳定;而乙机床出 2 件次品的概率为 0.2,次品数为 2 件及 2 件左右(1,2,3 件)的概率为 0.6,即次品数的分布比较分散,质量不够稳定.由此可见,比较产品质量的优劣,只了解其均值是不够的,还必须了解它们的取值与均值之间的偏离程度.怎样去描述随机变量 X 的取值与其均值 $E(X)$ 的偏离程度呢?

随机变量 X 与其均值 $E(X)$ 之差 $X-E(X)$ 称为 X 的**离差**.离差可以反映随机变量 X 的取值与其均值 $E(X)$ 的偏离程度.但离差的值有正有负,也可能是零,在求平均离差时,它们可能相互抵消.正因为如此,我们用离差的平方 $[X-E(X)]^2$ 来衡量随机变量 X 与其均值 $E(X)$ 的偏离程度.

定义 6.6 随机变量 X 离差的平方 $[X-E(X)]^2$ 的数学期望称为随机变量 X 的**方差**,记做 $D(X)$ 或 σ^2,即
$$D(X) = E[X-E(X)]^2.$$

方差的算术平方根 $\sqrt{D(X)}$,称为随机变量 X 的**均方差**或**标准差**.

对于离散型随机变量 X,若分布列为 $P(X=x_i)=p_i(i=1,2,\cdots,n)$,则
$$\begin{aligned} D(X) &= E[X-E(X)]^2 \\ &= [x_1-E(X)]^2 p_1 + [x_2-E(X)]^2 p_2 + \cdots + [x_n-E(X)]^2 p_n \\ &= \sum_{i=1}^{n}[x_i-E(X)]^2 p_2. \end{aligned} \tag{6.18}$$

对于连续型随机变量 X,若其概率密度为 $f(x)$,则用下述广义积分来定义它的方差 $D(X)$,即
$$D(X) = \int_{-\infty}^{+\infty}[x-E(X)]^2 f(x)dx. \tag{6.19}$$

由方差的定义知,方差是一个正数,它反映了随机变量 X 与其均值 $E(X)$ 的偏离程度.当 X 的所有可能取值密集在其均值 $E(X)$ 的附近时,方差较小;否则,方差较大.也就是说,

方差越小,说明随机变量 X 的取值越集中于 $E(X)$ 附近.对产品质量而言,这时产品的质量越稳定.

在例 3 中,由于 $E(X) = E(Y) = 2$,由公式(6.18)得
$$D(X) = [(0-2)^2 \times 0.1 + (1-2)^2 \times 0.2 + (2-2)^2 \times 0.4$$
$$+ (3-2)^2 \times 0.2 + (4-2)^2 \times 0.1]$$
$$= 1.2,$$
$$\sqrt{D(X)} = \sqrt{1.2} \approx 1.0954.$$

类似地,可求得 $D(Y) = 2$,$\sqrt{D(Y)} = \sqrt{2} \approx 1.4142$.

由于 $D(X) < D(Y)$,所以甲机床生产的零件的质量比乙机床生产的零件的质量稳定,该结论与上述分析结果一致.另外,由上述计算可看出,随机变量 X 的标准差 $\sqrt{D(X)}$ 与随机变量 X 及均值 $E(X)$ 具有相同的度量单位.正因如此,在实际中,常常用随机变量 X 的标准差 $\sqrt{D(X)}$ 来衡量随机变量 X 与其均值 $E(X)$ 的偏离程度.

例 4 设随机变量 X 服从参数为 p 的两点分布.由于 $E(X) = p$,故由公式(6.18)得其方差为
$$D(X) = (0-p)^2 \times (1-p) + (1-p)^2 \times p = p(1-p),$$
从而
$$\sqrt{D(X)} = \sqrt{p(1-p)}.$$

同样可以计算出:

(1) 若随机变量 X 服从二项分布,即 $X \sim B(n, p)$,则其方差和标准差分别为
$$D(X) = np(1-p), \quad \sqrt{D(X)} = \sqrt{np(1-p)};$$

(2) 若随机变量 X 服从参数为 λ 的泊松分布,即 $X \sim P(\lambda)$,则其方差和标准差分别为
$$D(X) = \lambda, \quad \sqrt{D(X)} = \sqrt{\lambda}.$$

例 5 设随机变量 X 服从区间 $[a, b]$ 上的均匀分布.由于 $E(X) = \dfrac{a+b}{2}$,由公式(6.19)得其方差为
$$D(X) = \int_{-\infty}^{+\infty} \left(x - \frac{a+b}{2}\right)^2 f(x) dx = \int_a^b \left(x - \frac{a+b}{2}\right)^2 \frac{1}{b-a} dx = \frac{(b-a)^2}{12},$$
从而
$$\sqrt{D(X)} = \frac{b-a}{2\sqrt{3}}.$$

同样可以计算出:

(1) 若随机变量 X 服从参数为 λ 的指数分布,即 $X \sim e(\lambda)$,则其方差和标准差分别为
$$D(X) = \frac{1}{\lambda^2}, \quad \sqrt{D(X)} = \frac{1}{\lambda};$$

(2) 若随机变量 X 服从参数为 μ, σ 的正态分布,即 $X \sim N(\mu, \sigma^2)$,则其方差和标准差分别为
$$D(X) = \sigma^2, \quad \sqrt{D(X)} = \sigma.$$

§6.8 随机变量的数字特征

数学期望(均值)刻画了随机变量平均取值状况,而方差及标准差则描述了随机变量取值的分散程度,这些量反映了随机变量重要的概率特征,称为随机变量的**数字特征**.

习 题 6.8

A 组

1. 已知投资某一项目的收益率 X 为随机变量,其分布列为

$X/\%$	2	3	4	5
P	0.1	0.3	0.4	0.2

求该项目的平均收益率 $E(X)$.

2. 某厂生产的产品有一、二、三等品,等外品及废品五种,它们分别占产品总数的 $70\%,10\%,10\%,6\%$ 及 4%.若其单位产品的价值分别为 $60,54,50,40$ 及 0 元,求单位产品的平均价值.

3. 有奖彩票的活动中,1000 张彩票以每张 2 元的价格售出.已知 1000 张彩票中有 1 个一等奖,500 元;3 个二等奖,每个 100 元;10 个三等奖,每个 10 元.问:一张彩票的实际价值平均为多少?

4. 甲、乙两个射手在同样条件下射击,命中的环数分别为随机变量 X 和 Y,其分布列分别如下:

X	10	9	8	7	6	5	0
P	0.4	0.2	0.1	0.1	0.1	0.1	0

Y	10	9	8	7	6	5	0
P	0.3	0.2	0.1	0.1	0.2	0.1	0

试比较甲、乙两射手的技术水平的优劣.

5. 试求第 1 题的 $\sqrt{D(X)}$.

6. 某公司业务部经理发现,接待一位客户并做成一项业务的概率为 0.25.若该业务部每周能接待 20 位客户,试求该业务部每周平均做成几笔业务,其方差和标准差是多少? 每周做成 5~8 笔业务的概率是多少?

7. 试比较表 6-3 中 A,B 两项目的期望报酬率和报酬率的方差.

表 6-3

经济情况	概率	A 项目预期报酬率	B 项目预期报酬率
繁荣	0.3	90%	20%
正常	0.4	15%	15%
衰退	0.3	−60%	10%

8. 甲、乙两个显像管厂生产同一种规格的显像管,设它们所生产的显像管的使用寿命(单位:h)分别为随机变量 X 和 Y,其概率分布如下:

X	8000	9000	10000	11000	12000
P	0.1	0.2	0.4	0.2	0.1

Y	8000	9000	10000	11000	12000
P	0.2	0.2	0.2	0.2	0.2

试比较甲、乙两厂生产的显像管的质量.

B 组

1. 某保险公司对机动车进行保险.已知每年对被保人赔偿 100000 元的概率为 0.001,赔偿 10000 元的概率为 0.005,赔偿 5000 元的概率为 0.05,赔偿 1000 元的概率为 0.1.若不计算其他费用,该保险公司预期平均从每个被保人身上盈利 100 元,试问:每年应收每个被保人保险费多少元?

2. 在射击比赛中,每人射击 4 次,每次一发子弹.规定 4 次全未中得 0 分,只中 1 次得 15 分,中 2 次得 30 分,中 3 次得 60 分,4 次全中得 100 分.若某人每次射击的命中率为 0.6,问:他平均可得多少分?

3. 设连续型随机变量 X 的概率密度为

$$f(x) = \begin{cases} 2x, & 0 < x < 1, \\ 0, & \text{其他.} \end{cases}$$

(1) 求 $E(X)$;   (2) 求 $D(X)$.

4. 已知数学考试成绩呈正态分布,其平均成绩为 65 分,标准差为 15 分,求:

(1) 成绩在 60~75 分之间的概率;

(2) 40 名学生参加考试,恰有 4 名学生成绩在 90 分以上的概率.

总习题六

1. 判断题(对者画"√",错者画"×"):

(1) 事件 A,B 至少有一个发生的逆事件是 A,B 都不发生;   ( )

(2) 对任意一个事件 A,有 $P(A+A)=2P(A)$;   ( )

(3) 对任意两个事件 A,B,有 $P(AB)=P(A)P(B)$;   ( )

(4) 若事件 A,B 互不相容,则事件 A,B 相互独立;   ( )

(5) 若事件 A,B 相互独立,则事件 A,B 互不相容.   ( )

2. 填空题:

(1) 抛掷两枚质地均匀的硬币,出现一正一反的概率为_____;

(2) 若事件 A,B 相互独立,且 $P(A)=P(B)=0.5$,则 $P(AB)=$_____,$P(A+B)=$_____;

(3) 设 $P(A)=p$,$P(B)=q$,若 A,B 相互独立,则 $P(A\bar{B})=$_____;

(4) 若事件 A,B 相互独立,且 $P(A)=0.6$,$P(A+B)=0.9$,则 $P(B)=$_____;

(5) 已知随机变量 X 的分布列为

总习题六

X	−1	1
P	1/3	2/3

则 $P(-1 \leqslant X < 1)=$ _____ ;

(6) 设随机变量 X 的分布列为

X	10	9	8
P	0.2	0.5	0.3

则 $E(X)=$ _____ ;

(7) 设随机变量的 X 分布列为 $P(X=0)=\dfrac{1}{3}$, $P(X=1)=\alpha$, $P(X=2)=\beta$, 且 $P(0 \leqslant X \leqslant 1)=\dfrac{3}{4}$, 则 $\alpha=$ _____ , $\beta=$ _____ , $E(X)=$ _____ ;

(8) 有一批钢球,质量为 10,15,20 g 的钢球分别占 55%,20%,25%. 现从中任取一个钢球,质量 X 的期望为 _____ .

3. 单项选择题:

(1) 将一枚质地均匀的硬币投掷 2 次,正面可能出现的次数为( );
(A) 0　　　　　(B) 1　　　　　(C) 2　　　　　(D) 0,1 或 2

(2) 掷两颗骰子一次,得到点数之和为 11 点的概率是( );
(A) $\dfrac{1}{18}$　　　(B) $\dfrac{1}{6}$　　　(C) $\dfrac{1}{3}$　　　(D) $\dfrac{1}{2}$

(3) 任选一个小于 10 的正整数,它恰好是 3 的整数倍的概率是( );
(A) $\dfrac{3}{10}$　　　(B) $\dfrac{1}{3}$　　　(C) $\dfrac{2}{9}$　　　(D) $\dfrac{4}{9}$

(4) 若 $P(A)=\dfrac{1}{2}$, $P(B)=\dfrac{1}{3}$, $P(AB)=\dfrac{1}{6}$, 则事件 A 与 B 之间的关系为( );
(A) 两任意事件　　(B) 互不相容　　(C) 相互独立　　(D) 对立事件

(5) 若 A 与 B 是两个互不相容的随机事件,且 $P(A)=0.2$, $P(B)=0.3$,则( );
(A) $P(A+B)=0.5$, $P(AB)=0$　　　(B) $P(A+B)=0.5$, $P(AB)=0.06$
(C) $P(A+B)=0.44$, $P(AB)=0.06$　(D) $P(A+B)=0.56$, $P(AB)=0.065$

(6) 若 A 与 B 是两个相互独立的随机事件,且 $P(A)=0.6$, $P(B)=0.3$,则( );
(A) $P(A+B)=0.9$　　　　　　　　　(B) $P(A+B)=0.9$, $P(AB)=0.18$
(C) $P(A+B)=0.72$, $P(AB)=0.18$　(D) $P(A+B)=0.3$, $P(AB)=0$

(7) 已知随机变量 X 的概率密度为 $f(x)=\dfrac{1}{2\sqrt{2\pi}}e^{-\frac{(x-1)^2}{8}}$ $(-\infty < x < +\infty)$,则 $D(X)=($).
(A) 1　　　　　(B) 4　　　　　(C) 2　　　　　(D) 8

4. 某市的电话号码由 8 个数字组成,其中打头的数字为 6,8 或 5.任取一电话号码,求它的 8 个数字均不同的概率.

5. 某公司在业余时间组织外语和计算机两个培训班.该公司 40 名职工中,有 20 名参加外语培训班,

第六章 概率初步

16名参加计算机培训班,其中8名同时参加两个培训班.在该公司中任抽一名职工,问:他是参加培训班学习的职工的概率是多少?

6. 若干人独立地向一游动目标射击,每人击中目标的概率都是0.6,求至少需要多少人,才能以0.99以上的概率击中目标.

7. 某车间有20台同型号机床,每台机床开动的概率为0.8,而各台机床是否开动彼此独立,每台机床开动所耗费的电能为15个单位,求这个车间消耗的电能不少于270个单位的概率.

8. 某种电池的寿命 X 服从正态分布,已知该种电池的平均寿命为300 h,均方差为35 h.
(1) 求电池的寿命在250 h以上的概率;
(2) 求 x 的最小值,使得电池的寿命在 $300-x$ 与 $300+x$(单位:h)之间的概率不小于0.9.

9. 某商业企业欲经营一种新产品,估计销路好与销路差的概率各为0.5.若大批经销,在销路好时可获利100万元,销路差时亏损20万元;若小批试销,在销路好时可获利40万元,销路差时既无利也无亏损.若以收益的期望值最大为决策依据,试问:应大批经销还是小批试销?

第七章

统计学初步

> 统计学是一门关于收集和分析随机数据的科学,主要研究如何收集和整理随机数据,如何分析这些数据,如何运用统计学的方法和技巧,并且基于统计分析的结果给出客观、公正和科学的论断. 本章将介绍统计学的初步知识.

§7.1 总体与样本·频率直方图

【本节学习目标】 了解总体、样本及样本容量的概念;会制作频率直方图.

一、总体与样本

假若我们要研究某厂所生产的一批显像管的平均寿命,由于测试显像管的寿命具有破坏性,所以我们只能从这批产品中抽取一部分进行寿命测试,并根据该部分产品的平均寿命数据,对整批产品的平均寿命进行统计推断.

通常,我们把所要研究的对象的全体称为**总体**,而把组成总体的每个对象称为**个体**. 在统计学中,我们往往要研究总体中个体的各种数值指标. 因此,把总体中每个对象的该项数值指标作为个体,把所有对象的该项数值指标所组成的集合作为总体. 例如,研究上述一批显像管的寿命,那么该批显像管中每个显像管的寿命值就作为一个个体,而该批显像管的寿命值组成的集合就作为总体,并记做随机变量 X,称为总体 X. 它的具体含义就是这批显像管的寿命.

从总体 X 中抽取出来的部分个体称为**样本**;样本中的个体称为**样品**,样品的个数称为**样本容量**,常常用 n 表示.

人们从总体中抽取样本,是为了认识和推断总体,如推断总体均值是多少、总体方差是多少,推断总体分布是什么,等等. 为了使推断有所依据,推断结果有效,对样本的抽取应有所要求. 满足以下两个条件的样

本称为**简单随机样本**,简称为**样本**:

(1) **随机性**　总体中每个个体有相同的机会被选入样本;

(2) **独立性**　从总体中抽取的每个样品对其他样品的抽取没有影响.

本书所说的样本都是满足上述两个条件的简单随机样本.

从总体 X 中抽取一个容量为 n 的样本,记做 $x_1, x_2, \cdots, x_n$,也称其为容量为 n 的**样本数据**.

二、频率分布与直方图

在统计工作中,处理数据的工作是非常重要的.通过对数据进行整理、分类,以发掘其中所包含的各种性质、特征和规律.频率直方图便是处理数据常用的方法.

下面结合具体例题说明频率直方图的含义及制作法.

例 1　某工人最近 30 天内,每天的日产量(单位:件)为

175, 196, 168, 184, 148, 170, 175, 178, 166, 181, 162, 180, 161, 187, 172,

185, 168, 166, 179, 162, 172, 169, 156, 170, 159, 173, 162, 170, 154, 168.

若直接看这 30 个数据,因数据较多,很难看出有什么规律.我们按下述程序对这些数据进行处理:

1. 求极差

数据中的最大值 M 和最小值 m 之差,称为**极差**,记做 R,即 $R=M-m$.它描述了一组数据的分布范围.

在本例中,$M=196$,$m=148$,$R=M-m=196-148=48$.

2. 将数据分组

首先,确定组数 k.作为一般性的原则,通常分 5~20 个组,目的是使用足够的组来表示数据的变异.对容量 n 较小的样本,通常将其分为 5~6 个组;容量为 100 左右的样本,通常将其分为 7~10 个组;容量为 200 左右的样本,通常将其分为 9~13 个组;容量为 300 左右及以上的样本,通常将其分为 12~20 个组.本例中只有 30 个数据,我们将其分为 5 个组,即取 $k=5$.

其次,确定每组数据所在的区间.每组区间长度可以相同也可以不同.实用中,通常选用长度相同的区间,以便进行比较.此时各组区间的长度称为**组距**,记做 h,其近似公式为

$$\text{组距 } h = \frac{\text{极差}}{\text{组数}} = \frac{M-m}{k} \xrightarrow{\text{本例中}} \frac{48}{5} = 9.6.$$

为方便起见,本例取组距为 10.

再次,确定每组的上、下限.第一组的下限,应不超过给定数据的最小值 m,记做 a_0.这里取 $a_0=147$,按组距 10,可得到如下分组区间:

$[147, 157)$, $[157, 167)$, $[167, 177)$, $[177, 187)$, $[187, 197)$.

通常可用每组的组中值来代表该组的数据:

$$组中值 = \frac{组上限 + 组下限}{2}.$$

我们把经过分组的样本数据称为**分组样本数据**.

3. 进行频数统计,求出频率密度分布表

样本数据落入第 i ($i=1,2,\cdots,k$) 个区间的个数,称为**频数**,记做 m_i. 称 $f_i = \frac{m_i}{n}$ (n 是数据的总个数) 为第 i 组数据的**频率**; 称 $p_i = \frac{f_i}{h}$ 为第 i 组数据的**频率密度**. 易知

$$\sum_{i=1}^{k} p_i h = \sum_{i=1}^{k} \frac{f_i}{h} h = \sum_{i=1}^{k} f_i = 1.$$

对本例中的数据进行统计. 由 $n=30, h=10$ 得出频率密度分布表如表 7-1 所示.

表 7-1

组序	分组区间	组中值	频数 m_i	频率 $f_i = \frac{m_i}{n}$	频率密度 $p_i = \frac{f_i}{h}$
1	[147,157)	152	3	0.1000	0.01000
2	[157,167)	162	7	0.2333	0.02333
3	[167,177)	172	12	0.4000	0.04000
4	[177,187)	182	6	0.2000	0.02000
5	[187,197)	192	2	0.0667	0.00667
合计			30	1.0000	0.10000

4. 做出频率直方图

频率分布最常用的图形表示是直方图. 以本例数据制作直方图. 在平面直角坐标系中, 取工人的日产量为横轴, 在横轴上标出各分组区间的下限和上限, 也可只标出组中值; 取频率密度为纵轴. 以每组的组距作为矩形的底, 以相应于该组的频率密度 $p_i = \frac{f_i}{h}$ ($i=1,2,\cdots,5$) 作为矩形的高, 画出 5 个矩形, 所得到图形称为**频率直方图**(图 7-1). 在组距相等时, 直方图是宽度相等的矩形, 其高低表示频率密度的大小. 由图可以看出, 第 i 个矩形的面积 A_i 等

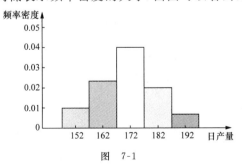

图 7-1

第七章 统计学初步

于数据落入第 i 组内的频率,且所有矩形面积之和等于 1,即

$$A_i = \frac{f_i}{h} h = f_i, \quad 且 \quad \sum_{i=1}^{5} A_i = \sum_{i=1}^{5} f_i = 1.$$

这样,本例中 30 个原来看不出规律的数据,用频率直方图进行整理后,成为中间高,两边低的图形,直观地反映了该工人日产量的分布情况:日产量在 $[167,177)$ 之间最多,占 40%,日产量在 $[147,157)$ 之间与 $[187,197)$ 之间都较少,各占 10% 和 6.67%.

习 题 7.1

A 组

1. 某校学生管理部门欲了解 2005 年录取的 5000 名新生的平均体重,随机从 5000 名新生中抽查了 200 名,测其体重,问:
(1) 总体是什么? (2) 样本是什么? (3) 样本容量是多少?

2. 表 7-2 是 100 个学生身高的测量情况,试做出学生身高的频率直方图:

表 7-2

身高/cm	154~158	158~162	162~166	166~170	170~174	174~178	178~182
学生人数/个	10	14	26	28	12	8	2

B 组

1. 某企业 30 名非熟练工人的周工资额(单位:元)如下:
106, 99, 85, 121, 84, 94, 106, 105, 110, 119, 101, 95, 91, 87, 105, 106, 109, 118, 96, 128, 91, 97, 105, 111, 111, 107, 103, 101, 107, 106.
试将所给数据按 $a_0 = 80$, $h = 10$, $k = 5$ 进行分组,做出频率直方图.

2. 从某校 2005 年参加"经济数学基础"课程考试的 400 名学生中,随机抽取 60 名学生成绩,得如下样本数据:
63, 76, 83, 91, 45, 81, 93, 30, 72, 80, 82, 83, 81, 76, 67, 82, 85, 83, 44, 88, 72, 66, 94, 68, 78, 88, 71, 94, 85, 82, 79, 100, 90, 83, 88, 84, 48, 72, 80, 85, 80, 87, 76, 62, 96, 84, 72, 58, 83, 64, 93, 63, 75, 99, 74, 76, 95, 91, 83, 61.
试按 $[0,60)$, $[60,70)$, $[70,80)$, $[80,90)$, $[90,100]$ 进行分组,做出频率直方图.

§7.2 样本的数字特征

【本节学习目标】 了解样本均值、样本中位数、样本众数、样本方差及样本变异系数等样本数字特征的概念,并会计算上述样本数字特征的值.

一、描述样本代表性的数值

例 1 某大学新聘来一位数学教授,给 15 名研究生上课,期末考试成绩(单位:分)如下:
72, 81, 90, 85, 76, 90, 80, 83, 78, 75, 63, 72, 30, 82, 90.

成绩上报后,学院主管教学的院长说,该教授出的考题太容易,因为得 90 分的就有 3 个;但系主任则认为该教授出的考题偏难,因为平均成绩只有 76.5 分.然而该教授认为他的考题难易程度是适宜的,从总体来看,80 分是有代表性的,因为多于或少于 80 分的人数相等.那么究竟谁的话有道理?

1. 样本均值

定义 7.1 称样本数据的算术平均值为**样本均值**(又称为**平均数**),用 $\bar{x}$ 表示,即

$$\bar{x} = \frac{x_1 + x_2 + \cdots + x_n}{n} = \frac{1}{n}\sum_{i=1}^{n} x_i. \tag{7.1}$$

在分组样本数据的场合,可计算得样本均值的近似值为

$$\bar{x} = \frac{x_1 m_1 + x_2 m_2 + \cdots + x_k m_k}{n} = \sum_{i=1}^{k} x_i \frac{m_i}{n} \quad \left(n = \sum_{i=1}^{k} m_i\right). \tag{7.2}$$

(7.2)式又称为**加权算术平均值**,其中 k 为组数,x_i 为第 i 组的组中值,m_i 为第 i 组的频数.

例 2 计算例 1 中 15 名研究生期末考试的平均成绩.

解 由公式(7.1)得 15 名研究生期末考试的平均成绩为

$$\bar{x} = \frac{1}{15}(72 + 81 + \cdots + 90) \text{ 分} = 76.4667 \text{ 分} \approx 76.5 \text{ 分}.$$

也就是说,系主任是采用了求 15 名研究生的平均成绩来衡量该教授出题的难易程度的.

例 3 计算§7.1 例 1 中该工人的平均日产量.

解 直接用公式(7.1),该工人的平均日产量为

$$\bar{x} = \frac{1}{30}(177 + 196 + \cdots + 168) \text{ 件} = 170.7333 \text{ 件}.$$

在§7.1 例 1 中数据已分组,若用分组后的数据,即用表 7-1 中的组中值 x_i 及频数 $m_i (i=1,2,\cdots,5)$,则由公式(7.2)得

$$\bar{x} = \frac{1}{30}(152 \times 3 + 162 \times 7 + 172 \times 12 + 182 \times 6 + 192 \times 2) \text{ 件} = 171 \text{ 件}.$$

我们看到,两种计算结果不同.事实上,由于(7.2)式未用到真实的样本数据,因而给出的是近似结果.

样本均值(平均数)在自然科学、社会科学及工程技术等领域被广泛采用.其优点是,简单易算,利用样本数据所提供的信息最充分,最敏感,最适合代数方法处理,具有很好的数学性质;其缺点是,在样本容量不是很大时,很容易受极端值的影响.如例 2 中,之所以平均成绩只有 76.5 分,是因为其中有一个极端值 30 分的影响.

2. 样本中位数

定义 7.2 将样本数据 $x_1, x_2, \cdots, x_n$ 按从小到大进行排序(其中允许有相同的数),得

$$x_{(1)} \leqslant x_{(2)} \leqslant \cdots \leqslant x_{(n)},$$

称排序后最中间的一个数据(n 为奇数)或最中间两个数的平均(n 为偶数)为**样本中位数**,记

做 M_e，即

$$M_e = \begin{cases} x_{(\frac{n+1}{2})}, & n \text{ 为奇数,} \\ \frac{1}{2}(x_{(\frac{n}{2})} + x_{(\frac{n}{2}+1)}), & n \text{ 为偶数.} \end{cases}$$

例如，若我们有 7 个排序后的数据：2,5,5,7,9,11,15，则中位数 $M_e = 7$；若我们有 8 个排序后的数据：2,5,5,7,9,11,15,19，则中位数 $M_e = \frac{1}{2}(7+9) = 8$.

例 4 求出例 1 中 15 名研究生期末考试成绩的中位数.

解 将 15 名研究生的期末考试成绩按从小到大进行排序，得

$30 < 63 < 72 \leqslant 72 < 75 < 76 < 78 < 80 < 81 < 82 < 83 < 85 < 90 \leqslant 90 \leqslant 90$.

由于 $n = 15$ 是奇数，则

$$M_e = x_{(\frac{n+1}{2})} = x_{(8)} = 80.$$

也就是说，该教授认为出题的难易程度是适宜的，因为他采用了 15 名研究生期末考试成绩的中位数来衡量. 此时，成绩低于 80 分的学生数与成绩高于 80 分的学生数相等，而一般地，80 分在学生成绩中是属于"良"这一等级.

中位数的优点是刻画数据的"中心"的意义明确（即 50% 的分位点），且不太受极端值的影响. 如例 4 中，将最小值改为 0 分或将最大值改为 100 分，其中位数 M_e 不变. 但若用平均数来描述，则会发生较大变化. 中位数的缺点是没有充分利用样本数据信息，缺乏敏感性.

3. 样本众数

定义 7.3 称样本数据中出现频数最多的数据为**样本众数**，记做 M_o.

例如，若我们有如下一组数据：5,5,5,7,9,7,8,12,5，则众数 $M_o = 5$.

例 5 找出例 1 中 15 名研究生期末考试成绩的众数.

解 在这 15 名研究生期末考试成绩中，90 分出现的频数最多，所以其众数 $M_o = 90$. 这就是学院主管教学的院长认为该教授出题太容易的依据.

众数的优点是不受极端值的影响；缺点是没有充分利用样本数据信息，缺乏敏感性，而且众数还有不存在或不止一个众数值的可能，这就使得众数的应用受到局限. 一般地，若样本数据较多地集中向某一数值时，采用众数较恰当.

以上样本均值 $\bar{x}$，样本中位数 M_e，样本众数 M_o 三个量分别描述样本数据的平均水平、中心位置及集中趋势，各有优缺点. 人们较多采用样本均值 $\bar{x}$ 作为描述总体代表性的数值，有时也采用中位数和众数.

在例 1 中，系主任、教授及学院主管教学的院长分别是从样本均值 $\bar{x}$，样本中位数 M_e 及样本众数 M_o 来考查考题的难易程度的，所以每个人的话都有一定的道理.

二、描述样本分散程度的数值

1. 样本方差

例 6 设有甲、乙两地某年 12 个月的月平均气温(单位:℃)记录如下:

甲地:16, 18, 19, 20, 21, 22, 24, 24, 23, 20, 18, 15;

乙地:−20, −15, 20, 29, 34, 35, 40, 32, 30, 29, 18, 5.

试比较甲、乙两地的气温状况.

分析 先可计算出甲、乙两地月平均气温的样本均值,即甲、乙两地的年平均气温:

$$\bar{x}_甲 = \frac{1}{12}(16 + 18 + \cdots + 15)℃ = 20\ ℃,$$

$$\bar{x}_乙 = \frac{1}{12}[(-20) + (-15) + \cdots + 5]\ ℃ = 19.75\ ℃.$$

可以看出,两地的年平均气温相差不大.但当仔细观察甲、乙两地月平均气温的样本数据时,我们不难发现,甲地的气温一年"四季如春",而乙地的气温一年中变化非常大,既有严寒,又有酷暑,即甲地样本数据比较集中,而乙地样本数据比较分散.

为了描述样本数据与样本平均值的偏离程度,我们引入样本方差的定义.

定义 7.4 设 $\bar{x}$ 是样本数据 $x_1, x_2, \cdots, x_n$ 的样本均值,称

$$s^2 = \frac{1}{n-1}\sum_{i=1}^{n}(x_i - \bar{x})^2 = \frac{1}{n-1}[(x_1 - \bar{x})^2 + (x_2 - \bar{x})^2 + \cdots + (x_n - \bar{x})^2] \quad (7.3)$$

为**样本方差**;称 $s = \sqrt{s^2}$ 为**样本均方差**或**样本标准差**.

从样本方差(或标准差)的定义可以看出,样本方差(或标准差)反映了样本数据对样本均值的偏离程度.样本方差(或标准差)越小,说明样本数据对样本均值的偏离程度越小,样本数据的分散程度(即差异程度)越小,样本均值的代表性越大;样本方差(或标准差)越大,说明样本数据对样本均值的偏离程度越大,样本数据的分散程度越大,样本均值的代表性越小.

在例 6 中,由(7.3)式可得甲、乙两地气温的方差分别为

$$s_甲^2 = \frac{1}{12-1}[(16-20)^2 + (18-20)^2 + \cdots + (15-20)^2]℃^2 = 8.7273\ ℃^2,$$

$$s_乙^2 = \frac{1}{12-1}[(-20-19.75)^2 + (-15-19.75)^2 + \cdots + (5-19.75)^2]℃^2$$

$$= 389.1136\ ℃^2,$$

从而标准差分别为

$$s_甲 = 2.9542\ ℃,\quad s_乙 = 19.7260\ ℃.$$

从以上计算结果得出,乙地气温的方差及标准差远远大于甲地,即乙地样本数据的分散程度远远大于甲地.这与实际情况相符.另外,相对于样本方差而言,样本标准差通常更有实

际意义，因为它与样本数据及均值具有相同的度量单位．

2. 样本变异系数

对两组同类数据的分散程度即样本数据对样本均值的偏离程度进行比较时，若它们的平均值相同，样本标准差可以直接说明均值代表性的大小．但是，若两组数据的均值水平不同，就不能直接使用标准差进行比较，因为标准差是以均值为中心计算出来的，标准差的大小，不仅取决于变量的分散程度，还与均值水平有关．另外，若两组数据计量单位不同，也不能用标准差来比较两组数据的分散程度．这时要用如下所述的变异系数来比较两组数据的分散程度．

定义 7.5 设 $\bar{x}$ 是样本数据 $x_1, x_2, \cdots, x_n$ 的样本均值，s 为样本标准差，称样本标准差与样本均值的商为**样本变异系数**，记做 C_v，即

$$C_v = \frac{s}{\bar{x}}.$$

样本变异系数 C_v 的值越大，表明此样本数据的分散程度越大．

例 7 随机抽取 10 名成年人和 10 名幼儿，测得身高（单位：cm）数据如下：

成年组：166，169，172，177，180，170，172，174，168，173；

幼儿组：68，69，68，70，71，73，72，73，74，75．

试对成年人身高之间的差异与幼儿身高之间的差异状况进行比较．

解 由 (7.1) 式可得成年人及幼儿的平均身高分别为

$$\bar{x}_{成} = 172.1 \text{ cm}, \quad \bar{x}_{幼} = 71.3 \text{ cm}.$$

由 (7.3) 式可得成年人及幼儿身高的方差分别为

$$s_{成}^2 = 17.6556 \text{ cm}^2, \quad s_{幼}^2 = 6.2333 \text{ cm}^2,$$

从而成年人及幼儿身高的标准差分别为

$$s_{成} = 4.2019 \text{ cm}, \quad s_{幼} = 2.4967 \text{ cm}.$$

于是，成年人及幼儿身高的变异系数分别为

$$C_{v成} = \frac{s_{成}}{\bar{x}_{成}} = \frac{4.2019}{172.1} = 0.0244, \quad C_{v幼} = \frac{s_{幼}}{\bar{x}_{幼}} = \frac{2.4967}{71.3} = 0.0350.$$

成年组身高的变异系数比较小，说明成年人身高的差异相对较小；幼儿组身高的变异系数比较大，说明幼儿身高的差异相对较大．这是因为不同条件的幼儿生长发育不同，快慢不一，差别较大，而成年人的生长发育在身高上已经处于稳定状态，虽然存在差别，但相对来说比幼儿的身高差异要小．

习 题 7.2

A 组

1．我们在某高校采访了 16 名大学生，了解他们平时的学习情况，以下数据是他们每周用于看电视的

时间(单位:h):

$$4, 6, 8, 5, 6, 10, 9, 15, 6, 14, 8, 20, 4, 6, 7, 6.$$

试计算该组数据的均值、中位数和众数.

2. 从某大学 2000 名新生中随机选出 15 名学生,调查其年龄(单位:岁),得如下数据:

$$18, 18, 17, 19, 18, 19, 16, 17, 18, 20, 18, 19, 19, 18, 17.$$

试计算该组数据的均值、中位数和众数.

3. 表 7-3 是 100 名学生身高情况的分组数据,试求这 100 名学生的平均身高.

表 7-3

身高/cm	154~158	158~162	162~166	166~170	170~174	174~178	178~182
学生人数	10	14	26	28	12	8	2

4. 某班有 40 名学生参加期末考试,英语的平均成绩为 82 分,标准差为 12 分;经济学的平均成绩为 80 分,标准差为 7.5 分.试比较该班级在英语和经济学两科目上成绩的变异系数的大小.

5. 试计算第 1 题所给数据的方差、标准差及变异系数.

6. 试计算第 2 题所给数据的方差、标准差及变异系数.

B 组

1. 某车间有甲、乙、丙三个班组生产同一种型号的零件,其日产量(单位:件)如表 7-4 所示,试分别计算甲、乙、丙三个班组的平均日产量,并说明哪一个班组平均数的代表性大.

表 7-4

班组 \ 工人编号	1	2	3	4	5	6	7	8
甲班组	66	66	66	67	67	67	68	69
乙班组	52	53	61	67	71	72	78	82
丙班组	43	44	50	54	67	90	91	97

§7.3 点估计与区间估计

【本节学习目标】 掌握总体均值与总体方差的点估计;掌握对方差已知的正态总体的均值进行区间估计.

一、总体均值与总体方差的点估计

设总体 X 的均值 $E(X)=\mu$,方差 $D(X)=\sigma^2$,标准差 $\sqrt{D(X)}=\sigma$. μ, σ^2 及 σ 是总体的数字特征,它们是客观存在的,但通常我们很难得到 μ, σ^2 及 σ 的真值. 实际中,我们可用样本的数字特征估计总体的数字特征,这是对总体的数字特征进行点估计的一种方法,称为**数字特征法**. 具体来说,用样本均值 $\bar{x}$ 估计总体均值 μ,记做 $\hat{\mu}$,即

$$\hat{\mu} = \bar{x} = \frac{1}{n}\sum_{i=1}^{n} x_i.$$

用样本方差 s^2 估计总体方差 σ^2，记做 $\hat{\sigma^2}$，即

$$\hat{\sigma^2} = s^2 = \frac{1}{n-1}\sum_{i=1}^{n}(x_i - \bar{x})^2.$$

用样本均方差 s 估计总体标准差 σ，记做 $\hat{\sigma}$，即

$$\hat{\sigma} = s = \sqrt{\frac{1}{n-1}\sum_{i=1}^{n}(x_i - \bar{x})^2}.$$

例 1 某公司生产的规格为 486 ml 的袋装牛奶是用自动包装机包装的. 随机抽取了该公司生产的此规格牛奶 20 袋，测得每袋的净含量(单位：ml)如下：

485.5，486，484.5，487.5，486.5，485.5，485.5，486.5，487，485.5，

487.5，484，483.5，488.5，480.5，487.5，482.5，487.5，483，486.5.

试用数字特征法估计该公司生产的袋装牛奶平均每袋的净含量及每袋净含量的标准差.

解 由题设知，这是要求估计总体均值 μ 和总体标准差 σ. 由数字特征法得袋装牛奶平均每袋的净含量及其标准差(单位：ml)分别为

$$\hat{\mu} = \bar{x} = \frac{1}{20}(485.5 + 486 + \cdots + 486.5) = 485.55,$$

$$\hat{\sigma} = s = \sqrt{\frac{1}{20-1}[(485.5-485.55)^2 + (486-485.55)^2 + \cdots + (486.5-485.55)^2]}$$

$$\approx 2.0255.$$

例 2 某本书的一页中印刷错误的个数 X 是一个随机变量，它服从参数为 λ ($\lambda > 0$) 的泊松分布，参数 λ 未知. 为了估计 λ 的值，随机抽查了这本书的 100 页，记录每页印刷错误的个数，其结果如表 7-5 所示. 试估计参数 λ 的值.

表 7-5

错误个数 k	0	1	2	3	4	5	6	≥ 7	
页数 f_k	36	40	19	2	0	2	1	0	$\sum f_k = 100$

解 由于 X 服从参数为 λ 的泊松分布，即 $X \sim P(\lambda)$，所以 $E(X) = \lambda$. 由数字特征法得

$$\hat{E(X)} = \hat{\lambda} = \bar{x} = \frac{1}{100}(0 \times 36 + 1 \times 40 + 2 \times 19 + 3 \times 2 + 4 \times 0 + 5 \times 2 + 6 \times 1) = 1,$$

即 $\hat{\lambda} = 1$.

例 3 设某种类型灯泡的使用寿命 X 服从参数为 λ 的指数分布，即 $X \sim e(\lambda)$，其中 λ 未知. 今随机抽取 5 只灯泡，测得寿命(单位：h)为

1502，1453，1379，1650，1516.

试估计参数为 λ 的值.

解 由于 X 服从参数为 λ 的指数分布,即 $X \sim e(\lambda)$,所以 $E(X) = \dfrac{1}{\lambda}$. 由数字特征法得

$$E(\hat{X}) = \frac{1}{\hat{\lambda}} = \bar{x} = \frac{1}{5}(1502 + 1453 + 1379 + 1650 + 1516) = 1500,$$

于是 $\hat{\lambda} = \dfrac{1}{1500}$.

二、正态总体均值的区间估计

在对总体的数字特征进行点估计时,我们是用一次抽样计算得到的样本均值 $\bar{x}$ 估计总体均值 μ 的. 由于抽样具有随机性,根据不同的样本会计算得不同的样本均值 $\bar{x}$,从而会得到总体均值 μ 不同的估计值,这些估计值之间可能会有很大的差异. 我们究竟应采用哪一个样本均值作为总体均值的估计值呢?换言之,用一次抽样计算得到的样本均值 $\bar{x}$ 估计总体均值 μ 时,误差可能是多大,它的可信度如何?这是点估计无法回答的问题. 为此,我们介绍总体均值 μ 的区间估计.

所谓总体均值 μ 的区间估计,就是利用样本数据确定总体均值 μ 所在的一个区间,并以一定的概率,保证总体均值 μ 在该区间内.

对总体均值 μ 进行区间估计时,若对应于预先给定的小概率 α,能够找到一个区间 (μ_1, μ_2),使得该区间以较大的 $1-\alpha$ 的概率包含总体均值 μ,即

$$P(\mu_1 < \mu < \mu_2) = 1 - \alpha, \tag{7.4}$$

则称 $1-\alpha$ 为**置信度**,区间 (μ_1, μ_2) 为 μ 的置信度为 $1-\alpha$ 的**置信区间**,其中 α 称为**显著性水平**,μ_1 称为**置信下限**,μ_2 称为**置信上限**.

(7.4)式的统计含义是:由于样本是随机抽取的,样本数据不同,所得区间也不同. 在这些具体区间中,大约有 $100(1-\alpha)\%$ 包含 μ 的真值,而 $100\alpha\%$ 不包含 μ 的真值. 换句话说,对于用这样的方法构造出来的区间,它有 $100(1-\alpha)\%$ 的可能性是属于那些包含真值 μ 的区间,而有 $100\alpha\%$ 的可能性是属于那些不包含 μ 的真值的区间.

由于正态总体广泛存在,这里仅讨论正态总体在已知方差 σ^2 时,对均值 μ 的区间估计.

当总体 $X \sim N(\mu, \sigma^2)$ 时,可以证明抽自该总体的简单随机样本 $x_1, x_2, \cdots, x_n$ 的样本均值 $\bar{x}$ 服从均值为 μ,方差为 $\dfrac{\sigma^2}{n}$ 的正态分布,即

$$\bar{x} \sim N\left(\mu, \frac{\sigma^2}{n}\right).$$

于是有

$$\frac{\bar{x} - \mu}{\sigma/\sqrt{n}} \sim N(0, 1).$$

记 $U = \dfrac{\bar{x}-\mu}{\sigma/\sqrt{n}}$,称为 U **统计量**,则有 $U \sim N(0,1)$.

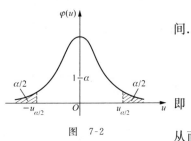

图 7-2

根据区间估计的含义,我们可构造总体均值 μ 的置信区间.

由图 7-2 知,对于给定的置信度 $1-\alpha$,有
$$P(-u_{\alpha/2} < U < u_{\alpha/2}) = 1-\alpha,$$
即
$$P\left(-u_{\alpha/2} < \frac{\bar{x}-\mu}{\sigma/\sqrt{n}} < u_{\alpha/2}\right) = 1-\alpha,$$
从而有
$$P\left(\bar{x} - u_{\alpha/2}\frac{\sigma}{\sqrt{n}} < \mu < \bar{x} + u_{\alpha/2}\frac{\sigma}{\sqrt{n}}\right) = 1-\alpha.$$

也就是说,对正态总体,在已知方差 σ^2 时,在给定的置信度 $1-\alpha$ 下,总体均值 μ 的置信区间为

$$\left(\bar{x} - u_{\alpha/2}\frac{\sigma}{\sqrt{n}},\ \bar{x} + u_{\alpha/2}\frac{\sigma}{\sqrt{n}}\right). \tag{7.5}$$

例 4 某旅行社为调查当地每位旅游者的平均消费额,随机访问了 100 名旅游者,得知他们的平均消费额 $\bar{x} = 500$ 元. 根据经验,旅游者的消费额服从正态分布 $N(\mu, \sigma^2)$,且 $\sigma = 200$ 元. 试求该地每位旅游者平均消费额的置信度为 $1-\alpha$ 的置信区间.

(1) $1-\alpha = 90\%$; (2) $1-\alpha = 95\%$.

解 依题设有 $\bar{x} = 500$ 元, $\sigma = 200$ 元, $n = 100$.

(1) $1-\alpha = 0.90$,即 $\alpha = 0.10$,反查标准正态分布表,此处由于
$$\Phi(1.64) = 0.9495,\quad \Phi(1.65) = 0.9505,$$
取 $u_{\alpha/2} = u_{0.05} \approx 1.645$. 于是,由 (7.5) 式知,该地每位旅游者平均消费额(单位:元)的置信度为 90% 的置信区间为

$$\left(500 - 1.645 \times \frac{200}{\sqrt{100}},\ 500 + 1.645 \times \frac{200}{\sqrt{100}}\right) = (467.1,\ 532.9).$$

(2) $1-\alpha = 0.95$,即 $\alpha = 0.05$,反查标准正态分布表,得 $u_{\alpha/2} = u_{0.025} = 1.96$. 于是,由 (7.5) 式知,该地每位旅游者平均消费额(单位:元)的置信度为 95% 的置信区间为

$$\left(500 - 1.96 \times \frac{200}{\sqrt{100}},\ 500 + 1.96 \times \frac{200}{\sqrt{100}}\right) = (460.8, 539.2).$$

说明 由该例可看出,置信度 $1-\alpha$ 定得越大,即估计的可靠性越大,则置信区间相应也越大,即估计的准确性越小. 所以,在进行区间估计时,要同时考虑置信度与置信区间两个方面.

若总体 X 不服从正态分布,可以证明,当样本容量 n 足够大(一般 $n > 30$)时,样本均值 $\bar{x}$

近似地服从均值为 μ，方差为 $\dfrac{\sigma^2}{n}$ 的正态分布.

例 5 某区共有 5000 头奶牛，随机调查了几处养殖场的共 400 头奶牛，得知每头奶牛平均年产奶量为 3000 kg，均方差为 300 kg. 试以 95% 的置信度估计全区每头奶牛年产奶量的置信区间.

解 奶牛年产量不服从正态分布，但在样本容量 n 足够大时，可以认为近似地服从正态分布.

依题设有 $\bar{x}=3000$ kg，$\sigma=300$ kg，$n=400$. $1-\alpha=0.95$，即 $\alpha=0.05$，反查标准正态分布表，得 $u_{\alpha/2}=u_{0.025}=1.96$. 于是，由 (7.5) 式知，全区每头奶牛年产奶量（单位：kg）的置信度为 95% 的置信区间为

$$\left(3000-1.96\times\frac{300}{\sqrt{400}},\ 3000+1.96\times\frac{300}{\sqrt{400}}\right)=(2970.6,\ 3029.4).$$

习 题 7.3

A 组

1. 设某机器生产的螺栓长度服从正态分布 $N(\mu,\sigma^2)$. 今从生产线上随机抽取 5 根螺栓，测得其长度（单位：mm）如下：

$$10.1,\ 10.5,\ 9.9,\ 9.7,\ 10.3.$$

试用数字特征法估计该机器生产的螺栓的平均长度及螺栓长度的标准差.

2. 设有一批产品，其不合格率为 p. 现从中随机抽取 100 个，其中有 10 个不合格. 试用数字特征法估计 p.

3. 某厂生产的滚珠，其直径服从正态分布. 今从某天的产品里随机抽取 6 个，测得其直径（单位：mm）如下：

$$14.6,\ 15.1,\ 14.9,\ 15.4,\ 14.8,\ 15.2.$$

若知道该天产品直径的方差为 0.05 mm²，试求平均直径的置信度为 95% 的置信区间.

4. 根据过去经验，已知某厂所生产的零件长度的均方差 $\sigma=3$ cm. 今从一批该种零件中随机抽取了 40 个测其长度，得样本均值 $\bar{x}=62.4$ cm. 试求该厂所生产的零件平均长度的置信度为 95% 的置信区间.

B 组

1. 设总体 X 服从区间 $[0,\theta]$（$\theta>0$）上的均匀分布，即 $X\sim U(0,\theta)$. 现从该总体中随机抽取容量为 10 的样本，数据如下：

$$0.5,\ 1.3,\ 0.6,\ 1.7,\ 2.2,\ 1.2,\ 0.8,\ 1.5,\ 2.0,\ 1.6.$$

试用数字特征法对参数 θ 进行估计.

2. 从某种牌子的香烟中随机抽取 8 支，测得平均每支香烟煤焦油的含量为 18.6 mg. 设一支香烟煤焦油的含量近似服从正态分布，且标准差 $\sigma=2.4$ mg，试求该种牌子的香烟平均每支煤焦油含量的置信度为 99% 的置信区间.

§7.4 正态总体均值的假设检验

【本节学习目标】 了解假设检验的基本思想,会对方差已知的正态总体的均值进行假设检验.

一、假设检验问题

所谓的假设检验,顾名思义,就是先假设再检验.在实际工作或生活中,常常会遇到需要对总体的某种假设进行检验及判断的情况.

我们这里仅介绍在正态总体已知方差 σ^2 的情况下,对均值 μ 的假设检验.

例 1 某种大量生产的袋装食品,按规定每袋重量为 250 g. 长期检测表明,每袋重量服从正态分布,且标准差为 1.5 g. 今从某日生产的一批该种食品中随机抽取 50 袋,测得这 50 袋的平均每袋重量为 249 g. 试问:当日生产是否正常?

若以 μ 表示该种袋装食品的平均重量,即总体的均值,则上述问题的实质是:假设当日袋装食品的平均重量 $\mu=250$ g,然后再依据抽样的结果来判断是 $\mu=250$ g,还是 $\mu\neq250$ g.

在数理统计中,根据样本提供的有关信息对某个关于总体分布的假设(通常称为原假设)的正确性做出判断的过程,称为**假设检验**.

二、假设检验的基本思想

1. 判断的依据

"小概率事件的实际不可能原理",即小概率事件在一次试验中几乎是不可能发生的.这是人们实践经验的总结,称之为**实际推断原理**.

2. 推理的思想方法

当对总体所做的假设成立时,某事件是一个小概率事件,按实际推断原理,在一次试验中该事件是不可能发生的.现在进行一次试验,若该事件发生了,这显然是不合理的,从而怀疑原来所做假设的正确性,于是否定原假设;若在一次试验中,该事件没有发生,这时没有理由怀疑原假设的正确性,就认为原假设成立.这种推理的思想方法可认为是概率意义下的反证法.

三、假设检验的程序

(1) **提出待检验假设**. 要对检验的问题提出一个**原假设**,记做 $H_0: \mu=\mu_0$. 我们的目的是判断原假设 H_0 是真还是假. 若 H_0 真,则接受原假设 H_0;若 H_0 假,则拒绝 H_0. 一般情况下,H_0 要取那个在实践中应该受到保护的论断,这个论断不应轻易受到否定,若要否定它,就必须要有足够的理由.

(2) **选取统计量**. 根据要假设检验问题的性质,选取 U 统计量

$$U = \frac{\bar{x} - \mu_0}{\sigma/\sqrt{n}}.$$

在 H_0 成立的条件下,我们已经知道,U 统计量应服从标准正态分布,即

$$U = \frac{\bar{x} - \mu_0}{\sigma/\sqrt{n}} \sim N(0,1).$$

(3) **选取显著性(检验)水平** α. α 是一个小正数,它表示一个小概率值,比如取 $\alpha=0.05$, $\alpha=0.01$, $\alpha=0.1$ 等. 查标准正态分布表(附表2),得临界值 $u_{\alpha/2}$,使

$$P(|U| > u_{\alpha/2}) = \alpha.$$

当 $\alpha=0.05$ 时,可查表得 $u_{\alpha/2}=1.96$. 在原假设 H_0:$\mu=\mu_0$ 成立的条件下,$\{|U|>u_{\alpha/2}\}$ 即 $\{|U|>1.96\}$ 是一个小概率事件.

(4) **由样本数据计算统计量的取值,并与临界值比较,得出结论**. 将抽样所得数据代入 U 统计量的表达式,即计算

$$U = \frac{\bar{x} - \mu_0}{\sigma/\sqrt{n}}$$

的具体值. 由计算出的 U 值与 $u_{\alpha/2}$ 比较,可判定小概率事件是否发生,从而决定是接受原假设 H_0,还是拒绝 H_0. 图 7-3 给出了 H_0:$\mu=\mu_0$ 的接受域和拒绝域.

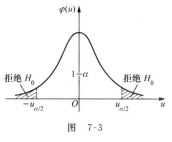

图 7-3

就例1而言,袋装食品的重量服从正态分布,即对正态总体,在已知方差 $\sigma^2=(1.5\,\text{g})^2$ 的条件下,假设检验均值 μ 是否与规定的 250 g 一致,因此做题时应如下书写:

(1) 提出原假设 H_0:$\mu=250$ g.

(2) 选取 U 统计量:$U=\dfrac{\bar{x}-250}{\sigma/\sqrt{n}}$,在 H_0 成立时,$U \sim N(0,1)$.

(3) 取 $\alpha=0.05$,由

$$P(|U| > u_{\alpha/2}) = 0.05,$$

查附表2,可得临界值 $u_{\alpha/2}=1.96$.

(4) 将 $n=50$, $\sigma=1.5$ g, $\bar{x}=249$ g 代入 U 统计量中,并计算得

$$U = \frac{249-250}{1.5/\sqrt{50}} = -4.7140.$$

由于 $|U|=4.7140>1.96$,根据实际推断原理,应拒绝原假设 H_0:$\mu=250$ g,即当日生产不正常.

例 2 某鸡场用某种饲料饲养肉鸡 3 个月,平均体重为 2.6 kg,标准差为 0.5 kg. 现改用复合饲料饲养肉鸡 64 只,3 个月标准差不变,而平均体重为 2.5 kg. 若肉鸡体重服从正态分布,试在显著性水平 $\alpha=0.05$ 下,判断复合饲料和原饲料是否同样有利于肉鸡生长.

解 提出原假设 $H_0: \mu = 2.6\,\text{kg}$.

由题设有 $n=64$, $\sigma=0.5\,\text{kg}$, $\bar{x}=2.5\,\text{kg}$, 所以

$$U = \frac{\bar{x}-\mu_0}{\sigma/\sqrt{n}} = \frac{2.5-2.6}{0.5/\sqrt{64}} = -1.6.$$

由 $\alpha=0.05$, 查附表 2, 得 $u_{\alpha/2}=1.96$.

因 $|U|=1.6<1.96$, 故接受 $H_0: \mu=2.6\,\text{kg}$, 即在显著性水平 $\alpha=0.05$ 下, 可认为复合饲料和原饲料同样有利于肉鸡生长.

对于总体均值 μ, 除上述的**双侧假设检验** $H_0: \mu=\mu_0$ 外, 还有以下两种单侧假设检验:

(1) $H_0: \mu \leqslant \mu_0$, 称为**右单侧假设检验**, 其拒绝域在右侧, 如图 7-4 所示;

(2) $H_0: \mu \geqslant \mu_0$, 称为**左单侧假设检验**, 其拒绝域在左侧, 如图 7-5 所示.

究竟选择哪一种假设检验, 应根据实际问题的需要.

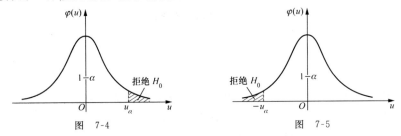

图 7-4   图 7-5

例3 某地区环保部门规定, 废水被处理后, 水中某种有毒物质的平均浓度不得超过 $10\,\text{mg/L}$. 现从某废水处理厂随机抽取 $20\,\text{L}$ 处理后的水, 测得该种有毒物质的平均浓度为 $\bar{x}=11\,\text{mg/L}$. 假定废水被处理后水中有毒物质的含量服从标准差为 $2.5\,\text{mg/L}$ 的正态分布, 试在显著性水平 $\alpha=0.05$ 下, 判断该厂处理后的水是否合格.

解 这是在正态总体已知方差的条件下, 对均值 μ 的右单侧假设检验问题. 由于若处理后的水合格, 则水中该种有毒物质的平均浓度 μ 不应超过 $10\,\text{mg/L}$, 故提出原假设

$$H_0: \mu \leqslant 10\,\text{mg/L}.$$

由题设有 $n=20$, $\sigma=2.5\,\text{mg/L}$, $\bar{x}=11\,\text{mg/L}$, 所以

$$U = \frac{\bar{x}-\mu_0}{\sigma/\sqrt{n}} = \frac{11-10}{2.5/\sqrt{20}} = 1.7889.$$

由 $\alpha=0.05$, 查附表 2, 得 $u_\alpha=1.645$.

因 $U=1.7889>1.645=u_\alpha$, 由图 7-4 知, 一次抽样结果落入了拒绝域, 故应拒绝 H_0, 即在显著性水平 $\alpha=0.05$ 下, 认为该厂处理后的水是不合格的.

例4 某纺织厂生产人造纤维. 已知人造纤维的拉力强度服从正态分布, 其平均拉力强度为 $1.56\,\text{kg/mm}^2$, 标准差为 $0.22\,\text{kg/mm}^2$. 该厂在进行某种工艺改革试验, 改革后可提高生产效率. 若改革后质量没有明显下降, 则可进行全面改革; 否则就不改革. 现随机抽取了 50

个单位作为样本,测得平均拉力强度为 $1.46\,\text{kg}/\text{mm}^2$,而标准差不变. 试利用测试结果,对是否进行这项工艺改革做出决策($\alpha=0.05$).

解 这是在正态总体已知方差的条件下,对均值 μ 的左单侧假设检验问题. 由于要检验的是平均拉力强度是否有明显下降,故提出原假设

$$H_0: \mu \geqslant 1.56\,\text{kg}/\text{mm}^2.$$

由题设有 $n=50$, $\sigma=0.22\,\text{kg}/\text{mm}^2$, $\bar{x}=1.46\,\text{kg}/\text{mm}^2$,所以

$$U = \frac{\bar{x}-\mu_0}{\sigma/\sqrt{n}} = \frac{1.46-1.56}{0.22/\sqrt{50}} = -3.2141.$$

由 $\alpha=0.05$,查附表 2,得 $u_\alpha=1.645$.

因 $U=-3.2141<-1.645=-u_\alpha$,由图 7-5 知,一次抽样结果落入了拒绝域,故应拒绝 H_0,即在显著性水平 $\alpha=0.05$ 下,不应该进行这项工艺改革.

习 题 7.4

A 组

1. 某牙膏厂生产的牙膏是用自动包装机包装的,在正常情况下,每袋牙膏的重量(单位:g)服从正态分布 $N(50,1.2^2)$. 某日抽查了 16 支牙膏,得样本均值 $\bar{x}=50.72\,\text{g}$. 试问:包装机的工作是否正常?($\alpha=0.05$)

2. 根据经验知道,某种零件的长度(单位:mm)服从正态分布 $N(15,0.05)$. 技术革新后,抽测了 6 个零件,测得零件的长度(单位:mm)如下:

$$14.7,\ 15.1,\ 14.8,\ 15.0,\ 15.2,\ 14.6.$$

已知方差没有变,问:此种零件的平均长度是否仍是 15 mm?($\alpha=0.05$)

3. 某厂家在广告中声称,该厂生产的汽车轮胎在正常行驶条件下的平均寿命高于 25000 km. 对一个由 15 个轮胎组成的随机样本做了试验,得到其均值为 27000 km. 假定轮胎寿命服从正态分布,且标准差为 5000 km,试问:厂家的广告是否真实?($\alpha=0.05$)

4. 一批元件,要求其使用寿命不得低于 1000 h. 现从这批元件中随机抽取 25 个,测得其平均寿命为 950 h. 已知该批元件的寿命服从标准差 $\sigma=100\,\text{h}$ 的正态分布,试在显著性水平 $\alpha=0.05$ 下确定这批元件是否合格.

5. 某旅馆的经理认为其客人每天的平均花费至少为 1000 元. 若抽取了 50 张账单作为样本数据,样本平均数为 900 元,且已知总体的标准差为 200 元,试以 5% 的显著性水平检验该经理的说法.

B 组

1. 某粮食加工厂用自动包装机包装大米,每袋标准重量为 50 kg. 由长期实践表明,每袋袋装大米的重量服从正态分布,且标准差为 1.5 kg. 某日开工后为检验包装机工作是否正常,随机抽取了袋装大米 9 袋,称得净重(单位:kg)为

$$49.5,\ 50.6,\ 51.8,\ 52.4,\ 49.8,\ 51.1,\ 52.0,\ 51.5,\ 51.2.$$

试问:包装机的工作是否正常?($\alpha=0.05$)

2. 环境保护条例规定,在排放的工业废水中,某种有害物质的含量不得超过 0.5%. 设该有害物质的含量服从标准差为 0.018% 的正态分布,现随机抽取 5 份水样,测得这种有害物质的含量分别为

$$0.530\%, 0.542\%, 0.510\%, 0.495\%, 0.515\%.$$

问：抽样结果是否表明该有害物质的含量超过了规定的界限？($\alpha = 0.05$)

3. 已知某种零件的重量 $X \sim N(\mu, \sigma^2)$. 由经验知 $\mu = 10\,\text{g}$, $\sigma^2 = 0.05\,\text{g}^2$. 技术革新后,随机抽取 8 个零件,测得重量（单位：g）如下：

$$9.8, 9.5, 10.1, 9.6, 10.2, 10.1, 9.8, 10.0.$$

若已知方差 σ^2 不变,问：平均重量是否比 10 g 小？

§7.5 一元线性回归分析

【本节学习目标】 了解相关关系的概念,会制作散点图,会求相关系数,并能建立一元线性回归方程.

一、相关关系与相关系数

1. 相关关系

任何事物的变化都与其周围的其他事物相互联系、相互影响,用于描述事物数量特征的变量之间自然也存在一定的关系. 我们的目的是如何根据统计数据,确定变量之间的关系形态及联系程度,探索其内在的规律性. 人们在实践中发现,变量之间的关系,一般来说,可分为两种类型,即**函数关系**和**相关关系**.

函数关系是变量之间存在着确定性关系. 例如,圆的面积与半径之间的关系：设 S 为圆的面积, r 为半径,则 S 与 r 之间的关系为 $S = \pi r^2$. 给定半径 r 的值,我们就能依据上述关系计算出圆的面积 S 的唯一而且确定的数值.

相关关系则是变量之间有一定的依赖关系,但不是确定性关系. 例如,人的身高和体重的关系：一般来说,身材较高的人,体重较重,但身高相同的人,体重未必相同；反之,体重相同的人,身高也可能不同. 这便是相关关系. 再如,人的年龄与血压的关系,居民收入与食品支出的关系,股票收益率与风险的关系,等等,都是相关关系.

2. 相关关系的描述与测度

1) 散点图

对于两个变量 x 和 y,通过观察或试验可得到关于 x 和 y 的 n 对数据,记做 (x_i, y_i)($i = 1, 2, \cdots, n$). 相关分析所要解决的问题是：根据这些数据确定变量之间是否存在相关关系. 若存在,如何描述变量之间的关系并对其关系的强度进行度量？

散点图是描述变量之间关系的一种直观方法. 我们用横轴代表 x,用纵轴代表 y,每对数据 (x_i, y_i) 在平面直角坐标系中用一个点表示,n 对数据在坐标系中形成的点称为散点,这样的图称为**散点图**. 散点图描述了两个变量之间的大致关系,从中可直观地看出变量之间的关

§ 7.5 一元线性回归分析

系形态及关系强度. 图 7-6 就是不同形态的散点图.

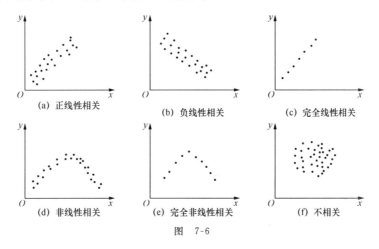

(a) 正线性相关　(b) 负线性相关　(c) 完全线性相关
(d) 非线性相关　(e) 完全非线性相关　(f) 不相关

图　7-6

例 1　生产费用与产品产量有一定关系.现从某一行业中随机抽取 12 个企业,所得产量与生产费用的数据如表 7-6 所示①.试制作散点图.

表　7-6

产量 x/千件	40	42	50	55	65	78	84	100	116	125	130	140
生产费用 y/千元	130	150	155	140	150	154	165	170	167	180	175	185

解　根据表 7-6 中的数据,选择产量 x(单位:千件)为横轴,选择生产费用 y(单位:千元)为纵轴,将表 7-6 中数据绘成散点图,如图 7-7 所示.从散点图可看出,生产费用随产品产量的增加而增加,而且它们之间大致呈正线性相关关系.

通过散点图可判断两个变量之间有无相关关系,并对变量之间的相关形态做出大致的描述,但散点图不能准确地反映变量之间相关关系的密切程度.为准确度量两个变量之间线性相关关系的密切程度及共同变化时的方向,我们引入相关系数的概念.

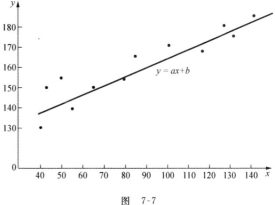

图　7-7

---

① 一般地,我们用 Q 表示产量,用 C 表示生产费用. 此处为得到一元线性回归分析的一般结论,分别用 x 和 y 表示产量和生产费用.

2) 相关系数

相关系数是用来衡量变量之间线性相关关系密切程度的量.

定义 7.6 称

$$r = \frac{\sum_{i=1}^{n}(x_i - \bar{x})(y_i - \bar{y})}{\sqrt{\sum_{i=1}^{n}(x_i - \bar{x})^2 \cdot \sum_{i=1}^{n}(y_i - \bar{y})^2}} \tag{7.6}$$

为变量 x 与 y 的**相关系数**,其中

$$\bar{x} = \frac{1}{n}\sum_{i=1}^{n}x_i, \quad \bar{y} = \frac{1}{n}\sum_{i=1}^{n}y_i.$$

整理(7.6)式,得相关系数 r 的计算公式

$$r = \frac{\sum_{i=1}^{n}x_i y_i - n\bar{x}\bar{y}}{\sqrt{\sum_{i=1}^{n}x_i^2 - n\bar{x}^2}\sqrt{\sum_{i=1}^{n}y_i^2 - n\bar{y}^2}}. \tag{7.7}$$

一般地,$|r| \leqslant 1$. 若 $r > 0$,则两个变量为正线性相关;若 $r < 0$,则两个变量为负线性相关. $|r|$ 越接近 1,线性相关程度越大;$|r|$ 越接近 0,线性相关程度越小. 当 $|r| \geqslant 0.8$ 时,视两个变量高度线性相关;当 $0.5 \leqslant |r| \leqslant 0.8$ 时,视两个变量中度线性相关;当 $0.3 \leqslant |r| \leqslant 0.5$ 时,视两个变量低度线性相关;当 $|r| \leqslant 0.3$ 时,视两个变量线性相关程度极弱.

上例中,为计算产品产量与生产费用的相关系数,列表 7-7.

表 7-7

企业编号 i	产量 x_i	生产费用 y_i	x_i^2	y_i^2	$x_i y_i$
1	40	130	1600	16900	5200
2	42	150	1764	22500	6300
3	50	155	2500	24025	7750
4	55	140	3025	19600	7700
5	65	150	4225	22500	9750
6	78	154	6084	23716	12012
7	84	165	7056	27225	13860
8	100	170	10000	28900	17000
9	116	167	13456	27889	19372
10	125	180	15625	32400	22500
11	130	175	16900	30625	22750
12	140	185	19600	34225	25900
$\sum$	1025	1921	101835	310505	170094

由表 7-7 知

$$\bar{x} = \frac{1}{12}\sum_{i=1}^{12} x_i = \frac{1}{12} \times 1025 \approx 85.4167,$$

$$\bar{y} = \frac{1}{12}\sum_{i=1}^{12} y_i = \frac{1}{12} \times 1921 \approx 160.0833,$$

$$\sum_{i=1}^{12} x_i^2 = 101835, \quad \sum_{i=1}^{12} y_i^2 = 310505, \quad \sum_{i=1}^{12} x_i y_i = 170094,$$

于是由公式(7.7)得

$$r = \frac{170094 - 12 \times 85.4167 \times 160.0833}{\sqrt{101835 - 12 \times (85.4167)^2} \cdot \sqrt{310505 - 12 \times (160.0833)^2}} \approx 0.9202,$$

即产品产量与生产费用之间的相关系数为 0.9202. 这说明二者之间存在高度正线性相关关系.

接下来的问题是：如何用数学关系式表达产品产量 x 与生产费用 y 之间的这种线性相关关系？即如何建立 x 与 y 的线性回归方程？

二、一元线性回归方程

一元线性回归方程是用来描述两个具有线性相关关系的变量之间关系的数学表达式. 一般地，对于两个具有线性相关关系的变量 x 与 y，可以用线性函数

$$y = ax + b \tag{7.8}$$

来近似地反映变量 x 与 y 之间的关系，其中 a,b 为待定参数，(7.8)式称为变量 x 与 y 的**一元线性回归方程**，其中 a 称为**回归系数**.

在第四章 §4.2 中，我们已经用最小二乘法得到了参数 a,b 的求解公式

$$\hat{a} = \frac{\sum_{i=1}^{n} x_i y_i - n\bar{x}\bar{y}}{\sum_{i=1}^{n} x_i^2 - n\bar{x}^2}, \tag{7.9}$$

$$\hat{b} = \bar{y} - a\bar{x}. \tag{7.10}$$

上例中，我们若设产品产量 x 与生产费用 y 之间的一元线性回归方程为 $y = \hat{a}x + \hat{b}$，则由公式(7.9)和(7.10)得

$$\hat{a} = \frac{170094 - 12 \times 85.4167 \times 160.0833}{101835 - 12 \times (85.4167)^2} \approx 0.4207,$$

$$\hat{b} = 160.0833 - 0.4207 \times 85.4167 \approx 124.1485.$$

于是产品产量 x 与生产费用 y 之间的一元线性回归方程为

$$y = 0.4207x + 124.1485.$$

回归系数 $a = 0.4207$ 表示，产品产量每增加 1 千件，生产费用平均增加 0.4207 千元.

当产量 $x = 150$ 千件时，则可由上述所得到的生产产量 x 与生产费用 y 之间的一元线性

第七章 统计学初步

回归方程知,所消耗的生产费用(单位:千元)为
$$y = 0.4207 \times 150 + 124.1485 = 187.2508.$$

一般情况下,若已知 x 和 y 的 n 对数据 (x_i, y_i) $(i=1,2,\cdots,n)$,可按如下**程序进行相关分析**,并建立一元线性回归方程:

(1) 画出散点图,即在平面直角坐标系中,画出 n 个散落的点. 若它们大致呈线性,则可直观判定 x 和 y 具有线性相关关系.

(2) 列表,参见表 7-7. 由公式(7.7)计算出相关系数 r 的值,判定 x 和 y 之间线性关系的密切程度. 若二者高度(或中度)线性相关,则可设 x 和 y 的一元线性回归方程为 $y=ax+b$.

(3) 由公式(7.9)和(7.10)求出参数 a,b 的值,进而得到所求一元线性回归方程.

习 题 7.5

A 组

1. 为研究股票收益率与风险之间的关系,抽选了美国 15 种股票,并用 x_i 表示第 i 种股票的年平均收益率,y_i 表示第 i 种股票的年标准差. 现已计算出

$$\sum_{i=1}^{15} x_i = 165.8, \quad \sum_{i=1}^{15} y_i = 420.04, \quad \sum_{i=1}^{15} x_i^2 = 2037.38, \quad \sum_{i=1}^{15} y_i^2 = 12505.15, \quad \sum_{i=1}^{15} x_i y_i = 4891.5.$$

试求股票年平均收益率与年标准差之间的相关系数.

2. 为研究家庭收入和食品支出的关系,随机抽取了 10 个家庭,得如表 7-8 所示数据.

表 7-8

收入 x/百元	20	30	33	40	15	13	26	38	35	43
食品支出 y/百元	7	9	9	11	5	4	8	10	9	10

(1) 试确定家庭收入 x 与食品支出 y 之间的相关系数;
(2) 建立家庭收入 x 和食品支出 y 之间的一元线性回归方程.

B 组

1. 联合国教科文组织《统计年鉴》(1998 年)公布的"公共教育经费占国民生产总值的比重 x"及"居民文化程度构成中属于大学的比例 y"的相关资料如表 7-9 所示,试问: 公共教育经费占国民生产总值比重 x 是否与居民文化程度构成中属于大学的比例 y 有关?试做出散点图,并求出相关系数.

表 7-9

国别	美国	日本	英国	意大利	加拿大	澳大利亚	捷克	匈牙利	印度	印尼	菲律宾
x	5.4	3.6	5.4	4.7	7.0	5.6	6.2	6.6	3.6	1.4	2.2
y	46.5	20.7	11.0	3.8	21.4	21.5	8.5	10.1	2.5	2.3	21.9

国别	泰国	马来西亚	巴基斯坦	韩国	埃及	墨西哥	阿根廷	孟加拉	罗马尼亚
x	3.8	5.3	2.8	3.7	4.6	4.7	3.8	2.0	3.0
y	5.1	6.8	2.5	21.1	4.6	9.2	12.0	1.3	5.6

2. 根据统计,在一定时间内某种商品的价格 P 与供给量 Q 之间有如表 7-10 所示的一组观测数据.

表 7-10

价格 P/元	12	11	10	9	8	7	6	5	4	3	2
供给量 Q/t	10	14	16	20	24	30	42	50	55	60	70

(1) 试求该种商品供给量 Q 与价格 P 之间的相关系数;
(2) 建立供给量 Q 与价格 P 之间的一元线性回归方程;
(3) 对价格 $P=10.5$ 元时供给量 Q 的值进行预测.

总 习 题 七

1. 北京市 1985—1995 年的居民消费价格总指数和商品零售价格指数分别如下:
居民消费价格总指数:
  117.6, 106.8, 108.6, 120.4, 117.2, 105.4, 111.9, 109.9, 119.0, 124.9, 117.3;
商品零售价格指数:
  118.6, 106.7, 108.7, 121.9, 118.5, 104.1, 108.5, 108.3, 116.9, 117.9, 112.6.
求:(1) 这期间居民消费价格总指数的均值、方差和标准差及变异系数;
  (2) 这期间商品零售价格指数的均值、方差和标准差及变异系数;
  (3) 居民消费价格总指数的中位数及商品零售价格指数的中位数.

2. 对某型号的 20 辆汽车记录其每 5 L 汽油的行驶里程,观测数据(单位:km)如下:
  29.8, 27.6, 28.3, 27.9, 30.1, 28.7, 29.9, 28.0, 27.9, 28.7,
  28.4, 27.2, 29.5, 28.5, 28.0, 30.0, 29.1, 29.8, 29.6, 26.9.
设该型号的汽车每 5 L 汽油的行驶里程(单位:km)服从正态分布 $N(\mu, 0.98^2)$,试用数字特征法估计该型号的汽车每 5 L 汽油的平均行驶里程 μ 及行驶里程的标准差 σ,并求平均行驶里程 μ 的置信度为 95% 的置信区间.

3. 从甲地发送一个信号到乙地.设乙地接收到的信号值是一个服从正态分布 $N(\mu, 0.2^2)$ 的随机变量,其中 μ 为甲地发送的真实信号值.现甲地重复发送同一信号 5 次,乙地接收到的信号值为
  8.05, 8.15, 8.20, 8.10, 8.25.
设接收方有理由猜测甲地发送的信号值为 8,问:能否接受这猜测? ($\alpha=0.05$)

4. 小轿车的产量 x 与薄钢板的需求量 y 有关,收集了 5 年的数据如表 7-11 所示.

表 7-11

小轿车的产量 x/万辆	13.98	13.52	12.54	14.91	18.60
薄钢板的需求量 y/(10^3t)	191.80	199.37	217.19	302.62	303.99

(1) 做出小轿车的产量 x 与薄钢板的需求量 y 的散点图;
(2) 试确定小轿车的产量 x 与薄钢板的需求量 y 之间的相关系数;
(3) 建立小轿车的产量 x 与薄钢板的需求量 y 之间的一元线性回归方程.

附 表

附表 1 泊松概率分布表 $\left(P(X=k)=\dfrac{\lambda^k}{k!}\mathrm{e}^{-\lambda}\right)$

k \ λ	0.1	0.2	0.3	0.4	0.5	0.6	0.7	0.8	0.9	1.0	1.5	2.0	2.5	3.0	3.5	4.0
0	0.904837	0.818731	0.740818	0.670320	0.606531	0.548812	0.496585	0.449329	0.406570	0.367879	0.223130	0.135335	0.082085	0.049787	0.030197	0.018316
1	0.090484	0.163746	0.222245	0.268128	0.303265	0.329287	0.347610	0.359463	0.365913	0.367879	0.334695	0.270671	0.205212	0.149361	0.150091	0.073263
2	0.004524	0.016375	0.033337	0.053626	0.075816	0.098786	0.121663	0.143785	0.164661	0.183940	0.251021	0.270671	0.256516	0.224042	0.215785	0.146525
3	0.000151	0.001092	0.00331	0.007150	0.012636	0.019757	0.028388	0.038313	0.049398	0.061313	0.125510	0.180447	0.213763	0.224042	0.215785	0.195367
4	0.000004	0.000055	0.000250	0.000715	0.001580	0.002964	0.004968	0.007669	0.011115	0.015328	0.047067	0.090224	0.133602	0.168031	0.188812	0.195367
5		0.000002	0.000015	0.000057	0.000158	0.000356	0.000696	0.001227	0.002001	0.003066	0.014120	0.036089	0.066801	0.100819	0.132169	0.156293
6			0.000001	0.000004	0.000013	0.000036	0.000081	0.000164	0.000300	0.000511	0.003530	0.012030	0.027834	0.050409	0.077098	0.104196
7					0.000001	0.000003	0.000008	0.000019	0.000039	0.000073	0.000756	0.003437	0.009941	0.021604	0.038549	0.059540
8							0.000001	0.000002	0.000004	0.000009	0.000142	0.000859	0.003106	0.008102	0.016865	0.029770
9										0.000001	0.000024	0.000191	0.000863	0.002701	0.006559	0.013231
10											0.000004	0.000038	0.000216	0.000810	0.002296	0.005292
11												0.000007	0.000049	0.000221	0.000730	0.001925
12												0.000001	0.000010	0.000055	0.000213	0.000642
13													0.000002	0.000013	0.000057	0.000197
14														0.000003	0.000014	0.000056
15														0.000001	0.000003	0.000015
16															0.000001	0.000004
17																0.000001

附表1 泊松概率分布表

(续表)

k\λ	4.5	5.0	5.5	6.0	6.5	7.0	8.0	8.5	9.0	9.5	10.0
0	0.011109	0.006738	0.004087	0.002479	0.001503	0.000912	0.000553	0.000335	0.000203	0.000123	0.000075
1	0.049990	0.033690	0.022477	0.014873	0.009773	0.006383	0.004148	0.002684	0.001730	0.001111	0.000711
2	0.112479	0.084224	0.061812	0.044618	0.031760	0.022341	0.015556	0.010735	0.007350	0.004998	0.003378
3	0.168718	0.140374	0.113323	0.089235	0.068814	0.052129	0.038888	0.028626	0.020826	0.014994	0.010696
4	0.189808	0.175467	0.155819	0.133853	0.111822	0.091226	0.072917	0.057252	0.044255	0.033737	0.025503
5	0.170827	0.175467	0.171001	0.160623	0.145369	0.127717	0.109374	0.091604	0.075233	0.060727	0.048265
6	0.128120	0.146223	0.157117	0.160623	0.157483	0.149003	0.136719	0.122138	0.106581	0.091090	0.076421
7	0.082363	0.104445	0.123449	0.137677	0.146234	0.149003	0.146484	0.139587	0.129419	0.117116	0.103714
8	0.046329	0.065278	0.084872	0.103258	0.118815	0.130377	0.137328	0.139587	0.137508	0.131756	0.123160
9	0.023165	0.036266	0.051866	0.068838	0.08581	0.101405	0.114441	0.124077	0.129869	0.131756	0.130003
10	0.010424	0.018133	0.028526	0.041303	0.055777	0.070983	0.085830	0.099262	0.110303	0.118580	0.122502
11	0.004264	0.008242	0.014263	0.022529	0.032959	0.045171	0.058521	0.072190	0.085300	0.097020	0.106662
12	0.001599	0.003434	0.006537	0.011264	0.017853	0.026350	0.036575	0.048127	0.060421	0.072765	0.084440
13	0.000554	0.001321	0.002766	0.005199	0.008927	0.014188	0.021101	0.029616	0.039506	0.050376	0.061706
14	0.000178	0.000472	0.001086	0.002288	0.004144	0.007094	0.011305	0.016924	0.023986	0.032384	0.041872
15	0.000053	0.000157	0.000399	0.000891	0.001796	0.003311	0.005652	0.009026	0.013592	0.019431	0.026519
16	0.000015	0.000049	0.000137	0.000334	0.000730	0.001448	0.002649	0.004513	0.007220	0.010930	0.015746
17	0.000004	0.000014	0.000044	0.000118	0.000279	0.000596	0.001169	0.002124	0.003611	0.005786	0.008799
18	0.000001	0.000004	0.000014	0.000039	0.000100	0.000232	0.000487	0.000944	0.001705	0.002893	0.004644
19		0.000001	0.000004	0.000012	0.000035	0.000085	0.000192	0.000397	0.000762	0.001370	0.002322
20			0.000001	0.000004	0.000011	0.000030	0.000072	0.000159	0.000324	0.000617	0.001103
21				0.000001	0.000004	0.000010	0.000026	0.000061	0.000132	0.000264	0.000433
22					0.000001	0.000003	0.000009	0.000022	0.000050	0.000108	0.000216
23						0.000001	0.000003	0.000008	0.000019	0.000042	0.000089
24							0.000001	0.000003	0.000007	0.000016	0.000025
25								0.000001	0.000002	0.000006	0.000014
26									0.000001	0.000002	0.000004
27										0.000001	0.000002
28											0.000001
29											

k\λ	20	k\λ	30
5	0.0001	12	0.0001
6	0.0002	13	0.0002
7	0.0005	14	0.0005
8	0.0013	15	0.0010
9	0.0029	16	0.0019
10	0.0058	17	0.0034
11	0.0106	18	0.0057
12	0.0176	19	0.0089
13	0.0271	20	0.0134
14	0.0382	21	0.0192
15	0.0517	22	0.0261
16	0.0646	23	0.0341
17	0.0760	24	0.0426
18	0.0814	25	0.0571
19	0.0888	26	0.0590
20	0.0888	27	0.0655
21	0.0846	28	0.0702
22	0.0767	29	0.0726
23	0.0669	30	0.0726
24	0.0557	31	0.0703
25	0.0446	32	0.0659
26	0.0343	33	0.0599
27	0.0254	34	0.0529
28	0.0182	35	0.0453
29	0.0125	36	0.0378
30	0.0083	37	0.0306
31	0.0054	38	0.0242
32	0.0034	39	0.0186
33	0.0020	40	0.0139
34	0.0012	41	0.0102
35	0.0007	42	0.0073
36	0.0004	43	0.0051
37	0.0002	44	0.0035
38	0.0001	45	0.0023
39	0.0001	46	0.0015
		47	0.0010
		48	0.0006

附表 2 标准正态分布表 $\left(\Phi(x) = \int_{-\infty}^{x} \dfrac{1}{\sqrt{2\pi}} e^{-t^2/2} dt \ (x \geq 0)\right)$

x	0.00	0.01	0.02	0.03	0.04	0.05	0.06	0.07	0.08	0.09
0.0	0.5000	0.5040	0.5080	0.5120	0.5160	0.5199	0.5239	0.5279	0.5319	0.5359
0.1	0.5398	0.5438	0.5478	0.5517	0.5557	0.5596	0.5636	0.5675	0.5714	0.5753
0.2	0.5793	0.5832	0.5871	0.5910	0.5948	0.5987	0.6026	0.6064	0.6103	0.6141
0.3	0.6179	0.6217	0.6255	0.6293	0.6331	0.6368	0.6404	0.6443	0.6480	0.6517
0.4	0.6554	0.6591	0.6628	0.6664	0.6700	0.6736	0.6772	0.6808	0.6844	0.6879
0.5	0.6915	0.6950	0.6985	0.7019	0.7054	0.7088	0.7123	0.7157	0.7190	0.7224
0.6	0.7257	0.7291	0.7324	0.7357	0.7389	0.7422	0.7454	0.7486	0.7517	0.7549
0.7	0.7580	0.7611	0.7642	0.7673	0.7703	0.7734	0.7764	0.7794	0.7823	0.7852
0.8	0.7881	0.7910	0.7939	0.7967	0.7995	0.8023	0.8051	0.8078	0.8106	0.8133
0.9	0.8159	0.8186	0.8212	0.8238	0.8264	0.8289	0.8315	0.8340	0.8365	0.8389
1.0	0.8413	0.8438	0.8461	0.8485	0.8508	0.8531	0.8554	0.8577	0.8599	0.8621
1.1	0.8643	0.8665	0.8686	0.8708	0.8729	0.8749	0.8770	0.8790	0.8810	0.8830
1.2	0.8849	0.8869	0.8888	0.8907	0.8925	0.8944	0.8962	0.8980	0.8997	0.90147
1.3	0.90320	0.90490	0.90658	0.90824	0.90988	0.9115	0.91309	0.91466	0.91621	0.91774
1.4	0.91924	0.92073	0.92220	0.92364	0.92507	0.92647	0.92785	0.92922	0.93056	0.93189
1.5	0.93319	0.93448	0.93574	0.93699	0.93822	0.93943	0.94062	0.94179	0.94295	0.94408
1.6	0.94520	0.97630	0.74738	0.94845	0.94950	0.95053	0.95154	0.95254	0.95352	0.95449
1.7	0.95543	0.95637	0.95728	0.95813	0.95907	0.95994	0.96080	0.96164	0.96246	0.96327
1.8	0.96407	0.96485	0.96562	0.95638	0.96721	0.96784	0.96856	0.96926	0.96995	0.97062
1.9	0.97128	0.97193	0.97257	0.97320	0.97381	0.97441	0.97500	0.97558	0.97615	0.97670
2.0	0.97725	0.97778	0.97831	0.97882	0.97932	0.97982	0.98030	0.98077	0.98124	0.98169
2.1	0.98214	0.98257	0.98300	0.98341	0.98382	0.98422	0.98461	0.98500	0.98537	0.98574
2.2	0.98610	0.98645	0.398679	0.98713	0.98745	0.98778	0.98809	0.98840	0.98870	0.98899
2.3	0.98928	0.98956	0.98983	0.9^{2}0097	0.9^{2}0358	0.9^{2}0613	0.9^{2}0863	0.9^{2}1106	0.9^{2}1344	0.9^{2}1576
2.4	0.9^{2}1842	0.9^{2}2024	0.9^{2}2240	0.9^{2}2451	0.9^{2}2656	0.9^{2}2857	0.9^{2}3053	0.9^{2}3244	0.9^{2}3431	0.9^{2}3613

附表 2　标准正态分布表

（续表）

x	0.00	0.01	0.02	0.03	0.04	0.05	0.06	0.07	0.08	0.09
2.5	0.9^{2}3790	0.9^{2}3963	0.9^{2}4132	0.9^{2}4297	0.9^{2}4457	0.9^{2}4614	0.9^{2}4766	0.9^{2}4915	0.9^{2}5060	0.9^{2}5201
2.6	0.9^{2}5339	0.9^{2}5473	0.9^{2}5604	0.9^{2}5731	0.9^{2}5855	0.9^{2}5975	0.9^{2}6093	0.9^{2}6207	0.9^{2}6319	0.9^{2}6427
2.7	0.9^{2}6533	0.9^{2}6636	0.9^{2}6736	0.9^{2}6833	0.9^{2}6928	0.9^{2}7020	0.9^{2}7110	0.9^{2}7197	0.9^{2}7282	0.9^{2}7365
2.8	0.9^{2}7445	0.9^{2}7523	0.9^{2}7599	0.9^{2}7673	0.9^{2}7744	0.9^{2}7814	0.9^{2}7882	0.9^{2}7943	0.9^{2}8012	0.9^{2}8074
2.9	0.9^{2}8134	0.9^{2}8193	0.9^{2}8250	0.9^{2}8305	0.9^{2}8359	0.9^{2}8411	0.9^{2}8462	0.9^{2}8511	0.9^{2}8559	0.9^{2}8605
3.0	0.9^{2}8650	0.9^{2}8694	0.9^{2}8736	0.9^{2}8777	0.9^{2}8817	0.9^{2}8856	0.9^{2}8893	0.9^{2}8930	0.9^{2}8965	0.9^{2}8999
3.1	0.9^{2}0324	0.9^{3}0646	0.9^{3}0957	0.9^{3}1260	0.9^{3}1553	0.9^{3}1836	0.9^{3}2112	0.9^{3}2378	0.9^{3}2636	0.9^{3}2886
3.2	0.9^{3}3129	0.9^{3}3363	0.9^{3}3590	0.9^{3}3810	0.9^{3}4024	0.9^{3}4230	0.9^{3}4429	0.9^{3}4623	0.9^{3}4810	0.9^{3}4911
3.3	0.9^{3}5166	0.9^{3}5335	0.9^{3}5499	0.9^{3}5658	0.9^{3}5811	0.9^{3}5959	0.9^{3}6103	0.9^{3}6242	0.9^{3}6376	0.9^{3}6505
3.4	0.9^{3}6631	0.9^{3}6752	0.9^{3}6869	0.9^{3}6982	0.9^{3}7091	0.9^{3}7197	0.9^{3}7299	0.9^{3}7398	0.9^{3}7493	0.9^{3}7585
3.5	0.9^{3}7674	0.9^{3}7759	0.9^{3}7842	0.9^{3}7922	0.9^{3}7999	0.9^{3}8074	0.9^{3}8146	0.9^{3}8215	0.9^{3}8282	0.9^{3}8347
3.6	0.9^{3}8409	0.9^{3}8469	0.9^{3}8527	0.9^{3}8583	0.9^{3}8637	0.9^{3}8689	0.9^{3}8739	0.9^{3}8787	0.9^{3}8834	0.9^{3}8879
3.7	0.9^{3}8922	0.9^{3}8964	0.9^{4}0089	0.9^{4}0426	0.9^{4}0799	0.9^{4}1158	0.9^{4}1504	0.9^{4}1838	0.9^{4}2159	0.9^{4}2468
3.8	0.9^{4}2765	0.9^{4}3052	0.9^{4}3327	0.9^{4}3593	0.9^{4}3848	0.9^{4}4094	0.9^{4}4331	0.9^{4}4558	0.9^{4}4777	0.9^{4}4988
3.9	0.9^{4}5190	0.9^{4}5385	0.9^{4}5573	0.9^{4}5753	0.9^{4}5926	0.9^{4}6092	0.9^{4}6253	0.9^{4}6406	0.9^{4}6554	0.9^{4}6696
4.0	0.9^{4}6833	0.9^{4}6964	0.9^{4}7090	0.9^{4}7211	0.9^{4}7327	0.9^{4}7439	0.9^{4}7546	0.9^{4}7649	0.9^{4}7748	0.9^{4}7843
4.1	0.9^{4}7934	0.9^{4}8022	0.9^{4}8106	0.9^{4}8186	0.9^{4}8263	0.9^{4}8336	0.9^{4}8409	0.9^{4}8477	0.9^{4}8542	0.9^{4}8605
4.2	0.9^{4}8665	0.9^{4}8723	0.9^{4}8778	0.9^{4}8832	0.9^{4}8882	0.9^{4}8931	0.9^{4}8978	0.9^{5}0226	0.9^{5}0655	0.9^{5}1066
4.3	0.9^{5}1460	0.9^{5}1837	0.9^{5}2199	0.9^{5}2545	0.9^{5}2876	0.9^{5}3193	0.9^{5}3497	0.9^{5}3788	0.9^{5}4066	0.9^{5}4332
4.4	0.9^{5}4587	0.9^{5}4831	0.9^{5}5065	0.9^{5}5280	0.9^{5}5502	0.9^{5}5706	0.9^{5}5902	0.9^{5}6089	0.9^{5}6268	0.9^{5}6439
4.5	0.9^{5}6602	0.9^{5}6759	0.9^{5}6908	0.9^{5}7051	0.9^{5}7187	0.9^{5}7313	0.9^{5}7442	0.9^{5}7561	0.9^{5}7675	0.9^{5}7784
4.6	0.9^{5}7888	0.9^{5}7987	0.9^{5}8081	0.9^{5}8172	0.9^{5}8258	0.9^{5}8340	0.9^{5}8419	0.9^{5}8494	0.9^{5}8566	0.9^{5}8634
4.7	0.9^{5}8699	0.9^{5}8761	0.9^{5}8821	0.9^{5}8877	0.9^{5}8931	0.9^{5}8983	0.9^{5}0320	0.9^{5}0789	0.9^{5}1235	0.9^{5}1661
4.8	0.9^{5}2007	0.9^{5}2453	0.9^{5}2822	0.9^{5}3173	0.9^{5}3508	0.9^{5}3827	0.9^{5}4131	0.9^{5}4420	0.9^{5}4656	0.9^{5}4958
4.9	0.9^{5}5208	0.9^{5}5446	0.9^{5}5673	0.9^{5}5889	0.9^{5}6094	0.9^{5}6289	0.9^{5}6475	0.9^{5}6652	0.9^{5}6821	0.9^{5}6918

附录

初等数学中的常用公式

一、代　数

1. 乘法和因式分解

(1) $(a\pm b)^2 = a^2 \pm 2ab + b^2$；

(2) $(a\pm b)^3 = a^3 \pm 3a^2b + 3ab^2 \pm b^3$；

(3) $a^2 - b^2 = (a+b)(a-b)$；

(4) $a^3 \pm b^3 = (a\pm b)(a^2 \mp ab + b^2)$；

(5) $(a+b)^n = a^n + na^{n-1}b + \dfrac{n(n-1)}{2!}a^{n-2}b^2 + \dfrac{n(n-1)(n-2)}{3!}a^{n-3}b^3$
$+ \cdots + \dfrac{n(n-1)(n-2)\cdots(n-k+1)}{k!}a^{n-k}b^k + \cdots + nab^{n-1} + b^n$；

(6) $a^n - b^n = (a-b)(a^{n-1} + a^{n-2}b + \cdots + ab^{n-2} + b^{n-1})$.

2. 指数（$a>0, a\neq 1; m,n$ 是任意实数）

(1) $a^0 = 1$；

(2) $a^{-m} = \dfrac{1}{a^m}$；

(3) $a^m \cdot a^n = a^{m+n}$；

(4) $\dfrac{a^m}{a^n} = a^{m-n}$；

(5) $(a^m)^n = a^{mn}$；

(6) $a^{\frac{m}{n}} = \sqrt[n]{a^m} = (\sqrt[n]{a})^m$.

3. 对数（$a>0, a\neq 1$）

(1) $\log_a 1 = 0$；

(2) $\log_a a = 1$；

(3) 恒等式 $a^{\log_a x} = x$；

(4) 换底公式 $\log_a x = \dfrac{\log_b x}{\log_b a}$ ($b>0, b\neq 1$)；

(5) $\log_a(xy) = \log_a x + \log_a y$；

(6) $\log_a \dfrac{x}{y} = \log_a x - \log_a y$；

(7) $\log_a x^\alpha = \alpha \log_a x$.

4. 排列数（m, n 为正整数）

(1) $P_n^m = n(n-1)\cdots(n-m+1)$；

(2) $P_n^n = n! = 1 \cdot 2 \cdot 3 \cdots (n-1)n$.

5. 组合数（m, n 为正整数）

(1) $C_n^m = \dfrac{P_n^m}{m!} = \dfrac{n(n-1)\cdots(n-m+1)}{m!}$；

(2) $C_n^m = C_n^{n-m}$.

6. 求和公式

(1) $a + aq + aq^2 + \cdots + aq^{n-1} = \dfrac{a(1-q^n)}{1-q}$ ($q\neq 1$)；

(2) $1 + 2 + 3 + \cdots + n = \dfrac{1}{2}n(n+1)$；

(3) $1^2 + 2^2 + 3^2 + \cdots + n^2 = \dfrac{1}{6}n(n+1)(2n+1)$；

(4) $1^3 + 2^3 + 3^3 + \cdots + n^3 = \left[\dfrac{1}{2}n(n+1)\right]^2$；

(5) $1 + 3 + 5 + \cdots + (2n-1) = n^2$.

二、几　何

1. 平面图形的基本公式

(1) 梯形面积 $S=\dfrac{1}{2}(a+b)h$（其中 a,b 为二底，h 为高）；

(2) 圆面积 $S=\pi R^2$，圆周长 $l=2\pi R$（其中 R 为圆的半径）；

(3) 圆扇形面积 $S=\dfrac{1}{2}R^2\theta$，圆扇形弧长 $l=R\theta$（其中 R 为圆的半径，θ 为圆心角（单位：弧度））．

2. 立体图形的基本公式

(1) 圆柱体体积 $V=\pi R^2 H$，圆柱体侧面积 $S=2\pi RH$（其中 R 为底的半径，H 为高）；

(2) 正圆锥体体积 $V=\dfrac{1}{3}\pi R^2 H$，侧面积 $S=\pi Rl$（其中 R 为底的半径，H 为高，l 为斜高，即 $l=\sqrt{R^2+H^2}$）；

(3) 球体积 $V=\dfrac{4}{3}\pi R^3$（其中 R 为球的半径）；

(4) 球面面积 $S=4\pi R^2$（其中 R 为球的半径）．

三、三　角

1. 度与弧度

(1) 1 度 $=\dfrac{\pi}{180}$ 弧度；　　(2) 1 弧度 $=\dfrac{180}{\pi}$ 度．

2. 基本公式

(1) $\sin^2\alpha+\cos^2\alpha=1$；　　(2) $1+\tan^2\alpha=\sec^2\alpha$；　　(3) $1+\cot^2\alpha=\csc^2\alpha$；　　(4) $\dfrac{\sin\alpha}{\cos\alpha}=\tan\alpha$；

(5) $\dfrac{\cos\alpha}{\sin\alpha}=\cot\alpha$；　　(6) $\cot\alpha=\dfrac{1}{\tan\alpha}$；　　(7) $\csc\alpha=\dfrac{1}{\sin\alpha}$；　　(8) $\sec\alpha=\dfrac{1}{\cos\alpha}$．

3. 和差公式

(1) $\sin(\alpha\pm\beta)=\sin\alpha\cos\beta\pm\cos\alpha\sin\beta$；　　(2) $\cos(\alpha\pm\beta)=\cos\alpha\cos\beta\mp\sin\alpha\sin\beta$；

(3) $\tan(\alpha\pm\beta)=\dfrac{\tan\alpha\pm\tan\beta}{1\mp\tan\alpha\tan\beta}$；　　(4) $\cot(\alpha\pm\beta)=\dfrac{\cot\alpha\cot\beta\mp 1}{\cot\beta\pm\cot\alpha}$．

4. 倍角和半角公式

(1) $\sin 2\alpha=2\sin\alpha\cos\alpha$；　　(2) $\cos 2\alpha=\cos^2\alpha-\sin^2\alpha=1-2\sin^2\alpha=2\cos^2\alpha-1$；

(3) $\tan 2\alpha=\dfrac{2\tan\alpha}{1-\tan^2\alpha}$；　　(4) $\cot 2\alpha=\dfrac{\cot^2\alpha-1}{2\cot\alpha}$；

(5) $\sin^2\alpha=\dfrac{1-\cos 2\alpha}{2}$；　　(6) $\cos^2\alpha=\dfrac{1+\cos 2\alpha}{2}$；

(7) $\tan\dfrac{\alpha}{2}=\pm\sqrt{\dfrac{1-\cos\alpha}{1+\cos\alpha}}=\dfrac{1-\cos\alpha}{\sin\alpha}=\dfrac{\sin\alpha}{1+\cos\alpha}$；

(8) $\cot\dfrac{\alpha}{2}=\pm\sqrt{\dfrac{1+\cos\alpha}{1-\cos\alpha}}=\dfrac{\sin\alpha}{1-\cos\alpha}=\dfrac{1+\cos\alpha}{\sin\alpha}$．

5. 特殊角的三角函数值

α	sinα	cosα	tanα	cotα	secα	cscα
0	0	1	0	∞	1	∞
$\dfrac{\pi}{6}$	$\dfrac{1}{2}$	$\dfrac{\sqrt{3}}{2}$	$\dfrac{\sqrt{3}}{3}$	$\sqrt{3}$	$\dfrac{2}{3}\sqrt{3}$	2
$\dfrac{\pi}{4}$	$\dfrac{\sqrt{2}}{2}$	$\dfrac{\sqrt{2}}{2}$	1	1	$\sqrt{2}$	$\sqrt{2}$
$\dfrac{\pi}{3}$	$\dfrac{\sqrt{3}}{2}$	$\dfrac{1}{2}$	$\sqrt{3}$	$\dfrac{\sqrt{3}}{3}$	2	$\dfrac{2}{3}\sqrt{3}$
$\dfrac{\pi}{2}$	1	0	∞	0	∞	1
π	0	−1	0	∞	−1	∞
$\dfrac{3}{2}\pi$	−1	0	∞	0	∞	−1
2π	0	1	0	∞	1	∞

四、平面解析几何

1. 距离、斜率、分点坐标

已知两点 $P_1(x_1,y_1)$ 与 $P_2(x_2,y_2)$,则

(1) 两点之间的距离 $d=\sqrt{(x_2-x_1)^2+(y_2-y_1)^2}$;

(2) 线段 P_1P_2 的斜率 $k=\dfrac{y_2-y_1}{x_2-x_1}$;

(3) 设 $\dfrac{P_1P}{PP_2}=\lambda$,则分点 $P(x,y)$ 的坐标 $x=\dfrac{x_1+\lambda x_2}{1+\lambda}$,$y=\dfrac{y_1+\lambda y_2}{1+\lambda}$.

2. 直线方程

(1) 点斜式:$y-y_0=k(x-x_0)$;　　(2) 斜截式:$y=kx+b$;

(3) 两点式:$\dfrac{y-y_1}{y_2-y_1}=\dfrac{x-x_1}{x_2-x_1}$;　　(4) 截距式:$\dfrac{x}{a}+\dfrac{y}{b}=1$;

(5) 一般式:$Ax+By+C=0$（其中 A,B 不同时为零）;

(6) 参数式:$\begin{cases}x=x_0+t\cos\alpha\\y=y_0+t\sin\alpha\end{cases}$ 或 $\begin{cases}x=x_0+lt\\y=y_0+mt\end{cases}$ （其中常数 α 为直线与 x 轴正方向的夹角）.

3. 点到直线的距离

点 $P_0(x_0,y_0)$ 到直线 $Ax+By+C=0$ 的距离 $d=\dfrac{|Ax_0+By_0+C|}{\sqrt{A^2+B^2}}$.

4. 两直线的交角

设两直线的斜率分别为 k_1 与 k_2,交角为 θ,则 $\tan\theta=\left|\dfrac{k_1-k_2}{1+k_1k_2}\right|$.

5. 圆的方程

(1) 标准式:$(x-a)^2+(y-b)^2=R^2$;

(2) 参数式：$\begin{cases} x = a + R\cos t, \\ y = b + R\sin t \end{cases}$（其中圆心为 $G(a,b)$，半径 $r = R$，$M(x,y)$ 是圆上任一点，参数 t 为动径 GM 与 x 轴正方向的夹角）.

6. 抛物线

(1) $y^2 = 2px$，焦点为 $\left(\dfrac{p}{2}, 0\right)$，准线为 $x = -\dfrac{p}{2}$；

(2) $x^2 = 2py$，焦点为 $\left(0, \dfrac{p}{2}\right)$，准线为 $y = -\dfrac{p}{2}$.

7. 椭圆

$\dfrac{x^2}{a^2} + \dfrac{y^2}{b^2} = 1$ $(a > b)$，焦点在 x 轴上.

8. 双曲线

$\dfrac{x^2}{a^2} - \dfrac{y^2}{b^2} = 1$，焦点在 x 轴上.

9. 等轴双曲线

$xy = k$（其中 k 为常数）.

10. 直角坐标与极坐标之间的关系

$\begin{cases} x = \rho\cos\theta, \\ y = \rho\sin\theta \end{cases} \Longleftrightarrow \begin{cases} \rho = \sqrt{x^2 + y^2}, \\ \theta = \arctan\dfrac{y}{x} \end{cases}$（见右图）.

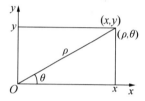

习题参考答案与解法提示

习题 1.1

A 组

1. (1) $\dfrac{1}{4}, \dfrac{2}{7}, \dfrac{3}{10}, \dfrac{4}{13}, \cdots$,极限为 $\dfrac{1}{3}$； (2) $\dfrac{1}{2}, -\dfrac{1}{3}, \dfrac{1}{4}, -\dfrac{1}{5}, \cdots$,极限为 0.

2. (1) 18.15 元； (2) 18.22 元.   3. 27.4406 万元.

B 组

1. (1) $y_n = \dfrac{1}{3^n}$,极限为 0；   (2) $y_n = \dfrac{1+(-1)^n}{n}$,极限为 0.

2. 13.86 年(取 $\ln 2 = 0.6931$). **提示** 设原价值为 A_0,则 $\dfrac{1}{2}A_0 = A_0 \mathrm{e}^{-0.05t}$.

习题 1.2

A 组

1. (1) $0, +\infty,$ 不存在 $,1,1,1$； (2) $0,0,0,1,1,1$； (3) $0,0,0,+\infty,+\infty,+\infty$.

2. (1) 连续； (2) 连续； (3) 连续. **提示** $|x| = \begin{cases} x, & x \geqslant 0, \\ -x, & x < 0. \end{cases}$

B 组

1. (1) 连续； (2) 不连续.

2. (1) $+\infty, -\infty, -1, 0, 1, 1$； (2) 在点 $x=0$ 处不连续,在点 $x=1$ 处连续.

习题 1.3

A 组

1. (1) $5x^4$； (2) $\dfrac{1}{4\sqrt[4]{x^3}}$； (3) $-\dfrac{1}{3x\sqrt[3]{x}}$； (4) $-\dfrac{2}{x^3}$.

2. (1) $y - 8 = 12(x-2)$； (2) $y + 1 = \dfrac{1}{3}(x+1)$.

3. (1) $\mathrm{d}y = 6x^5 \mathrm{d}x$； (2) $\mathrm{d}y = -\dfrac{3}{x^4}\mathrm{d}x$.

B 组

1. 6；   2. $x + y + 2 = 0$. **提示** 先求 $x = -1$ 时所对应的 y 的值.

习 题 1.4

A 组

1. (1) $d(C)=0$；　　(2) $d(x^a)=ax^{a-1}dx$；　　(3) $d(a^x)=a^x\ln a\,dx$；

(4) $d(e^x)=e^x dx$；　　(5) $d(\log_a^x)=\dfrac{1}{x\ln a}dx$；　　(6) $d(\ln x)=\dfrac{1}{x}dx$；

(7) $d(\sin x)=\cos x\,dx$；　　(8) $d(\cos x)=-\sin x\,dx$；　　(9) $d(\tan x)=\sec^2 x\,dx$；

(10) $d(\cot x)=-\csc^2 x\,dx$；　(11) $d(\sec x)=\sec x\tan x\,dx$；　(12) $d(\csc x)=-\csc x\cot x\,dx$.

2. (1) $3x^2+\dfrac{3}{x^4}+\dfrac{1}{3\sqrt[3]{x^2}}-\dfrac{1}{3\sqrt[3]{x^4}}$；　　(2) $3^x\ln 3+\dfrac{1}{x\ln 3}+3\cos x$；

(3) $3x^2\cos x-x^3\sin x$；　(4) $(2x+2)\ln x+x+2+\dfrac{1}{x}$；　(5) $e^x(3\sin x+\cos x)$；

(6) $xe^x(2\ln x+x\ln x+1)$；　(7) $\dfrac{2}{(x+1)^2}$；　(8) $\dfrac{(1-x^2)\tan x+x(1+x^2)\sec^2 x}{(1+x^2)^2}$.

3. (1) 0；　　(2) 1.

4. (1) $6(2x+3)^2$；　　(2) $\dfrac{x}{\sqrt{a^2+x^2}}$；　　(3) $\dfrac{1}{x}$；　　(4) $\cot x$；

(5) $\dfrac{3\ln^2 x}{x}$；　(6) $\dfrac{2x}{x^2+a^2}$；　(7) $(3x^2+2x)e^{x^3+x^2+1}$；　(8) $2e^{2x}-2xe^{x^2}+3$；

(9) $-4\cos(6-4x)$；　(10) $12x\sin(4-6x^2)$；　(11) $3\sin^2 x\cos x$；　(12) $-4\cos^3 x\sin x$；

(13) $-3x^2\csc^2 x^3$；　(14) $2\sec^2 x\tan x$；　(15) $e^{2x}(2\cos 3x-3\sin 3x)$.

5. (1) $-2x\,dx$；　　(2) $\dfrac{1}{2\sqrt{x}}dx$；　　(3) $\dfrac{a}{x}dx$；

(4) $ae^{ax}dx$；　(5) $a\cos ax\,dx$；　(6) $-a\sin ax\,dx$.

B 组

1. (1) $\dfrac{\ln x}{x\sqrt{1+\ln^2 x}}$；　(2) $e^{-\cos^2 x}\sin 2x$；　(3) $\dfrac{2\sqrt{x}+1}{6\sqrt{x}(x+\sqrt{x})^{2/3}}$；

(4) $\dfrac{1}{x^2}\left(-\cot\dfrac{1}{x}\right)$；　(5) $\sec^2\dfrac{x}{2}\tan\dfrac{x}{2}$；　(6) $\dfrac{1}{\sqrt{1+x^2}}$.

2. (1) $n[f(x+a)]^{n-1}f'(x+a)$；　　(2) $f'(\sin^2 x)\sin 2x$.

习 题 1.5

A 组

1. (1) $56x^6-60x^2+4$；　(2) $30x^4+12x$；　(3) $-2e^{-x}\cos x$；

(4) $-\dfrac{2(1+x^2)}{(1-x^2)^2}$；　(5) $2\cos 2x$；　(6) $2xe^{x^2}(3+2x^2)$.

习题参考答案与解法提示

2. (1) $a^x(\ln a)^n$； (2) $(-1)^n \dfrac{n!}{x^{n+1}}$.

3. (1) $-\dfrac{2x}{1+2y}$； (2) $\dfrac{16x}{3y^2-16y}$； (3) $-\sqrt{\dfrac{y}{x}}$； (4) $-\dfrac{y}{1+x+e^y}$.

B 组

1. $-\dfrac{3}{4e^4}$. **2.** (1) $y=1$； (2) $x-ey+e=0$.

总习题一

1. (1) e 万元； (2) $-1,1,$ 不存在,$-1,1,$ 不存在； (3) e；
(4) $3dx$； (5) 1； (6) $g'(x)2^{g(x)}\ln 2$； (7) $5!=120$.

2. (1) D； (2) B； (3) C； (4) A； (5) C； (6) C.

3. (1) $\dfrac{xe^{\sqrt{x^2+1}}}{\sqrt{x^2+1}}$； (2) $n\sin^{n-1}x\cos x\sin x^n + nx^{n-1}\sin^n x\cos x^n$； (3) $-\dfrac{1}{\cos x}$； (4) $\dfrac{e^x}{\sqrt{1+e^{2x}}}$.

4. $\dfrac{e^{\sqrt{x}}}{4x} - \dfrac{e^{\sqrt{x}}}{4x\sqrt{x}}, 0$. **5.** $\dfrac{e^{x+y}-y}{x-e^{x+y}}$. **6.** $y-3=\dfrac{1}{2}(x-2)$. **7.** 点$(-1,-4)$和点$(1,0)$.

习题 2.1

A 组

1. (1) $(-\infty,-1),(1,+\infty)$单调增加,$(-1,1)$单调减少；
(2) $(-\infty,-1),(0,1)$单调减少,$(-1,0),(1,+\infty)$单调增加；
(3) $\left(0,\dfrac{1}{2}\right)$单调减少,$\left(\dfrac{1}{2},+\infty\right)$单调增加；
(4) $(-\infty,-2),(0,+\infty)$单调增加,$(-2,-1),(-1,0)$单调减少.

2. $(-\infty,0)\cup(0,+\infty)$单调增加.

B 组

1. $\left(-1,-\dfrac{\sqrt{2}}{2}\right),\left(\dfrac{\sqrt{2}}{2},1\right)$单调减少,$\left(-\dfrac{\sqrt{2}}{2},\dfrac{\sqrt{2}}{2}\right)$单调增加.

习题 2.2

A 组

1. (1) 极小值 $f(-1)=-2$,极大值 $f(1)=2$； (2) 极大值 $f(-1)=10$,极小值 $f(3)=-22$；
(3) 极小值 $f(0)=0$； (4) 极小值 $f(0)=0$.

2. (1) $(-\infty,-1),(0,1)$单调减少,$(-1,0),(1,+\infty)$单调增加,极小值 $f(-1)=f(1)=1$；

(2) $\left(-\infty,\dfrac{3}{4}\right)$ 单调增加,$\left(\dfrac{3}{4},1\right)$ 单调减少,极大值 $f\left(\dfrac{3}{4}\right)=\dfrac{5}{4}$.

B 组

1. (1) 极小值 $f(1)=0$,极大值 $f(e^2)=\dfrac{4}{e^2}$; (2) 极小值 $f\left(-\dfrac{1}{2}\ln 2\right)=2\sqrt{2}$.

2. $a=2, b=1$. **提示** $f'(-1)=0, f'(2)=0$.

3. $a=2, b=-9, c=12, d=1$. **提示** $f(1)=6, f(2)=5, f'(1)=0, f'(2)=0$.

习 题 2.3

A 组

1. (1) 162 m^2; (2) 长 32 m,宽 16 m.   **2.** (1) 长 15 m,宽 10 m; (2) 长 18 m,宽 12 m.

3. $r=\sqrt[3]{\dfrac{150}{\pi}}$, $h=2r$. **提示** 设周围单位面积造价为 1,则总造价 $y=2\pi r^2+2\pi rh$,其中 $h=\dfrac{300}{\pi r^2}$.

4. 长 6 cm,宽 3 cm,高 4 cm. **提示** 设底面宽为 x,高为 h,则底面长为 $2x$, $h=\dfrac{72}{2x^2}$,表面积为
$$A=2\cdot x\cdot 2x+2x\cdot h+2h\cdot 2x.$$

B 组

1. $r=h=\dfrac{L}{\pi+4}$,面积 $A=\dfrac{L^2}{2(\pi+4)}$. **提示** $A=2rh+\dfrac{1}{2}\pi r^2$,其中 $\pi r+2h+2r=L$.

2. $\dfrac{h}{r}=\dfrac{8}{\pi}$. **提示** 表面积为 $A=(2r)^2+(2r)^2+2\pi rh$,又 $h=\dfrac{V}{\pi r^2}$.

习 题 2.4

A 组

1. (1) 在 $(-\infty,1)$ 内下凹,在 $(1,+\infty)$ 内上凹,拐点是 $(1,-2)$;
(2) 在 $(-\infty,-1),(1,+\infty)$ 内上凹,在 $(-1,1)$ 内下凹,拐点是 $(-1,1),(1,1)$;
(3) 在 $(-\infty,0),(1,+\infty)$ 内下凹,在 $(0,1)$ 内上凹,拐点是 $(0,0),(1,1)$;
(4) 在 $(-\infty,-1),(1,+\infty)$ 内下凹,在 $(-1,1)$ 上凹,拐点是 $(-1,\ln 2),(1,\ln 2)$.

2. (1) 在 $(-\infty,+\infty)$ 内上凹,无拐点; (2) 在 $(0,+\infty)$ 内下凹,无拐点.

B 组

1. $a=-3, b=3, c=-2$.

提示 因 $(1,-1)$ 是拐点,有 $y\big|_{x=1}=-1, y''\big|_{x=1}=0$;因 $x=1$ 是极大值点,有 $y'\big|_{x=1}=0$.

2. 提示 $f''(x)=6ax+2b=0$ 只有一个根 $x=-\dfrac{b}{3a}$,且在其两侧 $f''(x)$ 异号.

习题参考答案与解法提示

3. (1) 在$(-\infty,0)$内单调增加,在$(0,+\infty)$内单调减少,极大值为$y\big|_{x=0}=\dfrac{1}{\sqrt{2\pi}}\approx 0.3989$;

(2) 在$(-\infty,-1)$内上凹,在$(-1,1)$内下凹,在$(1,+\infty)$内上凹,拐点是$(-1,0.2420),(1,0.2420)$.

习 题 2.5

A 组

1. (1) $Q=2400-120P$, $P=20-\dfrac{1}{120}Q$, $R=20Q-\dfrac{1}{120}Q^2$; (2) $R'(Q)=20-\dfrac{Q}{60}$, 16 元/件.

2. (1) $Q=300P-1800$; (2) $P=10$ 元/件, $Q=1200$ 件.

3. (1) $C=900+4Q$, $R=10Q$, $\pi=6Q-900$;

(2) $Q=150$ 件; (3) $C'(Q)=4$ 元/件, $C'(10)=4$ 元/件.

4. (1) $Q'(P)=-4-2P$; (2) $E_d\big|_{P=2}\approx -0.33$, $E_d\big|_{P=5}\approx -4.66$.

5. $E_d=-0.04P$, $E_d\big|_{P=20}=-0.8$.

6. $E_s=\dfrac{4P+2P^2}{P^2+4P-12}$, $E_s\big|_{P=3}\approx 3.33$.

B 组

1. (1) $E_d=\dfrac{bP_0}{bP_0-a}$; (2) $P=1.2$, $Q=1.2$;

(3) $0<P<\dfrac{a}{2b}$. **提示** 销售额为 $R=PQ=P(a-bP)=aP-bP^2$,应有 $\dfrac{dR}{dP}>0$.

2. $-\dfrac{b}{M}$. **3.** $E_R\big|_{P=5}=0.75$.

习 题 2.6

A 组

1. $Q=5$, $P=18$, $\pi=15$. **2.** $Q=200$, $\pi=300$. **3.** $Q=30$, $P=6$.

4. $P=3000$ 元/台, $R=9000$ 千元. **5.** $Q=3$, $AC=54$. **6.** $L=10$, $Q=\dfrac{1000}{3}$.

7. $Q=500$ 个, $E=4500$ 元. **8.** $Q=800$ 件, $E=600$ 元.

B 组

1. 定价 $P=115$ 元. **提示** 设定价为 $P=(100+x)$ 元/件,则卖出的件数为 $Q=\left(180-\dfrac{3}{25}x^2\right)$

2. 每团人数 $x=60$, $\pi=21000$ 元. **提示** 设 x 表示每团人数,则飞机票的价格为

$$P=\begin{cases}900, & 1\leqslant x\leqslant 30,\\ 900-10(x-30), & 30<x\leqslant 75.\end{cases}$$

利润函数为 $\pi=\pi(x)=xP-15000$.

3. (1) ① $Q=20$； ② $Q=10$； ③ $Q=10$. (2) ① $Q=10$； ② $Q=6$； ③ $Q=12$.

提示 (2) ① 总成本函数 $C=0.3Q^2+9Q+30+10$；

② 总成本函数 $C=0.3Q^2+9Q+30+8.4Q$；

③ 利润函数 $\pi=-1.05Q^2+21Q-30+4.2Q$.

总习题二

1. (1) $(0,1),(1,+\infty)$； (2) 驻点或稳定点； (3) 0； (4) $R=aP-bP^2$；

(5) 74； (6) $\dfrac{ax}{ax+b}$； (7) 拐点； (8) 0.

2. (1) B； (2) A； (3) B； (4) C.

3. $(-\infty,-1),(1,+\infty)$ 单调增加，$(-1,1)$ 单调减少；极大值 $f(-1)=\dfrac{2}{15}$，极小值 $f(1)=-\dfrac{2}{15}$.

4. $(-\infty,0),(1,+\infty)$ 单调增加，$(0,1)$ 单调减少；极大值 $f(0)=0$，极小值 $f(1)=-1$；$\left(-\infty,\dfrac{1}{2}\right)$ 下凹，$\left(\dfrac{1}{2},+\infty\right)$ 上凹，拐点 $\left(\dfrac{1}{2},-\dfrac{1}{2}\right)$.

5. 长 80 m，宽 20 m.

6. (1) ① $Q=80$ t； ② $AC=89.25$ 元/t； ③ $C=7140$ 元； ④ $R=23040$ 元；
⑤ $P=288$ 元/t； ⑥ $\pi=15900$ 元.

(2) ① $Q=88$ t； ② $AC=85.68$ 元/t； ③ $C=7540$ 元； ④ $R=23232$ 元；
⑤ $P=264$ 元/t； ⑥ $\pi=15692$ 元.

(3) ① $Q=140$ t； ② $AC=78$ 元/t； ③ $C=10920$ 元； ④ $R=15120$ 元；
⑤ $P=108$ 元/t； ⑥ $\pi=4200$ 元.

提示 由题设 $Q=\dfrac{1}{3}(528-P)$ 知 $P=528-3Q$，于是 $R=R(Q)=PQ=528Q-3Q^2$.

7. 24 人. **8.** 350 元.

习 题 3.1

A 组

1. (1) 对； (2) 错； (3) 对； (4) 错.

2. (1) >； (2) <； (3) <. **3.** $\dfrac{4}{3}$. **4.** $\dfrac{\pi a^2}{4}$.

B 组

2. (1) 0； (2) -2π.

习 题 3.2

A 组

2. $y=x^2+1$.

习 题 参 考 答 案 与 解 法 提 示

B 组

1. (1) $-e^{-x}+C$, $e^{-x}+C$, $-x+C$; (2) $\sin x+C$, $\cos x+C$, $\cos x$; (3) $-a^2\sin ax$.

2. $y=-x^4+7$. 提示 由题设有 $f'(x)=kx^3$, 其中 k 是比例系数. 由此可知 $f(x)=ax^4+b$. 因点 $A(1,6)$ 和 $B(2,-9)$ 在曲线上, 故可得 $\begin{cases}6=a+b,\\-9=16a+b.\end{cases}$ 解之得 $\begin{cases}a=-1,\\b=7.\end{cases}$

习 题 3.3

A 组

1. (1) $\frac{1}{2}x^2+C$; (2) $\frac{1}{3}x^3+C$; (3) $\frac{2}{3}x^{3/2}+C$; (4) $-\cos x+C$;

   (5) $2\sqrt{x}+C$; (6) $-\frac{1}{x}+C$; (7) $\tan x+C$; (8) $-\cot x+C$.

2. (1) $\frac{2^x}{\ln 2}+\frac{1}{3}x^3+C$; (2) $\frac{1}{4}x^2-\ln|x|-\frac{3}{2x^2}+\frac{4}{3x^3}+C$; (3) $\frac{8}{15}x^{15/8}+C$;

   (4) $\frac{1}{5}x^5-\frac{1}{3}x^3+C$; (5) $\frac{1}{2}x^2+2x+\ln|x|+C$; (6) $\frac{1}{2}(x-\sin x)+C$;

   (7) $\sin x+\cos x+C$; (8) $-\cot x-x+C$; (9) e^t+t+C.

3. (1) $\ln 2+6$; (2) $\frac{1}{3}a^{3/2}$; (3) $\frac{1}{3}$; (4) $\frac{29}{6}$; (5) $2(1+\ln 2-\ln 3)$; (6) 18; (7) 5; (8) 4; (9) 1.

B 组

1. 2.   2. $y=\sin x-\cos x+8$.

习 题 3.4

A 组

1. (1) $\frac{1}{2}\sin 2x+C$; (2) $-e^{-x}+C$; (3) $\tan x+\sec x+C$; (4) $\frac{1}{2}(1+\ln x)^2+C$.

2. (1) $\frac{1}{22}(2x+3)^{11}+C$; (2) $\frac{1}{2}e^{x^2}+C$; (3) $\frac{2}{9}(1+x^3)^{3/2}+C$;

   (4) $\frac{1}{2}\ln(1+x^2)+C$; (5) $-\sqrt{1-x^2}+C$; (6) $-\frac{1}{4}\cos(2x^2+1)+C$;

   (7) $\frac{1}{2}e^{(x-1)^2}+C$; (8) $\cos\frac{1}{x}+C$; (9) $2\sin\sqrt{x}+C$;

   (10) $4\ln x-\frac{1}{2}\ln^2 x+C$; (11) $-\cos(e^x+1)+C$; (12) $\frac{1}{2a}\ln\left|\frac{a+x}{a-x}\right|+C$;

   (13) $\frac{2}{3}(\sqrt{8}-1)$; (14) $\frac{1}{3}$; (15) $\frac{7}{3}$;

   (16) $\ln 3-\ln 2$; (17) $\frac{\pi}{2}$; (18) 1.

3. (1) $2-\ln 3$； (2) $1+2\ln 2$； (3) $\dfrac{8}{3}$； (4) $2\ln 2-1$； (5) $\dfrac{3}{2}\ln\dfrac{5}{2}$； (6) $3\ln 2-\dfrac{3}{2}$.

B 组

1. (1) $x-x^2+\dfrac{1}{3}x^3+C$； (2) e^{2x}； (3) $\dfrac{1}{8}$； (4) $\dfrac{1}{2}\left(\dfrac{1}{e}-1\right)$.

2. $\dfrac{1}{2}+\ln 2$. **提示** 令 $x-1=t$.

习题 3.5

A 组

1. (1) $e^{-x}(x+1)+C$； (2) $2-\dfrac{2}{e}$； (3) 8.

2. (1) $-e^{-x}(x+1)+C$； (2) $-x^2\cos x+2x\sin x+2\cos x+C$； (3) $x\tan x+\ln|\cos x|+C$；

(4) $\dfrac{1}{4}(e^2+1)$； (5) $\dfrac{\pi}{2}-1$； (6) $2-\dfrac{2}{e}$.

B 组

1. $\dfrac{1}{2}e^{x^2}(x^2-1)+C$. **2.** 2. **3.** $e-2$.

习题 3.6

A 组

1. (1) 1； (2) $\dfrac{1}{2}$； (3) $\dfrac{1}{2}$； (4) $\dfrac{1}{3}$； (5) 1； (6) 1.

B 组

1. 当 $\alpha>1$ 时，收敛，且收敛于 $\dfrac{1}{\alpha-1}$；当 $\alpha\leqslant 1$ 时，发散. **2.** $\dfrac{2}{3}$.

习题 3.7

A 组

1. (1) 4； (2) $\dfrac{8}{3}$； (3) $\dfrac{9}{2}$； (4) $\dfrac{2}{3}$. **2.** (1) 1； (2) $\dfrac{9}{2}$； (3) $\dfrac{3}{2}-\ln 2$； (4) $\dfrac{1}{12}$.

3. (1) $0.3Q^2-2Q+20$； (2) 320 元； (3) $\pi(Q)=-20+18Q-0.3Q^2$，30 件.

4. (1) $R=200Q-0.005Q^2$； (2) 9987.5； (3) 29850； (4) 20000；2000000.

习题参考答案与解法提示

B 组

1. 18. 2. 3；3.

总习题三

1. (1) $\frac{1}{3}F(3x+5)+C$； (2) $-\frac{3}{2}(2-x^2)+C$； (3) 0； (4) 0； (5) $\frac{1}{2}$.

2. (1) D； (2) B； (3) A； (4) B； (5) C； (6) B； (7) C； (8) D.

3. (1) $\frac{1}{3}x^3+2x-\frac{1}{x}+C$；   (2) $x-\ln|1+x|+C$；

   (3) $x\ln(x+\sqrt{1+x^2})-\sqrt{1+x^2}+C$； (4) $x(\ln x)^2-2x\ln x+2x+C$.

4. (1) $\frac{5}{6}$； (2) $\frac{2}{5}$； (3) 2； (4) $3\ln 3$. 5. $\frac{8}{3}$.

习题 4.1

A 组

1. (1) $z_x=2xy^3+y^2-2$, $z_y=3x^2y^2+2xy-1$； (2) $z_x=2x\sin y$, $z_y=x^2\cos y$；

   (3) $z_x=\frac{1}{y}e^{x/y}$, $z_y=-\frac{x}{y^2}e^{x/y}$；   (4) $z_x=\frac{2x}{x^2+2y^3}$, $z_y=\frac{6y^2}{x^2+2y^3}$；

   (5) $z_x=\frac{y^2}{(x^2+y^2)^{3/2}}$, $z_y=-\frac{xy}{(x^2+y^2)^{\frac{3}{2}}}$； (6) $z_x=2xy(1+x^2)^{y-1}$, $z_y=(1+x^2)^y\ln(1+x^2)$.

2. (1) 18, 16； (2) 1, $\frac{1}{2}$.

3. (1) $z_{xx}=24x^2y$, $z_{yy}=30xy$, $z_{xy}=z_{yx}=8x^3+15y^2+3$；

   (2) $z_{xx}=-\frac{1}{2}x^{-3/2}y^3-18xy^5$, $z_{yy}=12x^{1/2}y-60x^3y^3$, $z_{xy}=z_{yx}=3x^{-1/2}y^2-45x^2y^4$；

   (3) $z_{xx}=-4\sin(2x-3y)$, $z_{yy}=-9\sin(2x-3y)$, $z_{xy}=z_{yx}=1+6\sin(2x-3y)$；

   (4) $z_{xx}=z_{yy}=\frac{e^{x+y}}{(e^x+e^y)^2}$, $z_{xy}=z_{yx}=-\frac{e^{x+y}}{(e^x+e^y)^2}$.

B 组

1. (1) $z_x=x^{y-1}y^x(y+x\ln y)$, $z_y=x^y y^{x-1}(y\ln x+x)$；

   (2) $z_x=\frac{4x}{y}\cos\frac{2x^2}{y}\cos\frac{3y^2}{x}+\frac{3y^2}{x^2}\sin\frac{2x^2}{y}\sin\frac{3y^2}{x}$, $z_y=-\frac{2x^2}{y^2}\cos\frac{2x^2}{y}\cos\frac{3y^2}{x}-\frac{6y}{x}\sin\frac{2x^2}{y}\sin\frac{3y^2}{x}$.

2. (1) $u_x=y+z$, $u_y=x+z$, $u_z=y+x$； (2) $u_x=\frac{1}{x+2y^2+3z^3}$, $u_y=\frac{4y}{x+2y^2+3z^3}$, $u_z=\frac{9z^2}{x+2y^2+3z^3}$.

习题 4.2

A 组

1. (1) 极大值 $f(0,0)=10$； (2) 极小值 $f(0,1)=0$.

2. 三个数相等. **3.** 容器尺寸为 $\sqrt[3]{2V}$，$\sqrt[3]{2V}$，$\frac{1}{2}\sqrt[3]{2V}$.

4. $Q_1=4$，$Q_2=7$，$\pi=368$.   **5.** $K=16$，$L=64$，$Q=128$，$\pi=128$.

6. $Q_1=8$，$Q_2=2$，$P_1=36$，$P_2=16$，$\pi=196$.   **7.** $Q_1=2$，$Q_2=3$.

8. $C=0.3978Q+134.79$.

B 组

1. $f(1,0)=-5$ 为极小值，$f(-3,2)=31$ 是极大值.   **2.** $Q_1=50$，$Q_2=23$.

习 题 4.3

A 组

1. 长=宽=$\dfrac{L}{2}$.   **2.** 5 台，3 台.   **3.** $K=8$，$L=64$，$C=192$.   **4.** $K=16$，$L=4$，$Q=32$.

B 组

1. 长=宽=高=$\sqrt[3]{a}$. 提示   三元函数的条件极值问题.   **2.** 10，15.

总 习 题 四

1. (1) $y\mathrm{e}^{xy}$，$x\mathrm{e}^{xy}$；(2) 0，1；(3) 0.   **2.** (1) B；(2) D.

3. (1) $\dfrac{y}{x^2}\ln2\cdot\left(\dfrac{1}{2}\right)^{y/x}$，$-\dfrac{1}{x}\ln2\cdot\left(\dfrac{1}{2}\right)^{y/x}$；(2) $\ln\dfrac{y}{x}-1$，$\dfrac{x}{y}$；(3) $y^2x^{y^2-1}$，$2yx^{y^2}\ln x$.

4. (1) $6xy^2$，$2x^3-12xy$，$6x^2y-6y^2-1$，$6x^2y-6y^2-1$；(2) $2\mathrm{e}^y$，$x^2\mathrm{e}^y$，$2x\mathrm{e}^y$，$2x\mathrm{e}^y$.

5. 极大值 $f(-1,2)=25$，极小值 $f(1,-2)=-11$.   **6.** 高 $h=$ 半径 $r=\sqrt[3]{\dfrac{V}{\pi}}$.

7. (1) $C=80$，$L=K=10$；(2) $Q=20$，$L=K=20$.

习 题 5.1

A 组

1. 不是零矩阵.

2. 零矩阵：(1)； 单位矩阵：(5)； 行矩阵：(2)； 列矩阵：(1)； 方阵：(4),(5).

3. (1) $\boldsymbol{A}=\begin{bmatrix} 17 & 7 & 11 & 21 \\ 15 & 9 & 13 & 19 \\ 16 & 8 & 15 & 19 \end{bmatrix}$； (2) $\boldsymbol{B}=\begin{bmatrix} 17 & 15 & 16 \\ 7 & 9 & 8 \\ 11 & 13 & 15 \\ 21 & 19 & 19 \end{bmatrix}$.

B 组

1. $\boldsymbol{A}=\begin{bmatrix} 2 & 3 & 4 & 5 & 6 \\ 3 & 4 & 5 & 6 & 7 \\ 4 & 5 & 6 & 7 & 8 \end{bmatrix}$.   **2.** $a=1,b=0,c=3,d=0$.

习 题 5.2

A 组

1. (1) ① $3, 6, 3, 6$； ② $6,$ 任意正整数$, 3, n$； ③ 任意正整数$, 3, m, 6$； ④ $3,$ 任意正整数$, n, 6.$

(2) $\begin{bmatrix} 9 & -1 & -2 \\ 0 & -1 & 6 \\ 3 & 1 & 6 \end{bmatrix}$； (3) $\begin{bmatrix} 8 & -2 \\ 0 & 11 \end{bmatrix}$； (4) $\begin{bmatrix} 1 & -8 & 3 \\ -2 & -5 & 6 \end{bmatrix}$； (5) $\begin{bmatrix} 1 & 2 & 3 \\ 2 & 4 & 6 \\ 3 & 6 & 9 \end{bmatrix}$；

(6) 14； (7) $\begin{bmatrix} -1 & 4 \\ 3 & -2 \\ 6 & 5 \end{bmatrix}$； (8) $\begin{bmatrix} 3 & 5 \\ -2 & 4 \\ 6 & -1 \end{bmatrix}.$

2. (1) $\begin{bmatrix} 14 & 13 & 8 & 7 \\ -2 & 5 & -2 & 5 \\ 2 & 1 & 6 & 5 \end{bmatrix}$； (2) $\begin{bmatrix} -1 & 3 & 1 & 5 \\ 8 & 2 & 8 & 2 \\ 3 & 7 & 9 & 13 \end{bmatrix}$；

(3) $\begin{bmatrix} 3 & 1 & 1 & -1 \\ -4 & 0 & -4 & 0 \\ -1 & -3 & -3 & -5 \end{bmatrix}$； (4) $\begin{bmatrix} \frac{10}{3} & \frac{10}{3} & 2 & 2 \\ 0 & \frac{4}{3} & 0 & \frac{4}{3} \\ \frac{2}{3} & \frac{2}{3} & 2 & 2 \end{bmatrix}.$

3. (1) $\begin{bmatrix} 0 & 0 \\ 0 & 0 \end{bmatrix}$； (2) $\begin{bmatrix} 2 & 2 \\ -2 & -2 \end{bmatrix}$； (3) $\begin{bmatrix} 22 & -28 \\ -28 & 36 \\ 13 & -17 \end{bmatrix}$；

(4) $\begin{bmatrix} 2 & 16 & 28 \\ 1 & 11 & 19 \end{bmatrix}$； (5) $\begin{bmatrix} a_{11}x_1 + a_{12}x_2 + a_{13}x_3 \\ a_{21}x_1 + a_{22}x_2 + a_{23}x_3 \\ a_{31}x_1 + a_{32}x_2 + a_{33}x_3 \end{bmatrix}$； (6) $15.$

4. (1) $\begin{bmatrix} 0 & 0 \\ 0 & 0 \end{bmatrix}$； (2) $\begin{bmatrix} a^3 & 0 & 0 \\ 0 & b^3 & 0 \\ 0 & 0 & c^3 \end{bmatrix}.$ 5. $\begin{bmatrix} 9 & 12 & -11 \\ 0 & -3 & 5 \end{bmatrix}, \begin{bmatrix} 0 & -9 \\ -5 & 24 \end{bmatrix}, \begin{bmatrix} 5 & 6 & -5 \\ 2 & -3 & 7 \end{bmatrix}.$

6. $32 \text{ kg}, 9 \text{ kg}, 9 \text{ kg}.$

B 组

1. $6, 4, 3, 6.$ 2. $\begin{bmatrix} -1 & 12 \\ 6 & -10 \end{bmatrix}.$

3. $\begin{bmatrix} 9 & 4 & 6 \\ -15 & -15 & 9 \\ -3 & 26 & -13 \end{bmatrix}, \begin{bmatrix} 10 & 0 & 12 \\ -32 & -32 & 12 \\ 6 & 8 & 3 \end{bmatrix},$ 不相等，因为 $AB \neq BA.$

4. $\begin{bmatrix} 7 & -8 \\ -4 & 11 \end{bmatrix}$. **5.** $X = \begin{bmatrix} 1 & 1 & 1 \\ 0 & 1 & 2 \\ 1 & 1 & 3 \end{bmatrix}, Y = \begin{bmatrix} 1 & -2 & 1 \\ 6 & 0 & -2 \\ 1 & 1 & -3 \end{bmatrix}$.

习 题 5.3

A 组

1. (1) $[1, 2]$; (2) $\begin{bmatrix} 1 \\ 0 \end{bmatrix}$; (3) $\begin{bmatrix} 2 & 4 \\ 0 & 0 \end{bmatrix}$;

(4) $\begin{bmatrix} 1 & 0 & 1 \\ 0 & -1 & -1 \\ 0 & 0 & 1 \end{bmatrix}$; (5) $\begin{bmatrix} 1 & 1 & 2 \\ 0 & 2 & -1 \\ 0 & 0 & 1 \end{bmatrix}$; (6) $\begin{bmatrix} 2 & 1 & 2 & 3 \\ 0 & -1 & -1 & -1 \\ 0 & 0 & 0 & 0 \end{bmatrix}$.

2. (1) $\begin{bmatrix} 1 & \frac{4}{3} \\ 0 & 0 \end{bmatrix}$; (2) $\begin{bmatrix} 1 & 0 & 0 \\ 0 & 1 & 0 \\ 0 & 0 & 1 \end{bmatrix}$; (3) $\begin{bmatrix} 1 & -1 & 0 \\ 0 & 0 & 1 \end{bmatrix}$; (4) $\begin{bmatrix} 1 & 0 \\ 0 & 1 \\ 0 & 0 \end{bmatrix}$.

B 组

1. (1) $r_1 \leftrightarrow r_3$; (2) $\frac{1}{2} r_2$; (3) $-r_1 + r_3$.

2. (1) $\begin{bmatrix} 1 & 0 & 0 & 0 \\ 0 & 1 & 0 & 0 \\ 0 & 0 & 1 & 0 \\ 0 & 0 & 0 & 1 \end{bmatrix}$; (2) $\begin{bmatrix} 1 & 0 & 2 & 0 & \frac{1}{3} \\ 0 & 1 & 0 & 0 & \frac{1}{3} \\ 0 & 0 & 0 & 1 & 0 \\ 0 & 0 & 0 & 0 & 0 \end{bmatrix}$.

习 题 5.4

A 组

1. (1) 1; (2) 2; (3) 3.   **2.** A 可逆.   **3.** (1) 否; (2) 否; (3) 正确.

4. $\begin{bmatrix} 2 & -3 \\ -1 & 2 \end{bmatrix}$, $\begin{bmatrix} \frac{1}{2} & \frac{3}{4} \\ \frac{1}{4} & \frac{1}{2} \end{bmatrix}$.

5. (1) $\begin{bmatrix} -1 & 1 \\ 2 & -1 \end{bmatrix}$; (2) $\begin{bmatrix} 1 & -3 & -2 \\ 1 & -5 & -3 \\ -1 & 6 & 4 \end{bmatrix}$; (3) $\begin{bmatrix} 0 & 1 & 1 \\ 1 & 1 & 2 \\ 2 & -1 & 0 \end{bmatrix}$; (4) $\begin{bmatrix} 22 & -6 & -26 & 17 \\ -17 & 5 & 20 & -13 \\ -1 & 0 & 2 & -1 \\ 4 & -1 & -5 & 3 \end{bmatrix}$.

习题参考答案与解法提示

6. $\begin{bmatrix} -1 & -3 \\ -2 & -5 \end{bmatrix}$.   7. (1) $\begin{bmatrix} 2 \\ 1 \end{bmatrix}$;   (2) $\begin{bmatrix} 1 & \frac{3}{2} & 4 \\ 2 & 0 & -6 \\ 2 & \frac{1}{2} & -5 \end{bmatrix}$.

B 组

1. 当 $\lambda=3$ 时,秩为 2；当 $\lambda\neq 3$ 时,秩为 3.

2. $\begin{bmatrix} 0 & \frac{1}{2} \\ -1 & -1 \end{bmatrix}$. 提示 $B=A^2-3A+2E=(A-E)(A-2E)=\begin{bmatrix} 0 & -1 \\ 2 & 2 \end{bmatrix}\begin{bmatrix} -1 & -1 \\ 2 & 1 \end{bmatrix}$.

3. $-\frac{1}{3}(A+2E)$. 提示   方程可化为 $A(A+2E)=-3E$,用 A^{-1} 左乘方程.

4. $\begin{bmatrix} -5 & -8 \\ 6 & 10 \end{bmatrix}$. 提示   用 A^{-1} 右乘矩阵方程.

5. $x_1=-11$, $x_2=-18$, $x_3=23$.
   提示   设 A 是系数矩阵, X 是未知量矩阵, b 是常数项矩阵,解矩阵方程 $AX=b$.

习 题 5.5

A 组

1. (1) $x_1=1$, $x_2=2$, $x_3=3$;   (2) $\begin{cases} x_3=-11+22C_1-33C_2, \\ x_4=8-16C_1+24C_2 \end{cases}$ (C_1,C_2 为任意常数);

   (3) $\begin{cases} x_1=-8, \\ x_2=3+C, \\ x_3=6+2C \end{cases}$ (C 为任意常数);   (4) 无解.

2. (1) $x_1=x_2=x_3=0$;   (2) $\begin{cases} x_1=-\frac{3}{2}C_1-C_2, \\ x_2=\frac{7}{2}C_1-2C_2 \end{cases}$ (C_1,C_2 为任意常数).

B 组

1. $a=-1$. 提示 $\widetilde{A}$ 可化为 $\begin{bmatrix} 1 & 2 & 1 & 1 \\ 0 & 1 & -a & -1 \\ 0 & 0 & (a-3)(a+1) & a-3 \end{bmatrix}$.

2. $a=-2$. 提示 $\widetilde{A}$ 可化为 $\begin{bmatrix} 1 & 1 & a & -2 \\ 0 & a-1 & 1-a & 3 \\ 0 & 0 & (a+2)(1-a) & 2(a+2) \end{bmatrix}$.

3. 当 $\lambda=1$ 时,有无穷多组解,其一般解为 $\begin{cases} x_1=1-C, \\ x_2=-1+2C \end{cases}$ (C 为任意常数).

提示 $\tilde{A}$ 可化为 $\begin{bmatrix} 1 & 0 & 1 & \lambda \\ 0 & 1 & -2 & 2-3\lambda \\ 0 & 0 & 0 & 1-\lambda \end{bmatrix}$.

总习题五

1. (1) $\dfrac{1}{5}$；(2) $\begin{bmatrix} \dfrac{1}{a_1} & & & \\ & \dfrac{1}{a_2} & & \\ & & \ddots & \\ & & & \dfrac{1}{a_n} \end{bmatrix}$；(3) $\begin{bmatrix} C \\ 2C \end{bmatrix}$ (C 是任意实数).

2. (1) B；(2) C；(3) A；(4) A；(5) A.

3. (1) $\begin{bmatrix} -5 & 0 & -1 \\ 10 & 1 & 10 \end{bmatrix}$；(2) $\begin{bmatrix} 3 & 1 & 1 \\ -4 & 0 & -4 \end{bmatrix}$. 4. (1) $\begin{bmatrix} 10 & 4 & -1 \\ 4 & -3 & -1 \end{bmatrix}$；(2) $\begin{bmatrix} 35 \\ 6 \\ 49 \end{bmatrix}$.

5. (1) 4；(2) 3. 6. (1),(2): $\begin{bmatrix} 5 & -8 \\ 8 & -13 \end{bmatrix}$.

7. (1) $\begin{bmatrix} -1 & -1 \\ 2 & 3 \end{bmatrix}$；(2) $\begin{bmatrix} 1 & 2 & 3 \\ 4 & 5 & 6 \\ 7 & 8 & 9 \end{bmatrix}$；(3) $\begin{bmatrix} 1 & 1 & 1 \\ 1 & 2 & 3 \\ 2 & 3 & 1 \end{bmatrix}$. 8. $X = \begin{bmatrix} 5 & -2 & -2 \\ 4 & -3 & -2 \\ -2 & 2 & 3 \end{bmatrix}$.

9. (1) $x_1 = \dfrac{26}{5}$, $x_2 = -\dfrac{2}{5}$, $x_3 = -\dfrac{12}{5}$；(2) $\begin{cases} x_1 = \dfrac{13}{7} - \dfrac{3}{7}C_1 - \dfrac{13}{7}C_2, \\ x_2 = -\dfrac{4}{7} + \dfrac{2}{7}C_1 + \dfrac{4}{7}C_2 \end{cases}$ (C_1, C_2 为任意常数).

10. (1) $\begin{cases} x_1 = 8C_1 - 7C_2, \\ x_2 = -6C_1 + 5C_2 \end{cases}$ (C_1, C_2 为任意常数)；(2) 仅有零解.

11. 当 $a = 2, b \neq 1$ 时，无解；当 $a \neq 2$ 时，有唯一解；当 $a = 2, b = 1$ 时，有无穷多组解，其一般解为
$$\begin{cases} x_1 = -8, \\ x_2 = 3 - 2C, \\ x_4 = 2 \end{cases} \quad (C \text{ 为任意常数}).$$

习题 6.1

A 组

1. (2),(8) 是确定性现象；(1),(3),(4),(5),(6),(7),(9),(10) 是随机现象.

2. $\overline{A} = \{3$ 件均是正品$\}$；$\overline{B} = \{3$ 件均是次品$\}$；$\overline{C} = \{$最多有 1 件次品$\}$.

3. $A+B$ 表示两人至少有一人击中，即甲击中，或者乙击中，或者甲、乙两人都击中；
AB 表示甲、乙两人都击中；$\overline{A}B$ 表示甲未击中，乙击中；$\overline{A}\,\overline{B}$ 表示甲、乙两人都未击中；$\overline{A+B}$ 表示两人

习题参考答案与解法提示

至少有一人未击中,即甲未击中,或者乙未击中,或者甲、乙两人都未击中.

4. (1) $AB\bar{C}$; (2) ABC; (3) $A+B+C$; (4) $AB\bar{C}+A\bar{B}C+\bar{A}BC$; (5) $AB+AC+BC$.

B 组

1. (1) $\Omega=\{2,3,4,\cdots,12\}$; (2) $\Omega=\{0,1,2,3,4\}$; (3) $\Omega=\{0,1,2,\cdots\}$; (4) $\Omega=\{t\mid t\geq 0\}$.

2. (1) $A_1 A_2 \cdots A_n$; (2) $\bar{A}_1+\bar{A}_2+\cdots+\bar{A}_n$; (3) $\bar{A}_1 A_2 \cdots A_n + A_1 \bar{A}_2 A_3 \cdots A_n + \cdots + A_1 A_2 \cdots A_{n-1}\bar{A}_n$.

习题 6.2

A 组

1. (1) $\dfrac{1}{2}$; (2) $\dfrac{2}{3}$. 2. $\dfrac{110}{1000}$. 3. $\dfrac{1}{10}$. 4. (1) $\dfrac{78}{1431}$; (2) $\dfrac{169}{1431}$.

5. $\dfrac{10}{21}$. 6. $\dfrac{7}{15}$. 7. $\dfrac{23}{35}$.

B 组

1. $\dfrac{252}{2431}$. 提示 $\dfrac{C_{10}^4 C_4^3 C_3^2}{C_{17}^9}$. 2. $P(A)=0.9289$; $P(B)=0.8326$; $P(C)=0.75456$.

习题 6.3

A 组

1. 0.98. 2. 0.84. 3. 0.68. 4. 0.1. 5. 0.2255.

6. 0.15. 7. 0.42. 8. 0.37. 9. 0.1258.

B 组

1. 0.5. 提示 题设已知 $P(A),P(B),P(A+B)$,由公式(6.2)求 $P(AB)$.

2. (1) 0.612; (2) 0.997. 3. (1) 0.504; (2) 0.994.

4. 0.9948. 提示 由公式(6.9)求.

习题 6.4

A 组

2. $\dfrac{1}{6}, \dfrac{1}{2}, \dfrac{1}{3}$.

B 组

1. $\dfrac{1}{6}, \dfrac{1}{2}, \dfrac{3}{10}, \dfrac{1}{30}$. 2. $(-30,30)$.

习题 6.5

A 组

1. $p = 0.35; 0.3; 0.75; 0.35; 0.4$.   2. $P(X=0) = \frac{7}{15}$, $P(X=1) = \frac{7}{15}$, $P(X=2) = \frac{1}{15}$.

3. X 的分布列为

X	2	3	4	5	6	7	8	9	10	11	12
P	$\frac{1}{36}$	$\frac{2}{36}$	$\frac{3}{36}$	$\frac{4}{36}$	$\frac{5}{36}$	$\frac{6}{36}$	$\frac{5}{36}$	$\frac{4}{36}$	$\frac{3}{36}$	$\frac{2}{36}$	$\frac{1}{36}$

4. 0.0146.   5. (1) 0.0729; (2) 0.0086; (3) 0.5905.

6. (1) 0.006738; (2) 0.38404.   7. (1) 0.224042; (2) 0.543301.

B 组

1. 1 台. **提示** 每名售货员在一小时内用秤的概率为 0.25,设一小时内用秤的人数为 X,X 的分布列为

X	0	1	2	3	4
P	0.3164	0.4219	0.2109	0.0469	0.0039

2. 0.857124. **提示** 用泊松分布近似二项分布进行计算,$\lambda = np = 2$.

3. 0.819712. **提示** 先由题设得 $e^{-\lambda} = 0.03$,求出 $\lambda \approx 3.5$.

习题 6.6

A 组

1. (2),(3)不可以.

2. (1) $a = 3$; (2) 0.008; (3) 0.064.   3. (1) 0; (2) 0.4; (3) 0.6.   4. 0.9817.

5. (1) $1 - e^{-1.2} \approx 0.6988$; (2) $e^{-1.6} \approx 0.2019$; (3) $e^{-1.2} - e^{-1.6} \approx 0.0993$; (4) 0.

6. (1) 0.4493; (2) 0.1647.

B 组

1. (1) $\frac{2}{3}$; (2) $\frac{232}{243}$. **提示** (1) 所求概率为 $\int_{1500}^{+\infty} \frac{1000}{x^2} dx$;

   (2) 设 X 为任取 5 只,寿命大于 1500 h 的只数,则 $X \sim B\left(5, \frac{2}{3}\right)$,所求概率为
   $$P(X \geqslant 2) = 1 - P(X=0) - P(X=1).$$

2. 0.0213. **提示** 先求出 $P(X > 3) = 1 - \int_0^3 e^{-x} dx = e^{-3} = 0.0498$,所求概率为
   $$C_5^2 \times 0.0498^2 \times 0.9502^3 = 0.0213.$$

习 题 6.7

A 组

1. (1) 0.97778； (2) 0.43917； (3) 0.8904； (4) 0.1977； (5) 0.997673；
   (6) 0.01242； (7) 0.5； (8) 0.

2. (1) 0.8413； (2) 0.1210； (3) 0.2120； (4) 0.8413； (5) 0.2514； (6) 0； (7) 0.7486.

3. 0.62277.　　4. 0.0455.　　5. 0.2578.

B 组

1. (1) 0.984618； (2) 111.855. **提示** 由 $\Phi\left(\dfrac{a-108}{3}\right)=0.9$ 得 $\dfrac{a-108}{3}=1.285$.

2. 184 cm. **提示** 由 $P(X<h)=\Phi\left(\dfrac{h-170}{6}\right)\geqslant 0.99$，$\dfrac{h-170}{6}\geqslant 2.33$，求得 $h\geqslant 183.98$.

习 题 6.8

A 组

1. 3.7%.　　2. 54.8 元.　　3. 0.9 元.
4. $E(X)=8.4>E(Y)=8$. 甲射手的技术水平较高.
5. 0.9%.　　6. 5；3.75，1.9365；0.5442.
7. 分别以 A,B 表示项目 A,B 的报酬率，$E(A)=E(B)=15\%$，$D(A)=33.75\%$，$D(B)=0.15\%$.
8. $E(X)=E(Y)=10000$，$D(X)=1.2\times 10^6<D(Y)=2\times 10^6$. 甲厂显像管的质量较好.

B 组

1. $E(X)=500$ 元，100 元 + 500 元 = 600 元.

2. 46.368 分. **提示** 设击中的子弹数为随机变量 X，则 $X\sim B(4,0.6)$，平均得分为
   $$P(X=0)\times 0+P(X=1)\times 15+P(X=2)\times 30+P(X=3)\times 60+P(X=4)\times 100.$$

3. (1) $\dfrac{2}{3}$；　(2) $\dfrac{1}{18}$.

4. (1) 0.3779；
   (2) 0.0807. **提示** $P(X>90)=1-\Phi\left(\dfrac{90-65}{15}\right)=0.0475$，所求为 $C_{40}^4\times 0.0475^4\times 0.9525^{36}=0.0807$.

总 习 题 六

1. (1) √； (2) ×； (3) ×； (4) ×； (5) ×.

2. (1) $\dfrac{1}{2}$； (2) 0.25, 0.75； (3) $p(1-q)$； (4) 0.75； (5) $\dfrac{1}{3}$；
   (6) 8.9； (7) $\dfrac{5}{12}$, $\dfrac{1}{4}$, $\dfrac{5}{4}$； (8) 13.5 g.

3. (1) D； (2) A； (3) B； (4) C； (5) A； (6) C； (7) B.

4. $\dfrac{P_9^7}{10^7} = 0.018144.$ **5.** 0.6.

6. 至少需要 6 个人． **提示** 设至少需要 n 个人，A_i 表示第 i 个人击中目标的事件，则
$$P(A_i) = 0.6, \quad i = 1, 2, \cdots, n,$$
$$P\left(\sum_{i=1}^{n} A_i\right) = 1 - P(\overline{A}_1 \overline{A}_2 \cdots \overline{A}_n) = 1 - (1 - 0.6)^n \geqslant 0.99.$$

7. 0.2061． **提示** 设该车间开动的机床数为 X，则 $X \sim B(20, 0.8)$. 于是
$$P(该车间消耗的电能不少于 270 个单位) = P\left(X \geqslant \dfrac{270}{15}\right) = P(X \geqslant 18).$$

8. (1) 0.92364；

(2) 57.575． **提示** 由 $\Phi\left(\dfrac{300 + x - 300}{35}\right) - \Phi\left(\dfrac{300 - x - 300}{35}\right) \geqslant 0.9$ 得 $\Phi\left(\dfrac{x}{35}\right) \geqslant 0.95$，查表得

$$\dfrac{x}{35} \geqslant 1.645.$$

9. 应大批经销．

习 题 7.1

A 组

1. (1) 该校 2005 年录取的 5000 名新生的体重；(2) 200 名新生的体重；(3) $n = 200$.

B 组

1. 30 名工人的周工资额在相应组内的频数依次为 3, 7, 13, 5, 2.
2. 60 名学生成绩在所给区间的频数依次为 5, 8, 13, 23, 11.

习 题 7.2

A 组

1. 8.375, 6.5, 6. **2.** 18.07, 18, 18. **3.** 166. **4.** $C_{v英} = 0.1463, C_{v轻} = 0.0938, C_{v英} > C_{v轻}$.
5. 19.5833, 4.4253, 0.5284.   **6.** 1.0667, 1.0328, 0.0572.

B 组

1. $\bar{x}_{甲} = \bar{x}_{乙} = \bar{x}_{丙} = 67$ 件．由于 $s_{甲} = 1.0690$ 件 $< s_{乙} = 10.9805$ 件 $< s_{丙} = 22.5769$ 件，故甲班组的平均日产量代表性最大．

习 题 7.3

A 组

1. 10.1 mm, 0.3162 mm. **2.** 0.1. **3.** (14.8211, 15.1789). **4.** (61.4703, 63.3297).

B 组

1. 2.68． **提示** 由 $E(\hat{X}) = \dfrac{\hat{\theta}}{2} = \bar{x}$. **2.** (16.5932, 20.6068)． **提示** $u_{\alpha/2} = u_{0.005} = 2.365$.

习题参考答案与解法提示

习 题 7.4

A 组

1. 不正常. **2.** 仍是 15 mm. **3.** 真实. **4.** 不合格. **5.** 该经理说的不可信.

B 组

1. 不正常. **2.** 超过了规定的界限. **3.** 平均重量不比 10 小.

习 题 7.5

A 组

1. 0.6376. **2.** (1) 0.9509; (2) $y = 0.2023x + 2.1726$.

B 组

1. 0.3245. **2.** (1) 0.9851; (2) $Q = -6.1728P + 78.7551$; (3) 13.9407 t.

总 习 题 七

1. (1) 114.4545，39.2767，6.2671；18.2628； (2) 112.9727，35.9922，5.9993；18.8310； (3) 117.2；112.6.

2. $\hat{\mu} = 28.695$；$\hat{\sigma} = 0.9833$；$(28.2655, 29.1245)$.

3. 可认为猜测成立. **4.** (2) 0.7562；(3) $y = 18.0705x - 22.8231$.

名词术语索引

A

凹向	§2.4

B

被积函数	§3.1
被积表达式	§3.1
必然事件	§6.1
边际	§2.5
标准差	§6.8
标准正态分布	§6.7
不定积分	§3.2
不可能事件	§6.1

C

成本函数	§2.5

D

单调减少	§2.1
单调增加	§2.1
单位阵	§5.1
导数	§1.3
点估计	§7.3
定积分	§3.1
多元函数	§4.1

E

n 阶导数	§1.5
n 重伯努利试验	§6.5
二项分布	§6.5

F

非齐次线性方程组	§5.5
分部积分法	§3.5
分布列	§6.5
方差	§6.8
方阵	§5.1
方阵的幂	§5.2
复合函数	§1.4
复利	§1.1

G

概率的古典定义	§6.2
概率的统计定义	§6.2
高阶导数	§1.5
供给函数	§2.5
供给价格弹性	§2.5
古典概型	§6.2
拐点	§2.4
广义积分	§3.6

H

行矩阵	§5.1
互斥事件	§6.1
换元积分法	§3.4
回归系数	§7.5

J

基本事件	§6.1
极差	§7.1
积分变量	§3.1
积分区间	§3.1
积分上限	§3.1
积分下限	§3.1
极限	§1.1
极值	§2.2

名词术语索引

极值点	§2.2
假设检验	§7.4
简单随机样本	§7.1
间断点	§1.2
简化阶梯形矩阵	§5.3
阶梯形矩阵	§5.3
经济批量	§2.6
经验公式	§4.2
矩阵	§5.1
矩阵乘法	§5.2
矩阵初等行变换	§5.3
矩阵的秩	§5.4
矩阵加法	§5.2
均匀分布	§6.6

L

拉格朗日函数	§4.3
拉格朗日乘数	§4.3
利润函数	§2.5
离散型随机变量	§5.3
连续	§1.2
两点分布	§6.5
列矩阵	§5.1
零矩阵	§5.1

M

| 密度函数 | §6.6 |
| 目标函数 | §4.3 |

N

逆矩阵	§5.4
逆事件	§6.1
牛顿-莱布尼茨公式	§3.3

P

| 频率 | §6.2 |
| 泊松分布 | §6.5 |

Q

| 齐次线性方程组 | §5.5 |
| 区间估计 | §7.3 |

S

散点图	§7.5
上 α 分位数	§6.7
上凹(下凸)	§2.4
生产函数	§2.5
事件的包含	§6.1
事件的差	§6.1
事件的独立性	§6.3
事件的和	§6.1
事件的积	§6.1
收敛	§1.1
收益函数	§2.5
数乘矩阵	§5.2
数列	§1.1
数学期望	§6.8
数字特征	§6.8
随机变量	§6.4
随机事件	§6.1
随机试验	§6.1

T

弹性	§2.5
条件极值	§4.3
贴现	§1.1
同型矩阵	§5.2

W

| 微分 | §1.3 |

X

| 下凹(上凸) | §2.4 |
| 线性方程组 | §5.5 |

线性回归方程	§6.2	原函数	§3.2
显著性水平	§7.4	原假设	§7.4
相关关系	§7.5	**Z**	
相关系数	§7.5		
相互独立	§6.3	转置矩阵	§5.2
需求函数	§2.5	正态分布	§6.7
需求价格弹性	§2.5	直方图	§7.1
Y		指数分布	§6.6
		众数	§7.2
样本	§7.1	中位数	§7.2
样本变异系数	§7.2	驻点	§2.2
样本方差	§7.2	总体	§7.1
样本均值	§7.2	组距	§7.1
样本空间	§6.1	最大值	§2.3
样本容量	§7.1	最小二乘法	§4.2
一元线性回归方程	§7.5	最小值	§2.3
隐函数	§1.5	左极限	§1.2
右极限	§1.2		

参考文献

[1] 冯翠莲. 微积分. 2版. 北京：北京大学出版社，2004.
[2] 李心愉. 应用经济统计学. 北京：北京大学出版社，1999.
[3] Finney, et al. Thomas' Calculus. 10th Ed. 北京：高等教育出版社，2004.
[4] Barnett Raymond A, et al. Calculus for Business, Economics, Life Sciences, and Social Sciences. 9th Ed. 北京：高等教育出版社，2005.
[5] 高旅端,等. 概率统计. 2版. 北京：北京大学出版社，2004.